Dorela Iepan

Relația Perfectă
28 de zile spre iubire

La Ferte sous Jouarre, 2021

DEDICAȚIE

Părinților mei,
pentru susținerea lor necondiționată
și pentru toate lecțiile învățate de la ei

Soțului meu Daniel
și copiilor mei Amedea și Amael
ce m-au șlefuit pentru a deveni
cea mai bună versiune a mea

Dorela Iepan - Relația Perfectă - 28 de zile spre iubire -
La Ferte Sous Jouarre 2021
ISBN 978-606-8909-57-8

E-mail: contact@dorelaiepan.com

Website:

www.relatiaperfecta.ro

www.dorelaiepan.com

Google Business:
https://g.page/dorelaiepan

Youtube: www.youtube.com/@dorelaiepan

Facebook: www.facebook.com/dorelaiepan

Linkedin: www.linkedin.com/in/dorelaiepan

Photo credit @Cristina Dănăilă

Declarația de politețe

Această carte a fost gândită pentru femei. Dacă un bărbat o citește el poate găsi la fel de multă valoare, dar îl rog să adapteze citirea pentru a fi confortabil cu textul scris, mai exact adresarea către cititori de sex feminin. Motivul pentru care această carte este dedicată femeilor este că ele sunt cele care dețin fericirea unei relații. Un bărbat nu trebuie să se simtă inferior citind aceste rânduri, din experiența personală și cea a clienților mei am înțeles că relația depinde exclusiv de starea femeii. Nu spun că este valabil în toate relațiile, doar că este incredibil cât de mult se schimbă o relație când femeia face schimbări mărunte în obiceiurile ei zilnice. Ca femei, uităm să fim femei, avem modele de fiice, de mame, de surori, de angajate, de directoare, dar nu suntem învățate să fim femei. Sunt atât de multe mesajele care ne învață tot ce să facem în viață, încât uităm să aflăm cine suntem noi. De aceea, această carte este pentru femei - atunci când femeia se descoperă, ea va descoperi și bărbatul de lângă ea.

Chiar din start doresc să îți spun că te voi tutui. Vreau să privești această carte ca pe o șuetă între două confidente, această carte este Persoana care îți este alături, indiferent de povestea care te-a determinat să citești aceste pagini.

Îmi doresc ca, în timp ce citești aceste rânduri, să te regăsești atât de mult, încât să simți că această carte a fost scrisă doar pentru tine. Îmi propun să simți că ți-am ascultat povestea și ți-am răspuns pas cu pas la fiecare întrebare.

Așa că, oricărui bărbat care ar citi această carte îi doresc să știe că *28 de zile spre iubire* este cea mai bună prietenă a iubitei lui.

Mulțumiri

Îi mulțumesc soțului meu, fără de care această carte nu ar fi putut exista. Prezența lui în viața mea mi-a permis să conștientizez importanța fiecărei experiențe trăite. El mi-a dat curajul să împărtășesc lumii ingredientele necesare pentru relații perfecte. Demonstrându-mi iubire necondiționată din clipa în care ne-am cunoscut, am înțeles că relația perfectă există și că trebuie doar să o vedem. Îi mulțumesc soțului meu pentru susținere, încurajare și pentru că a crezut în mine mereu. Le mulțumesc copiilor mei pentru că m-au învățat să iubesc necondiționat și au contribuit la scrierea acestei cărți, prin simplul fapt că mi-au permis să scriu în fiecare zi.

Le sunt recunoscătoare tuturor persoanelor care au citit această carte în timpul scrierii ei, care mi-au oferit sfaturi și îndrumări pentru ca informațiile să fie cât mai plăcute pentru cititori: Florin Păsat, Diana Szabo, Silvia Ionescu, Ligia G. Marian, Mădălina Cotan, Adina Pestroiu, Andreea Claudia Ghimpeteanu, Oana Aurel.

Mulțumiri deosebite sunt îndreptate către Gina-Eugenia Richițeanu, pentru că m-a însoțit la fiecare pas, ajutându-mă să aleg cele mai potrivite cuvinte pe tot parcursul cărții. Îmi exprim recunoștința pentru Cristina Lorincz și Maria Claudia Wotsch pentru munca lor atentă și îngrijită, astfel ca această lectură să curgă impecabil. Îi mulțumesc Marinelei Timofte pentru susținerea ei în tipărirea cărții. Îi mulțumesc lui Valentin Dogaru pentru că mi-a oferit unul dintre cele mai importante unelte, calculatorul la care m-am așezat cu plăcere în fiecare zi să scriu. Îi mulțumesc Dianei Trașcu Gospodaru pentru că mi-a fost alături în tot ce este dincolo de scrierea efectivă a unei cărți, o muncă pe care nu o vedem, dar care este cel puțin la fel de importantă. Îi mulțumesc Barbarei Grzegorzewska pentru desenele menite să aducă mai multă claritate pe parcursul cărții.

A scrie o carte este o muncă de echipă, fără echipă - o carte rămâne un manuscris pe care se depune praful.

Le mulțumesc tuturor persoanelor care au contribuit la experiențele de viață descrise în carte și care, astfel, sunt acum exemple pentru cititori. Această carte este valoroasă pentru că include poveștile voastre de viață.

Le mulțumesc tuturor persoanelor care m-au încurajat să scriu această carte.

Introducere

Această carte a luat naștere cu mulți ani înainte să mă gândesc că voi scrie vreodată o carte. Pot să spun asta pentru că mi-am dorit dintotdeauna să scriu. Consider că am fost binecuvântată cu o viață specială și doream să inspir prin reușitele mele, dar această carte nu este despre mine. Această carte este despre tine și povestea vieții tale. Mi-am dorit, de asemenea, să aduc o rază de lumină în sufletul celor cu care interacționez, deși timp de foarte mulți ani nu știam ce fac de fiecare dată când reușesc să aduc lumină și liniște în sufletul celorlalți.

Cu o sete imensă de cunoaștere, am început să citesc tot mai mult, principalul meu interes fiind dezvoltarea financiară, convinsă că celelalte arii ale vieții nu au aceeași importanță. Am dat buzna peste cărțile de dezvoltare personală și, spre surprinderea mea, ceea ce am reușit să creez a fost iubitul pe care l-am dorit dintotdeauna. Eu, cu siguranță, nu eram în căutarea unei povești de iubire. Scopul meu declarat era să devin o femeie de carieră, stăpână pe viața ei, care nu depinde de vreun bărbat.

Felul în care mi-am cunoscut soțul a fost atât de plin de magie încât îmi imaginam că voi scrie o carte în care să povestesc despre felul în care el a apărut în viața mea, iar eu - în viața lui, pentru că ambele povești sunt la fel de magice. La doar câteva zile de la întâlnirea noastră am simțit că ne cunoaștem dintotdeauna, iar viața noastră până atunci a fost trăită doar pentru a ajunge împreună.

Felul în care mi-am cunoscut soțul este desprins dintr-o poveste cu final fericit. Cu toate acestea, destul de repede, interesul meu focusat doar pe dezvoltare profesională m-a împiedicat să observ cum au ieșit la suprafață și s-au dezvoltat toate convingerile limitative pe care le aveam în legătură cu relațiile. Treptat, am intrat într-un tipar de relație însușit prin copierea relațiilor văzute la ceilalți de-a lungul copilăriei și, deși am avut parte și de exemple de relații ce păreau desprinse din filme de dragoste, s-a conturat tot mai mult tiparul unei relații aflate într-o spirală descendentă, cu momente frumoase alternate cu tot mai multe momente de frustrări. Uitându-mă în urmă la relația pe care am avut-o cu soțul meu, văd o relație frumoasă, umbrită de convingerile mele limitative. Nu știu cât timp ai petrecut tu suferind pentru că relația ta nu se ridică la nivelul așteptărilor tale. Această suferință am simțit-o în foarte multe relații (nu doar în relațiile de dragoste) și am observat-o, de asemenea, și în relațiile celorlalți. Ne dorim un ideal de relație, ne imaginăm cum ar trebui să arate relația noastră, iar apoi suferim pentru că realitatea nu se ridică la nivelul așteptărilor noastre. De foarte multe ori, bărbatul însuși spune clar și răspicat că nu a oferit și nu va putea oferi niciodată gradul de implicare pe care îl pretinde partenera lui. Chiar dacă mă simt norocoasă pentru tot ce mi-a oferit relația cu soțul meu, pentru tot binele pe care l-am primit, în ciuda dorinței mele permanente de a agita și condimenta relația, nu pot să nu văd cât de mulți ani am trăit opusul a ceea ce consideram eu că este relația pe care o doresc în familia mea, relație pe care îmi doream din tot sufletul să o am.

De-a lungul anilor am citit și am aplicat ceea ce citeam. Eu continuam să adaug noi unelte ce promiteau rezultate garantate la trusa mea de unelte pentru relația perfectă. Deși instrucțiunile erau clare de fiecare dată, ceva lipsea și rezultatele erau de scurtă durată. Eu simțeam că adâncesc o prăpastie între mine și fericirea cuplului meu.

Un moment important l-a reprezentat crearea unei provocări de 30 de zile pentru a transforma relația de cuplu. Am sintetizat ceea ce am învăţat, am ordonat paşii pe care i-am considerat potriviţi pentru a crea armonie în relaţia de cuplu şi am invitat mai multe femei într-un grup în care trimiteam câte un mesaj zilnic. În urma acestei provocări au fost femei care mi-au scris să îmi spună ce impact frumos au avut mesajele mele în transformarea relaţiilor lor. Deşi m-am bucurat pentru ele, pentru mine parcursul nu era încheiat. Eu aveam un bagaj emoţional ce mă forţa să caut în continuare răspunsuri.

În ziua de astăzi mă uit în urmă şi văd că nimic nu este întâmplător, iar motivul pentru care am simţit că am mers în jos, în loc să merg în sus, a fost pentru ca acum să am compasiune şi înţelegere pentru fiecare persoană care vine la mine să o ajut. Deşi nu consider că trebuie să experimentez totul pentru a putea empatiza, există anumite întâmplări-cheie care îmi permit să văd lumina în întunericul fiecărei experienţe.

Dependenţele emoţionale se manifestă sub cele mai diverse forme, iar relaţiile toxice conţin o mare doză de frică şi foarte puţină iubire. Când se renunţă la frică şi se dezvoltă iubirea relaţia se transformă atât de profund, încât partenerii pot chiar să uite ceea ce a fost înainte, pentru că nici măcar un reproş nu mai rămâne în faţa iubirii.

Astfel, s-a născut, doi ani mai târziu, primul program de 28 de zile de videouri transmise live într-o comunitate mică pe Facebook.

Când din cel mai adânc abis m-am trezit îmbăiată în lumina soarelui şi înconjurată de iubire, i-am spus soţului meu că îmi doresc să împărtăşesc binele descoperit cu restul lumii. Când am văzut că schimbările în relaţia noastră sunt de durată m-am întrebat cum pot să ajut şi mai multă lume, cum pot eu să ajut fiecare persoană să cunoască iubirea profundă, relaţia de iubire visată de fiecare dintre parteneri, armonia şi căminul pe care orice copil doreşte să îl simtă când vine acasă. Răspunsul primit a fost să scriu această carte.

Înainte să continui să citeşti trebuie să te previn. Nu sunt psiholog, psihoterapeut, psihanalist sau medic. Nu sunt scriitor, și nici vorbitor în public nu am fost până acum. Dar un gând m-a împins înainte, un gând puternic ce îmi spunea că am un mesaj important de transmis: Buddha nu a fost Budist, Iisus nu a fost Creștin. Vreau să aduc iubirea la lumină în inimile tuturor, iar pentru asta trebuie să ies în lumină.

Începe să citești această carte în ritmul tău. Eu am prevăzut 28 de zile pentru a constitui un ciclu lunar, dar dacă te simți confortabil să citești această carte într-un alt ritm, adaptează-l nevoilor tale. Dacă îți dorești ca lectura acestei cărți să aducă rezultate în viața ta îți recomand să faci exercițiile pe care le propun la fiecare capitol, în fiecare zi, iar dacă întrerupi lectura, continuă exercițiile ultimei zile citite până reiei lectura cărții. Nu lăsa această carte să fie o nouă carte pe care se așterne praful în bibliotecă sau pe noptieră. Permite-ți să trăiești viața pe care o meriți cu adevărat.

Dacă îți dorești să treci la nivelul următor - în sesiunile individuale de terapie și coaching, respectiv în atelierele de grup, subiectele prezentate în această carte sunt aprofundate și completate de multe alte tehnici care nu sunt descrise în cele 28 de zile.

Deși inițial am prevăzut ca această călătorie să fie de 28 de zile, vreau să începi cu o zi de analiză înainte de pregătiri. Astăzi este o zi importantă pentru tine. Pentru că următoarele zile îți vor întoarce perspectiva asupra relației tale cu susul în jos, ai nevoie să faci o evaluare a vieții tale în acest moment. Pe parcurs îți vei îndrepta privirea spre punctul de plecare. Ai nevoie să poți vedea de unde ai pornit. Fără aceste informații va fi dificil să ai o imagine clară asupra schimbărilor prin care treci. Astăzi este o zi în care îți cer să îți îndrepți atenția către viața ta, să o descrii exact așa cum o vezi tu acum. Viața ta se schimbă în fiecare zi, dar pentru că nu urmărești transformările prin care treci nu îți dai seama ce este diferit.

Pregătește un jurnal (sau folosește Caietul de exerciții

conceput să te ajute în acestă călătorie) - el îți va fi prieten fidel în această călătorie, în el vei găsi răspunsuri pe care nu le așteptai și resurse de care nu știai. E momentul să scrii în jurnal cum este viața ta acum. Scrie cum te simți, scrie ce trăiești, ce dureri ai. Povestește despre relația ta, despre partenerul tău, despre copiii tăi. Poți scrie chiar despre fostele tale relații dacă mai ai gânduri apăsătoare legate de acestea. Descrie în detaliu cum arată viața ta acum, ce anume îți aduce fericire, ce te supără în momentul de față, care sunt împlinirile tale în acest moment. Ce ți-ai dori să faci, ce nu îți dorești să continui să faci? Toate detaliile sunt importante, iar pe parcursul cărții îți voi reaminti acest aspect. Îți sugerez să scrii în acest jurnal și lucruri pe care le consideri fără legătură cu tema abordată. Dacă ți-au venit în gând în acest moment, înseamnă că există un mesaj pentru tine. Este posibil ca înainte de finalul călătoriei să înțelegi care era de fapt legătura și să te bucuri de conștientizări.

În încheiere vreau să îți mulțumesc pentru tot timpul pe care mi-l oferi citind această carte!

Pe mâine!

Ziua 1 - Decide ce îți dorești

Fii realist, dorește-ți mereu imposibilul.

Paulo Coelho

Mă întreb dacă tu, la fel ca mine, te-ai lăsat influențată, fără ca măcar să te gândești vreodată la ceea ce se întâmplă; să crezi că ești ca un fir de iarbă în bătaia vântului. Cât timp din viață ți-ai petrecut gândindu-te că dreptul tău de alegere este o iluzie și că nu are sens să te zbați, pentru că oricum direcțiile au fost deja trasate? Te-ai simțit vreodată o marionetă ghidată de cineva care nu se arată?

Eu sigur m-am întrebat de foarte multe ori dacă pot să îmi trăiesc viața așa cum îmi doresc. O imagine dintr-o carte de caricaturi mi-a rămas întipărită: o vacă merge la abator și singurele variante pe care le are sunt să meargă pe ușa din dreapta sau pe ușa din stânga, destinația fiind aceeași. Astfel, am crezut și eu că alegerile sunt iluzorii.

Totuși, nu acesta este motivul pentru care noi două povestim acum, aici. Pentru că, într-o altă ocazie, am învățat cât de importante sunt deciziile conștiente și ce implică neasumarea clarității în ceea ce facem. Îți pot confirma că nu este nevoie să vezi capătul călătoriei când pornești la drum. Cel mai lucid exemplu este prezentat în filmul *The Secret* (*Secretul*, de Rhonda Byrne), în care una dintre persoanele intervievate explică traseul unei călătorii cu mașina pe timpul nopții. *Ca șofer știi clar unde vrei să mergi, știi că vei ajunge la destinație. Pe acel drum, în noapte, farurile vor lumina maximum 100 de metri în fața ta, dar asta nu te împiedică să mergi înainte cu certitudinea că vei ajunge la destinație.*

Ți-am împărtășit această situație pentru a sublinia faptul că un prim pas în călătoria pe care o începem acum împreună este să alegi destinația unde vrei să ajungi. Chiar dacă nu știi încotro o ia drumul după prima curbă, odată ce ai setat destinația și urmezi instrucțiunile vei ajunge la timp și în siguranță.

De asemenea, una dintre cele mai comune greșeli pe care le poți face când pornești la drum este să stabilești toate destinațiile la care nu vrei să ajungi. *Imaginează-ți că ajungi într-un oraș în care nu ai mai fost niciodată, intri într-un taxi și aștepți să te ducă la destinație. Șoferul te întreabă politicos: "Domnișoară, unde doriți să mergeți?" Iar tu răspunzi: "Nu vreau să merg la operă". "Bine domnișoară, atunci unde doriți să mergeți?" Răspunsul tău persistă: "Nu vreau să merg nici la stadion". "Perfect, domnișoară, unde vă duc?"*

Știu că ai zâmbit, dar oare câte alegeri în viață ai făcut prin prisma **"nu vreau asta"** sau **"orice altceva se întâmplă va fi perfect, atât timp cât nu se întâmplă un anumit lucru"**? Să nu mai spun că au fost urmate de un sentiment de profundă dezamăgire pentru că *tu chiar nu îți doreai ceea ce ai obținut într-un final*.

Ce e de făcut? Te pregătești să mă întrebi… iar eu ți-o iau înainte pentru că… de asta sunt aici - să îți răspund la aceste întrebări. Care este acum răspunsul logic al domnișoarei din taxi pentru a putea ajunge la destinație? **"Vreau să merg…"** și numești destinația unde vrei să te ducă taxiul.

Uite așa începe călătoria noastră împreună. Primul pas al acestei călătorii, cel mai important prim pas, este **să știi ce îți dorești**. Chiar dacă această carte se bazează pe un program menit reaprinderii iubirii în cuplu, prima persoană ajutată este chiar persoana care parcurge pașii. Iubirea în cuplu e bonusul ce vine în momentul în care iubești persoana pe care o vezi dimineața în oglindă. Am simțit să îți împărtășesc acest aspect pentru că această carte este potrivită pentru tine, indiferent de nivelul la care ești în dezvoltarea ta personală. Dacă ai această carte în mâini și o citești înseamnă că e momentul potrivit să o citești. Dacă știi deja tot ce urmează să citești în această carte, înseamnă că această lectură este menită să îți confirme că tot ceea ce ai făcut până acum a fost bine și să te ajute să aprofundezi, să reiei rutina bunelor obiceiuri și să sporești ceea ce mie îmi place să numesc *magia din viața ta.*

Acest prim pas este foarte important pentru că este esențial să stabilești o destinație care să te mențină conectată pe parcursul călătoriei. Dacă scopul ales de tine nu îți va menține focusul pe parcursul călătoriei vei uita cartea pe noptieră și nu va mai părea interesant să continui. Asta nu înseamnă că sfaturile mele nu sunt bune, ci că intenția ta nu te motivează. Astfel, chiar din acest punct doresc să te încurajez și să îți confirm că, pe parcursul acestei călătorii, poți chiar să ajustezi intenția ta, astfel încât, de la primul moment al zilei, să simți fiori de bucurie gândindu-te la sentimentul minunat al îndeplinirii intenției tale.

Este posibil să fi citit deja despre obiectivele care trebuie să fie **SMART**, adică *Specifice, Măsurabile, Ambițioase / Accesibile, Realiste / Relevante* și *în Timp / Termen*. Ei bine, în cazul nostru vom căuta să fie îndeplinite aceste condiții doar parțial. Cu siguranță intenția ta este *specifică*: intenția ta va fi specifică și voi detalia imediat cum să fie cât mai specifică. Este o intenție *măsurabilă* pentru că vom avea indicatori care vor confirma îndeplinirea intenției. Este o intenție *ambițioasă*, dar și *accesibilă*. În ce privește *realistă*, există posibilitatea ca acel lucru pe care ți-l dorești tu acum să pară dincolo de realizabil, se prea poate ca relația ta să pară acum dincolo de orice șansă de recuperare. Un obiectiv trebuie să aibă o limită temporală, un *termen* limită. Filmul care m-a inspirat pentru prima dată să fac un astfel de program prezintă povestea unui pompier ce primește un jurnal de la tatăl lui în care îi prezintă sarcini pe care să le facă timp de 30 de zile. După 39 de zile soția lui încă nu simțea iubire pentru soțul ei. În a patruzecea zi îi găsește jurnalul, îl citește, înțelege schimbarea pe care a văzut-o în decursul ultimelor zile. Când el vine la ea să o îngrijească întrucât era răcită, o găsește plângând în pat, iar, printre plânsete, ea îl întreabă în a câta zi din jurnal este. Când el îi răspunde că este ziua 40 ea îi spune că în jurnal sunt doar 30 de zile. Răspunsul lui a reprezentat piatra de temelie pentru munca mea: "Şi cine spune că trebuie să mă opresc?". De aceea, obiectivul tău poate să nu fie limitat în timp pentru că, dacă tu aplici fiecare pas şi începi să ai tot mai multă încredere în călătoria pe care ai început-o, va veni ziua recompensei, ziua în care intenţia ta s-a împlinit.

Să revenim la cum trebuie scrisă intenţia ta - dacă am văzut până acum ce nu este important, să vedem acum ce este important. Intenţia pe care ţi-o propui pentru această călătorie o plasezi astfel încât să fie adresată subconştientului tău. Pe parcursul cărţii vei obseva în unele zile că nu aprofundez unele aspecte. Toate informaţiile din această carte sunt disponibile în diverse cărţi de dezvoltare personală sau ştiinţifice, iar eu îmi doresc ca în această carte să avem parte de o relaţie de prietenie. Acestea fiind spuse, sunt sigură că îţi va face plăcere, totuşi, să citeşti de ce doresc să mă adresez subconştientului. Dacă eşti ca mine, ai citit deja cărţi, te-ai uitat deja la filme care te-au inspirat şi, cu toate acestea, te întrebi de ce nu ai obţinut rezultatele pe care le doreşti în relaţia ta. Cu siguranţă, pe termen scurt ai simţit schimbări în bine, dar parcă ceva se întâmpla şi construcţia firavă a unui nou început s-a dărâmat, din nou, înainte să se întremeze. Motivul? O decizie la nivel conştient nu rezistă în faţa convingerilor tale. Iar convingerile tale sunt imprimate la nivel subconştient. Să te sperie asta? Deloc! Convingerile tale nu le ai din naştere, ci le-ai dobândit prin interacţiunea cu exteriorul, preluându-le de la alte persoane sau repetând anumite acţiuni. **Pentru că nu te-ai născut cu ele, acestea pot fi înlocuite cu alte convingeri**. Acest prim pas are o strânsă legătură cu convingerile tale referitoare la relaţia de cuplu. Felul în care începi procesul de spargere a tiparelor tale de convingeri este stabilirea intenţiei pentru această călătorie, iar, prin exerciţiile prezentate la sfârşitul fiecărui capitol, vei vedea cum convingerile tale referitor la relaţii se transformă.

Întrebarea a devenit simplă, răspunsul se conturează și el. Pentru ca intenția să fie clară, ea trebuie să fie scurtă. Pentru a o imprima în subconștient, trebuie să fie exprimată la timpul prezent și în mod afirmativ. Exemple pentru o astfel de intenție sunt: "Am o relație împlinită cu partenerul meu" sau "Am relația perfectă cu soțul meu".

Toate bune și frumoase până aici, sunt fraze atât de simple. Credeai că ai scăpat? Ce înseamnă pentru tine o relație împlinită cu partenerul tău? Cu siguranță, definiția mea este foarte diferită de definiția ta. În afară de o descriere generală a unei relații perfecte, dacă vrei să știi cu adevărat ce înseamnă pentru tine o astfel de relație este bine să îți pui întrebări care să îți aducă mai multă claritate. Astfel, pentru această primă zi, ai o sarcină suplimentară. Deschide o nouă pagină în jurnal și notează intenția pentru aceste 28 de zile de călătorie, folosind o formulare scurtă, pozitivă, la timpul prezent, urmând exemplele de mai sus, iar apoi răspunde la întrebarea "Ce îmi confirmă că am o astfel de relație?" și notează răspunsul pe care îl dai de fiecare dată când te întrebi. Repetă întrebarea până când termini de notat toate aspectele care sunt necesare pentru a-ți confirma că relația ta este exact așa cum o dorești. Pentru că motivele pot fi foarte diferite de la un cuplu la altul îți voi da câteva exemple, dar te rog să completezi cel puțin 20 de indicii ale relației perfecte cu partenerul tău: petrecem zilnic cel puțin 30 de minute împreună, ieșim săptămânal la restaurant, facem plimbări în natură la fiecare sfârșit de săptămână, îmi oferă flori cel puțin o dată pe lună, mă încurajează să ies și se bucură dacă ies cu prietenele în oraș, avem încredere unul în celălalt, ne apreciem familiile, discuțiile între noi sunt calme și constructive, duce copiii la școală și/sau activități, petrece timp cu copiii, este interesat de activitățile mele, îmi spune provocările prin care trece, pregătim cina împreună în fiecare seară, eu gătesc și el spală vasele, el calcă hainele, etc.

Nu te gândi că nu poți găsi minimum 20 de indicii. După ce începi acest proces de introspecție *îți vei dori să știi* care sunt elementele ce îți aduc sentimentul de împlinire în relația de cuplu.

Când ştii ce îţi doreşti afli ce poţi face pentru a-l obţine, aşa că, dacă îţi ia o săptămână să le cauţi, nu te opri înainte să le găseşti. Chiar dacă îţi recomand să faci această listă astăzi, să rămâi în faţa jurnalului până când simţi o uşurare, o confirmare că totul e scris cu albastru pe alb, nu te descuraja dacă timpul nu îţi permite sau nu ai reuşit să găseşti toate răspunsurile. Pe parcurs, poţi reveni la această listă şi adăuga lucruri la care nu te-ai gândit acum. Cu siguranţă, ţi-ai dorit de-a lungul vieţii o relaţie ideală. Dă-ţi voie să o trăieşti pe această foaie din jurnal, cu cât mai multe detalii. Dă-ţi voie să scrii relaţia pe care o doreşti, ce îţi oferă partenerul, dar şi ce oferi tu, pentru că o relaţie împlinită nu vine doar din ceea ce face el pentru tine, ci şi din ceea ce faci tu pentru el.

În continuare, te invit la un moment cu tine, te invit să treci la fapte, să scrii, cu mâna ta, cu pixul în mână, pe o foaie de hârtie tema primei zile.

Pentru a fi motivată să faci zilnic câte un pas spre relaţia la care visezi trebuie să ştii ce îţi doreşti. Pentru aceasta, călătoria ta începe cu descrierea în detaliu a relaţiei pe care o doreşti, sub formă de listă, cu tot ce înseamnă ea pentru tine. Niciun element nu este în plus şi, cu cât e mai detaliată lista ta, cu atât mai fericită vei fi să vezi cum sunt îndeplinite punctele din listă pe parcursul călătoriei tale.

Exerciţiile zilei 1:

☐ Stabilirea intenţiei pentru aceste 28 de zile, de exemplu: "Am o relaţie împlinită cu partenerul meu."

☐ Completarea indiciilor ce reprezintă confirmarea relaţiei împlinite pe care o doreşti cu partenerul de viaţă. Numerotează fiecare indiciu din listă şi asigură-te că ai notat cel puţin 20.

Provocarea zilei:

☐ Spune unei persoane de încredere că ai început o călătorie de 28 de zile pentru transformarea relaţiei tale.

Recomandarea zilei:

Filmul *Fireproof - Furtuna de foc (2008)* este povestea unui pompier, apreciat de întregul oraş pentru dedicarea cu care salvează vieţile cetăţenilor, dar care nu este apreciat de propria lui soţie. Te las să descoperi ce se întâmplă când primeşte un jurnal de la tatăl său.

Afirmaţia zilei:

Mă uit cu încredere spre viitor şi am încredere în necunoscut

Ziua 2 - De ce fugi?

Oamenii care evită eșecul evită și succesul.

Robert T. Kiyosaki

Înainte să încep ceva îmi place să inspir profund. Pentru a scrie acest capitol am nevoie de o inspirație profundă. Deși ceea ce scriu aici trece dincolo de ceea ce mă motivează pe mine, acest capitol reprezintă motivația principală pentru foarte mulți dintre noi. Când am auzit următoarea întrebare: "Când îți dorești ceva, ce te motivează mai mult - ceva de care vrei să fugi sau fericirea a ceea ce obții?", eu am fost surprinsă să descopăr că răspunsul tuturor celorlalți participanți a reprezentat frica, doar mie mi se părea motivator să mă gândesc la partea de bucurie. Acum vreau să te ajut și pe tine să înțelegi care este raționamentul acestei concluzii pentru că, de fapt, se bazează pe alegeri făcute în mod repetat în trecut. *În cele mai străvechi timpuri, mergând în drum spre casă, omul cavernelor se întâlnește cu un animal fioros. Fiindcă nu știu ce animale existau pe atunci imaginează-ți că dă nas în nas cu un leu flămând și fioros. Ei bine, crezi tu că el, omul cavernelor, și-a continuat drumul, gândindu-se cu bucurie la femeia ce îl așteaptă acasă sau și-a luat, vorba vine, picioarele la spinare și a fugit mâncând pământul să scape de leul cel fioros? Abia ajuns în peșteră a reușit să respire, să se liniștească, să se bucure că a ajuns întreg la femeia aceea ce nici măcar nu înțelegea cărui fapt se datorează expresia speriată a bărbatului ei curajos. Omul cavernelor a fost motivat de frică să ajungă în peșteră. A fugit de ceva ce i-ar fi putut face rău dacă ar fi stat pe loc.*

Cum se transpune această poveste în călătoria noastră împreună? Ieri ai stabilit destinația călătoriei tale, iar astăzi ești, cu siguranță, plină de speranță pentru că, în sfârșit, înțelegi ce îți dorești în relație. Acum e totul scris, albastru pe alb, clar și plin de detalii care mai de care mai plăcute. Deocamdată această relație este doar în imaginația ta, dar vreau să subliniez faptul că fiecare lucru măreț din această lume a pornit de la o idee în mintea celui ce l-a gândit. *Nicio mașină pe care o apreciezi astăzi nu ar fi existat dacă nu și-ar fi imaginat creatorul ei un astfel de proiect.* Când ți-am sugerat să faci o listă în care să pui toate indiciile relației perfecte, ți-am spus că e doar primul pas - pregătirea pentru drum.

Astăzi trebuie să descoperim care este **animalul fioros** de care fugi. Motivația este diferită pentru fiecare dintre noi. Când ai stabilit care sunt indiciile care îți confirmă că ai relația perfectă ți-am spus că acestea vor fi diferite pentru alte persoane. Acest lucru este valabil și în ceea ce privește fricile tale.

Tema de azi este provocatoare pentru că îți îndrepți atenția către fricile tale cele mai mari. În funcție de cum arată relația ta în acest moment este posibil ca răspunsurile tale să fie ușor de găsit, dacă le experimentezi. Dacă relația ta este deja frumoasă va trebui să faci o muncă de cercetare pentru a găsi indiciile ce vor constitui tema de astăzi. Iar în cazul în care nu ești într-o relație, ei bine, te vei gândi la fostele tale relații sau la ceea ce ai observat în relațiile prietenilor tăi. Indiferent dacă ești o persoană motivată de ceea ce îți dorești într-o relație sau de ceea ce nu vrei să se întâmple, este bine să ai claritate în ambele direcții. Cu cât îți este mai clar ceea ce nu îți dorești, cu atât mai bine știi spre ce te îndrepți.

Animalul fioros despre care vorbeam anterior reprezintă *opusul relației pe care tu ți-o dorești.* Vom denumi aceste aspecte - **dureri**. Ele reprezintă minusurile din viața ta, în cazul în care tu nu ai relația pe care ai descris-o ieri. Cum este viața ta de familie? Cum te-ai simți tu, în cazul în care relația ta nu ar fi așa cum ai descris-o deja? Poți să te gândești la ceea ce ți-ai dori în relație și să transpui în formă negativă. De exemplu, dacă te bucuri de sprijinul partenerului tău durerea ar fi ca partenerul tău să nu te susțină. Poate că nu te bucuri de reușite împreună cu partenerul tău sau poate că nu îți este alături într-o schimbare profesională sau poate că nu îți oferă atenție. Poate că îl critici pentru fiecare greșeală mică pe care o face, nu oferiți timp familiei, nu petreceți timp cu copiii, suferi pentru că nu reprezinți un exemplu pentru copiii tăi, etc. Poți găsi dureri, observându-i pe ceilalți. Dacă te uiți la tine și îți este greu să identifici astfel de indicii îndreaptă-ți privirea spre alte cupluri nefericite și observă ce aspecte ale relațiilor lor nu îți plac. Cu siguranță, ieșind din introspecție vei găsi multe lucruri la care nu te-ai fi gândit înainte. Cu siguranță, este mai ușor să vezi tristețea pe chipul unei prietene ce are provocări în dragoste, dar nu te-ai fi gândit să o notezi când ți-ai studiat propriile dureri. Pot fi certuri sau provocări în cuplu, detalii la care nu te-ai gândit pentru că nu erau problemele tale în cuplu. Fii obiectivă - aceste dureri îți vor arăta de ce fugi, vei ști cine este monstrul de care vrei să scapi pentru a ajunge în siguranță în povestea ta de iubire.

După ce identifici durerile pentru tine și familia ta e momentul să identifici o altă fațetă a durerilor. Ele nu te afectează doar pe tine și familia ta. E momentul să începi o a doua listă în care să identifici cum sunt afectați alții de lipsa împlinirii tale în viața de cuplu. Persoanele cu care interacționezi primesc din energia pe care tu o emani, iar în momentul în care nu ești fericită, ceea ce dai va corespunde cu starea ta. Sunt aspecte pe care le-ai notat în prima listă pe care poți să le transpui într-o a doua listă, sau sunt alte dureri, independente. Poate că prietenii te ocolesc pentru că nu își doresc să petreacă timp cu tine, poate că nu îi susții în proiectele lor, sau poate că îți petreci timpul plângându-ți de milă, iar ei s-au săturat să fie alături de tine în discuții interminabile despre problemele tale; poate că prietenii observă că se simt și ei deprimați după ce petrec timp cu tine, astfel că te evită tot mai des; poate că sunteți singurul cuplu care se ceartă, vă invită tot mai rar la întâlnirile lor; poate că nu pui preț pe sănătate și i-ai influențat să mănânce nesănătos; poate că nu le respecți limitele de spațiu și timp, etc. Urmărește să ai același număr de dureri identificate în cele două liste, una pentru tine și familia ta, cealaltă pentru ceilalți (prieteni, cunoștințe, lume în general).

Toate aceste dureri te pot duce spre o stare de depresie, destul de larg răspândită la ora actuală în lume, dar negată de către oameni, mascată fiind printr-o stare continuă de stres, ca și când este normal ca fiecare persoană să aibă toate motivele din lume să fie stresată. Depresia și stresul s-au accentuat într-o societate industrială în care ne confruntăm cu sclavagism modern. Oamenii își vând timpul, viața lor, pentru câțiva bani care să le permită un nivel de subzistență. Cu ce este diferită viața unui om obișnuit de a unui sclav, atunci când lucrează pentru a-și plăti toate cheltuielile, iar la sfârșit de lună se uită în urmă și are doar frustrări: nu are bani puși deoparte, nu are timp liber, nu are familie (fericită). A muncit să plătească taxe, să mănânce, să se îmbrace. Această carte este despre relația ta de cuplu. Bunăstarea relației tale de cuplu include aspecte mai complexe, fericirea ta în cuplu va include, cu siguranță, și aspecte la care nu te-ai gândit până acum.

Astăzi ai identificat toate aspectele negative ale unei relații, așa cum le vezi acum. Vei observa că pașii pe care îi parcurgi în această călătorie vor schimba, de fapt și celelalte aspecte ale vieții tale. Nu poți să schimbi relația ta, fără a vedea îmbunătățiri în celelalte arii ale vieții. Se întâmplă uneori ca primele schimbări pe care le observi să fie în domenii la care nici nu te gândeai că dorești să faci îmbunătățiri. Eu, de exemplu, mi-am cunoscut soțul într-o perioadă în care eram preocupată de creșterea mea profesională și chiar susțineam că sunt într-o etapă în care nu doresc să încep o relație de dragoste.

Așa cum am spus la începutul cărții, aceasta este o carte pentru transformarea relației tale de cuplu. Dacă ai simțit că această carte te poate ajuta, chiar dacă nu ești încă într-o relație, nu te descuraja. Nu e momentul să lași cartea deoparte. Îți mărturisesc cu toată sinceritatea, relația cu soțul meu am creat-o în mintea mea înainte ca el să facă parte din realitatea mea. Astfel, știu că acest lucru este posibil și pentru tine și, cu siguranță, această carte te ajută să pregătești o fundație de calitate pentru relația pe care o dorești, relație pe care ai descris-o în capitolul precedent. Poate ai avut dezamăgiri în trecut sau dorești să pui bazele unei relații ca în povești, înainte de a avea o primă suferință în dragoste. Indiferent care este povestea ta, poți să te raportezi la relațiile celor din jur și, cu siguranță, vei găsi exemple despre ceea ce nu îți dorești în relația cu iubitul tău. Îmi amintesc cum urmăream relațiile din jurul meu și bifam, într-o listă imaginară, lucrurile pe care le admiram, respectiv punctam pe o altă listă toate lucrurile pe care știam că nu le voi accepta în relația mea. Folosind aceste inspirații, e momentul să iei jurnalul și să completezi exercițiile acestei zile. Începând de astăzi, exercițiile vor cuprinde pași din zilele precedente, de aceea te-am îndemnat să ai un jurnal- să poți urmări întreaga călătorie, să completezi cu informații pertinente tot parcursul.

Îți cer să notezi același număr de puncte în fiecare listă, minimum 10 puncte la fiecare. Ca și în cazul indiciilor despre relația perfectă, notează aceste dureri la timpul prezent și în formă afirmativă.

Exercițiile zilei 2:

Completează 2 liste cu același număr de dureri, minimum 10 pentru fiecare:

☐ Lista durerilor pentru tine și pentru familia ta în cazul lipsei relației perfecte.

☐ Lista durerilor pentru alții, în cazul lipsei relației perfecte.

Recitește intenția stabilită în prima zi pentru ca zilnic să îți amintești care e obiectivul pentru aceste 28 de zile.

Provocarea zilei:

Alege una dintre durerile scrise și gândește-te la ea, la ce reprezintă pentru tine. Conștientizează cât de mult ți-ar displăcea să ai o relație în care se întâmplă respectivul lucru.

Recomandarea zilei:

Filmul *The Secret - Secretul (2006)* este primul film dintr-o serie de filme și cărți motivaționale în care regizoarea și autoarea Rhonda Byrne a reunit personalități de succes și care motivează milioane de oameni spre succes. Este o introducere în legea atracției și crearea conștientă a vieții pe care dorești să o trăiești.

Afirmația zilei:

Experiențele trecutului m-au făcut puternică și încrezătoare în viitor

Ziua 3 - Spre ce te îndrepți?

Sensul existenței noastre este să fim fericiți.

Dalai Lama

Astăzi te întâmpin cu foarte multă bucurie. Dacă respirația de ieri era profundă pentru că urma să vorbesc despre ceea ce nu mă motivează pe mine, dar știam că este un pas important în pregătirea călătoriei tale spre iubire, astăzi iau o inspirație profundă umplută de fericire, pentru că astăzi zâmbesc cu tot sufletul meu, gândindu-mă la ce reprezintă celălalt factor catalizator al succesului tău. Te întrebi de ce vorbesc despre succesul tău? Această carte îți demonstrează, pas cu pas, cum ceea ce părea *imposibil* devine ***posibil***. Împreună studiem cum putem să dăm la o parte tot ce stă între tine, cea de acum, și tu, cea ajunsă la destinație. Această carte este menită să îți atragă atenția asupra multor aspecte importante care până acum erau trecute cu vederea pentru că păreau lipsite de relevanță.

Un mesaj ce apare pe oglinzile mașinilor mi-a dat de furcă în înțelegerea sensului și traducerea lui: *"Objects in the mirror are closer then they appear"* (*Obiectele în oglindă sunt mai aproape decât apar*). Cred că traducerea pe oglinzi este diferită, astfel încât am petrecut mult timp încercând să înțeleg care este semnificația ideii că obiectele din oglindă sunt mai aproape. Când am scris acest capitol am spus că obiectele în oglindă sunt mai aproape decât în realitate. Un prieten mi-a atras atenția că lucrurile stau invers- obiectele, în realitate, sunt mai aproape decât par în oglindă. Un lucru e sigur - imaginea din oglindă este deformată, ea nu reflectă fidel realitatea. Ca măsură de siguranță, știu că, atunci când parchez mașina, dacă am o mașină sau un perete în oglinda retrovizoare, distanța reală până la obiect este mult mai mare decât cea pe care o văd eu în oglindă. Eu văd obiectele în oglinda retrovizoare mai apropiate decât sunt ele în realitate. Astfel, șoferul oprește la timp, păstrând o distanță de securitate. Pornind de la această idee, împreună vom pune o lupă pe toate aspectele importante ale vieții tale pentru a păstra o distanță de securitate.

Până la partea de securitate mai avem puțin pentru că și astăzi suntem tot în etapa pregătirilor. Uite cum trec zilele, iar eu consider că noi avem nevoie să mai facem pregătiri înainte de a porni la drum. Sunt o persoană atentă la detalii și când fac o treabă e important să știu că toate sunt pregătite, astfel încât călătoria să fie cât mai plăcută. Ceea ce aleg să împărtășesc cu tine vine din propria mea experiență. Am urmărit lucrurile care mi-au asigurat mie succesul, astfel încât simpla copiere a acțiunilor mele îți asigură și ție garanția reușitei. Fiecare pas își are locul lui în această călătorie, iar eu sunt aici să te motivez pe tot parcursul și să te încurajez să vizualizezi deja cum va arăta viața ta în momentul în care vei termina de citit cartea și de practicat toate exercițiile.

Dacă pe omul cavernelor îl motiva fuga de animalul feroce, pe mine mă motivează bucuria vieții pe care o am când bifez pe listă toate indiciile îndeplinite pentru relația perfectă cu soțul meu. Ca o paranteză, într-un episod dintr-un serial de comedie pe care îl urmăresc, soția citește cu voce tare și entuziasmată fiecare sarcină neîndeplinită, bifând-o pe fiecare în parte. Soțul ei, foarte nedumerit, vine și o întreabă ce se întâmplă. Soția, plină de entuziasm, îi răspunde că simte o satisfacție extraordinară că poate să bifeze tot ceea ce nu poate realiza în momentul de față. Dacă nu poate avea altfel de reușite, măcar să se bucure că bifează această listă de nereușite. De fiecare dată când îmi amintesc de faza respectivă mă gândesc cu bucurie la viața mea, la propriile mele liste și mă gândesc că, dacă nu apuc să fac ceea ce îmi propun, și eu pot să bifez nerealizările. Dacă am reușit să te fac și pe tine să zâmbești gândindu-te la lista ta interminabilă cu treburi de făcut, te rog privește cu entuziasm și încredere la viața ta, bucurându-te pur și simplu de viața pe care o ai, pentru că acum știi ce să faci și poți să o șlefuiești, astfel încât să devină exact așa cum îți dorești.

Este foarte important, după cum am precizat și în descrierea obiectivului **SMART**, să poți măsura rezultatele pe care le obții. Dacă nu cuantifici rezultatele obținute nu poți măsura evoluția ta. Ai nevoie de un termen de comparație între punctul A și punctul B. Chiar dacă relația ta nu este perfectă acum, pe măsură ce bifezi câte un indiciu vei avea satisfacția progresului tău. Fiecare indiciu bifat îți confirmă că ești tot mai aproape de relația pe care o dorești cu partenerul tău. Călătoria ta este cu suișuri și coborâșuri. Oricât de optimistă sunt eu, viața ta nu va fi perfectă doar pentru că tu citești această carte.

Lorand Soares Szasz spunea că optimismul și entuziasmul sunt precum ștergătoarele de parbriz pe timp de ploaie: nu opresc intemperia, dar te ajută să îți continui cu bine drumul. Dacă relația ta a fost până acum provocatoare, vreau să știi că provocările vor continua să te pună la încercare, cel puțin pentru o vreme. Dar îți cer să fii atentă la amănunte precum frecvență și intensitate. Unul dintre clienții mei era foarte încântat de progresele făcute în relația cu soția sa, până la prima ceartă. La prima întâlnire după ceartă era descurajat. Eu, foarte senină, l-am întrebat cât timp a trecut între ultimele două certuri, răspunsul primit a fost: mai mult de o săptămână. La întrebarea *Cât de des se certau înainte?* răspunsul a fost: *aproape zilnic.* Mergând mai departe, l-am întrebat cum a fost ultima ceartă. El și-a păstrat calmul, deci a fost mai mult o discuție aprinsă din partea ei, în care el a ascultat-o. Clientul meu și-a dat seama că a fost atent la soția lui, a auzit ce îi spune, și-a dat seama că nu a reacționat, iar discuția nu a degenerat în dispută. În realitate, a fost pentru prima dată când, în loc de ceartă, simte că a auzit ce avea de spus soția lui. În concluzie, relația lor nu era încă roz, dar în loc să vadă problema, el a văzut progresul.

În momentul în care ai relația perfectă cu partenerul tău bucuria ta poate fi măsurată prin conștientizarea diverselor situații ce îți confirmă că tot ceea ce trăiești nu este doar o amăgire.

Pentru a duce mai departe procesul început ieri, astăzi vei identifica toate beneficiile pe care relația ta ți le aduce ție, familiei tale și tuturor celor cu care interacționezi. Forța de a merge înainte este la mijlocul celor două extreme: De ce fugi? și Spre ce te îndrepți? Chiar dacă simți că ești motivată de răspunsurile doar la una dintre aceste întrebări, cealaltă părând banală sau neinteresantă, experiența își spune cuvântul: te ajută să știi ce îți dorești și ce nu îți dorești. Ambele sunt importante și te țin pe calea de mijloc. Un coleg de muncă mi-a mărturisit că soția lui îl înșală. El i-a fost fidel întreaga relație, iar ea îl înșelase în repetate rânduri. Pentru că el se considera corect înaintea ei, concluzia la care am ajuns împreună a fost că el nu și-a spus niciodată că își dorește ca soția lui să îi fie fidelă. El credea că este suficient să fie fidel pentru a primi fidelitate. Doar când știi ce îți dorești poți construi realitatea care să corespundă fidel visului tău.

S-ar putea să mă întrebi de ce nu am început ziua de ieri cu aceste liste pozitive. Răspunsul meu cel mai sincer este că m-am lăsat ghidată de intuiție. Înainte de a vedea o casă că strălucește, mă duc să fac curat și descopăr mizeria ascunsă. Prefer să identific tot ce îmi poate umbri fericirea, pentru ca apoi să aștern simbolurile strălucitoare la care să privesc cu entuziasm. Dacă ziua de ieri a fost dificilă și ți-a fost greu să identifici ce aspecte nu dorești să fie prezente în relația ta, ziua de astăzi va aduce claritate prin prezentarea tuturor aspectelor pe care ți le dorești.

Ce am observat eu când am întocmit primele mele liste este că același aspect poate fi trecut în cele patru liste. Să luăm câteva exemple pentru fiecare listă:

Dureri evitate pentru mine și familia mea	Dureri evitate pentru ceilalți
Sunt nefericită	Îi fac pe ceilalți să fie nefericiți prin comportamentul meu
Nu mă bucur de succese împreună cu persoana iubită	Îi descurajez și pe alții să aibă realizări sau să se bucure de realizările lor

Beneficii pentru mine și familia mea	Beneficii pentru ceilalți
Sunt fericită	Aduc fericire pe chipurile celorlalți
Sărbătoresc fiecare succes împreună cu partenerul meu	Îi motivez pe ceilalți să se bucure de fiecare reușită și îi încurajez în drumul lor spre succes

Sarcina ta pentru astăzi este să identifici toate aceste beneficii, toate aceste confirmări că relația ta este așa cum ai descris-o în prima zi. O parte din beneficiile găsite pentru tine și pentru familia ta vor fi asemănătoare cu indiciile definiției pe care ai acordat-o tu pentru relația pe care o dorești. Îți reamintesc și subliniez și pentru ziua de azi: numărul de dureri și de beneficii din fiecare listă trebuie să fie egal, minimum 10 pentru fiecare listă în parte. Pare provocator, dar pe modelul anterior poți completa un aspect adaptat în fiecare dintre cele patru liste. Precizez că nu este nevoie ca aceste aspecte identificate să fie legate între ele. Am lăsat acest exemplu pentru a te inspira în cazul în care îți este greu să identifici indicii privind durerile sau beneficiile care te motivează să ai relația perfectă.

Vreau să îți argumentez acum de ce ai nevoie de aceste patru liste și nu două sau trei, de asemenea, de ce ele trebuie să fie în echilibru pe balanță. Pe de o parte, identifici cele două categorii: dureri și beneficii. Pe de altă parte, urmărești impactul asupra ta și asupra celorlalți.

Ți-am spus că omul din peșteră a fost motivat să fugă pentru că știa de cine trebuie să se păzească pentru a supraviețui. De asemenea, ți-am spus că eu sunt motivată să-mi îndeplinesc intenția, pentru că știu ceea ce îmi doresc să obțin. Trăim într-o lume duală în care obiectul pe care îl privești va avea întotdeauna două extreme, de exemplu: sus-jos, stânga-dreapta, cald-rece, lumină-întuneric, mare-mic, etc. Acești factori motivatori sunt precum fețele unei monede- nu putem desprinde fața unei monede. Când rupi o foaie de hârtie în două ea va avea din nou partea stângă și partea dreaptă. În timp ce te îndrepți spre obiectivul tău, în spate vezi de ce fugi, iar în față vezi spre ce te îndrepți. Precum un șofer ce conduce atent, periodic, tu te asiguri în oglinzile retrovizoare, dar focusul este pe drumul din fața ta.

Celălalt aspect al acestor liste se referă la tine și la ceilalți. De ce trebuie să te gândești la ceilalți? Indiferent către care religie te îndrepți vei vedea noțiuni despre importanța iubirii față de aproapele tău, indiferent cine este el. Vom aprofunda pe parcursul călătoriei o noțiune menită să întărească și mai mult ceea ce spune fiecare religie legat de iubirea aproapelui, dar pentru astăzi subliniez faptul că, gândindu-te la impactul pozitiv sau negativ pe care fericirea ta îl poate avea asupra celorlalți, vei fi motivată să îți schimbi starea, să te bucuri cu ei de o modalitate nouă de a privi lumea de acum înainte. De asemenea, dacă te gândești doar la tine, ignorând bunăstarea celorlalți, ești egoistă, iar subconștientul tău se va opune să îți faci bine doar ție. Fericirea ta nu se poate realiza prin nefericirea celorlalți. Există o interdependență între starea ta de bine și a celor din jurul tău. Fericirea ta se oglindește în fericirea celorlalți, iar tu ai nevoie să îi vezi și pe ceilalți fericiți pentru a fi pe deplin fericită

De ce nu este suficient să te gândești doar la ceilalți? Știi cum se comportă un copil căruia nu i se oferă atenție? Un copil care nu primește atenție pozitivă va face tot posibilul să atragă atenția sub formă negativă. Dacă nu te gândești la beneficiile tale, subconștientul, deși este dornic să vadă fericirea celorlalți, va sabota succesului tău, indiferent de cât de nobilă este cauza pentru care îți dorești succesul. Tu ai nevoie să conștientizezi care sunt beneficiile pentru tine, respectiv durerile de evitat, în relația cu partenerul tău. Aceste beneficii te vor face să visezi cu ochii deschiși la această relație până în ziua în care ceea ce ai visat devine realitate.

Îți cer să completezi cele două liste de beneficii, folosind modelul anterior. Alte exemple sunt: prietenii tăi sunt nerăbdători să petreacă timp cu tine pentru a se conecta cu energia ta extraordinară, ai un partener cu care să împărtășești bucuriile fiecărei zile, ai parte de susținere și încurajări pentru a face lucrurile din ce în ce mai bine, etc.

Exercițiile zilei 3:

Completează 2 liste, cu același număr de beneficii, minimum 10 pentru fiecare:

☐ Lista beneficiilor pentru tine și pentru familia ta, trăind relația perfectă;

☐ Lista beneficiilor pentru alții, ca urmare a relației tale perfecte.

Recitește intenția stabilită în prima zi pentru ca zilnic să îți amintești care e obiectivul pentru aceste 28 de zile.

Provocarea zilei:

Alege unul dintre beneficiile scrise și gândește-te la el. Ce reprezintă pentru tine? Conștientizează sentimentele pe care le trăiești, imaginându-ți că acel beneficiu este deja real în relația ta!

Recomandarea zilei:

Cartea ***Women who love too much - Femei care iubesc prea mult***, de Robin Norwood e un titlu care vorbește de la sine. Când oferi prea multă iubire partenerului există ceva de vindecat în interior. Dacă vrei să afli de ce unele femei iubesc prea mult, dacă tu simți că oferi prea multă iubire este o lectură obligatorie pentru tine.

Afirmația zilei:

Aleg să trăiesc cu bucurie ziua de astăzi

Ziua 4 - Recunoștința

Viața nu este altceva decât
recunoștință și iubire.

Marian Rujoiu

Gata de plecare!

A sosit momentul să pornim la drum. Am terminat pregătirile. Ți-am spus că sunt meticuloasă și abia când terminăm pregătirile putem să plecăm la drum. Cum ar fi să pleci în vacanță, iar aproape ajunsă la destinație să te gândești că jumătate din bagaje le-ai lăsat în fața ușii și, mai mult decât atât, un sfert nici nu le-ai pregătit?! Eu sunt atât de tipicară încât, când plec undeva, parcurg vizual întreaga casă, fiecare încăpere, fiecare raft, pentru a verifica dacă este ceva de care aș putea avea nevoie, deși nu am pus pe listă. Nu vreau să ajung să regret că am uitat ceva important acasă. Începând de astăzi poți verifica toate exercițiile din zilele anterioare, iar dacă dorești să mai adaugi ceva la listele pregătite o poți face oricând. Vei observa că repet unele aspecte. Sunt lucruri pe care simt nevoia să le subliniez prin repetiție, pentru că, așa cum îmi spunea mama mea când mă punea să scriu de 50 de ori fiecare cuvânt nou pe care îl învățam în vreo limbă străină, "repetiția este mama învățăturii". Vrei să știi ce îi spun mamei mele în gând? "Mulțumesc, mama, pentru că și acum îmi răsună cuvintele învățate atunci cu sârguință, iar zeci de ani mai târziu sunt fericită să stăpânesc limbile respective". Nu există o definiție a perfecțiunii pentru călătoria pe care o parcurgem împreună. Eu caut evoluția constantă. Jurnalul tău este dovada evoluției tale. Dacă până azi ai citit această carte cu gândul că într-o bună zi vei relua lectura și vei face exercițiile astăzi îți spun "stop". Mai bine citești mai rar și îți oferi timp pentru exerciții decât să citești pe nerăsuflate și să nu pui nimic în aplicare.

Aceasta nu este o carte de aventură pe care să o citești pe nerăsuflate pentru a descoperi deznodământul. Această carte te ajută să pui temelia pentru noua ta viață.

Când am pregătit pentru prima dată un program prin care am dorit să fac schimbări în viața mea și în viața tuturor persoanelor care au acceptat să fie motivate de mine am luat o foaie de hârtie, am schițat idei despre ce e de făcut, le-am sortat și aranjat, astfel încât să simt că există un sens în tot ceea ce fac. Câteodată mă gândesc că toți pașii sunt la fel de importanți și ar trebui să spun totul deodată. Experiența însă mi-a demonstrat că există un flux al lucrurilor. Pentru a avea succes trebuie să urmezi un sistem care conține instrucțiuni cu pașii necesari care trebuie făcuți în ordinea corectă. Cu siguranță nu este singurul sistem care poate fi folosit, dar, urmând acești pași care au fost verificați, ai siguranța că mergi pe un drum ce garantează succesul. Sper că nu te gândești în momentul acesta la ideea ce mă străbate acum pe mine, învățătorii îți spun să nu mergi pe poteca bătătorită de către ceilalți, pentru că e mai bine să îți croiești propriul tău drum în viață. În această privință și eu te încurajez să faci propriile alegeri. În această carte nu este vorba despre a merge pe poteca mea, ci de a folosi un sistem ce îți garantează succesul pe drumul tău. Călătoria ta nu este pe poteca mea. Eu sunt alături de tine să îți pun la îndemână exact ceea ce ai nevoie, exact atunci când ai nevoie și să mă retrag atunci când ești pregătită să continui singură.

Abia acum realizez că de la introducere, de fapt, nu ți-am vorbit deloc despre relația ta. Am fost atât de captivată de pregătiri încât simt că te-am debusolat. E posibil să te simți debusolată abia acum. Din cauza acestei remarci te întrebi de ce aduc un astfel de subiect în discuție acum.

Dacă nu ai încă o relație sau dacă relația ta este deja o relație în care ai mai multe plusuri decât minusuri, ceea ce ai citit până acum a fost în armonie.

Dacă, în schimb, relația ta este departe de ceea ce îți

dorești ca viață de cuplu, te întrebi la ce te-au ajutat toate acele pregătiri, în timp ce acasă situația este tot mai neplăcută.

Există o situație în care tu nu trebuie să rămâi și să aștepți să vezi schimbări în relație pe măsură ce citești cartea: violența fizică nu este ceva ce trebuie să înduri, iar eu sper să ai curajul și suportul pentru a ieși dintr-o relație violentă. Dacă relația ta este rece sau tensionată, fără violență fizică, poate că este o relație care se manifestă astfel de mulți ani; 28 de zile în plus nu vor reprezenta o eternitate pentru a pune în aplicare sistemul propus pentru această călătorie.

Acestea fiind spuse, ajungem la subiectul zilei de azi, pentru că a venit momentul să **te îndrepți spre destinația pe care ai ales-o**. După ce ai întors beneficii și dureri pe toate părțile, ai răscolit amintiri și poate ai avut sentimente de îndoială referitor la munca de pregătire, astăzi îți propun să semeni în sufletul tău liniște. Îmi doresc să găsești în sufletul tău pace nu doar ca un simplu cuvânt, ci acea pace pe care înainte o căutai doar în exterior până acum.

Te-ai gândit până acum că singura persoană cu care îți petreci întreaga ta viață, fiecare secundă a vieții tale ești *tu*?

Astfel, cine ar trebui să fie alături de tine la bine și la greu? Ți-am spus că întâlnirea cu soțul meu a fost desprinsă din cele mai frumoase povești de dragoste. Când nu eram în căutarea unui partener l-am cunoscut pe soțul meu care m-a susținut din clipa în care m-a cunoscut. Eram uimită să-l văd pe soțul meu cum mă susține, mă cunoaște și mă înțelege atât de bine. Îl consideram stâlpul meu. El a venit în viața mea să mă susțină pe mine. Îi ceream lui ceea ce nu știam să îmi ofer singură. La prima mea aniversare, după ce l-am cunoscut mi-a făcut cele mai frumoase cadouri și surprize; nu credeam că cineva mă poate iubi atât de mult, încât să mă facă atât de fericită.

Din păcate, în scurt timp m-am lăsat pradă convingerilor limitative. Am început să am pretenții tot mai mari de la relația pe care anterior o văzusem feerică. Pentru că nu îmi venea să cred că am parte de o relație atât de frumoasă, am început să am îndoieli față de ceea ce trăiam. Gândurile negative au dat năvală și, astfel, am creat o iluzie a relației pe care o doream, combinată cu dezamăgirea în fața așteptărilor mele construite în acea iluzie. Am început să îl critic pe soțul meu, am considerat că nu mă mai susține. Eram furioasă pentru că mă simțeam de parcă mi-ar fi fost luat pământul de sub picioare, iar eu nu mai puteam să stau pe picioarele mele. Într-o zi, când mi-a spus că el nu poate să mă susțină pe mine, că fericirea mea nu trebuie să depindă de calitatea relației noastre, m-am simțit dărâmată. Cum putea să îmi spună așa ceva el care fusese stâlpul meu, care m-a ajutat din clipa în care m-a cunoscut și mi-a fost alături la bine și la greu?! Am analizat îndelung spusele lui și am sfârșit prin a-i da dreptate. El nu trebuie să fie stâlpul meu. Atunci s-a născut o altă nedumerire puternică: *dacă fericirea mea trebuie să fie independentă de relația cu el, la ce bun o relație între un bărbat și o femeie?* Răspunsul nu a întârziat să apară sub diferite forme, arătându-mi astfel că, dacă eu sunt propriul meu stâlp, el devine *plasa mea de siguranță. Fericirea mea de azi* **nu depinde** de *relația mea de ieri* cu soțul meu: *Fericirea mea de azi* **creează calitatea** *relației mele de mâine.*

Deși nu mergeam des la biserică, îmi plăcea să mă rog la Dumnezeu și urmăream atent care erau răspunsurile pe care mi le oferea. Când am fost în cumpănă în legătură cu relația mea de căsnicie, deși aveam deja doi copii minunați cu soțul meu, m-am întrebat cât de util îmi este să vorbesc cu fiecare prietenă despre relația mea. Mi-am dat seama că a vorbi despre relația mea nu ajută. În cel mai bun caz, petrec ore întregi în a repeta o poveste, versiunea mea și, oarecum, simțeam că îl bârfesc pe soțul meu. Nu îmi doream să fac asta.

Chiar dacă atunci îmi spuneam că nu îl mai iubesc, simțeam recunoștință pentru copiii minunați pe care îi avem și știam că el nu este un om rău. Bunătatea lui din clipa în care l-am cunoscut nu putea să fie ștearsă din inima mea. După ce m-am rugat, am sunat o prietenă apropiată care, deși a avut provocări majore în căsnicia ei, a devenit exemplu de armonie şi iubire, dovedindu-mi că iubirea învinge şi cele mai aprige provocări. Ea a fost răspunsul la rugăciunea mea. Ea a fost şi este un înger trimis de Dumnezeu să mă lumineze când sunt pe cărări întunecate. Răspunsul primit de la ea a fost: "scrie în fiecare zi 10 motive de recunoştinţă pentru soţul tău". *"Ce să fac??? Nu apreciez nimic la el acum"*. *"Ba da!"*, a fost răspunsul ei. *"Poţi să fii recunoscătoare pentru că a spălat vasele, că vine acasă, că face de mâncare, că vorbeşte cu blândeţe, chiar şi faptul că se spală pe dinţi sau face duş, să nu mai vorbim de faptul că petrece timp de calitate cu copiii. De asemenea, poţi să îi fii recunoscătoare pentru copiii pe care îi aveţi, pentru vacanţele petrecute în trecut împreună, pentru aventuri şi multe alte experienţe extraordinare. Poţi să fii recunoscătoare pentru lucruri pe care le-a făcut azi sau în trecut"*. Nu credeam că mă va ajuta să scriu câte 10 recunoştinţe în fiecare zi. După doar o lună de zile simţeam că mă îndrăgostesc de soţul meu şi începeam să îi văd şi lui licăriri în ochi. După ani întregi în care căutam secretele armoniei în cuplu, în doar o lună de zile ne îndrăgosteam şi ne apreciam tot mai mult. Eu simţeam cum se topeşte furia, ea îşi pierdea sensul. Devenise inutilă.

Nouă, ca femei, ne place să fim foarte critice. Cu siguranţă nu e adevărat pentru toate femeile, aşa că vorbesc despre mine. Am văzut critica venită preponderent pe parte feminină. Când văd o femeie care critică şi un bărbat ce o priveşte calm (pentru că nu toţi bărbaţii se enervează şi reacţionează) îmi imaginez în locul femeii un câine de talie mică, un chiuaua ţinut de după gât de către bărbat; poate să latre liniştit, nu face rău nimănui. Căţelul este inofensiv, dar femeia nu e văzută de bărbat din această perspectivă. *Din fericire, nu e vina bărbaţilor că femeile îi critică.* Gândeşte-te că soţul tău face bine 9 lucruri din 10. Tu vii şi începi să-l critici pentru ceea ce greşeşte. Omul spune şi el: „dar iubita mea, uite tot ce am făcut bine". În acest moment tu parcă prinzi puteri, îi demonstrezi cum nimic din ce a făcut bine nu contează, totul piere în faţa greşelii. Atunci omul îşi spune: *"dacă 9 lucruri bune din 10 nu contează pentru că o singură greşeală le anulează pe celelalte, probabil nu mai trebuie să fac nimic, oricum voi fi criticat".* Acest exemplu scurt poate explica de ce bărbații încetează să se implice în activitățile familiei odată cu trecerea anilor. Nu este o regulă, dar dacă este cazul tău, este un semnal de alarmă în ce privește critica pe care i-o aduci. La nivel energetic, în momentul în care gândești, spui sau faci ceva cu energie joasă trebuie să gândești, spui sau faci alte 10 lucruri cu energie înaltă pentru a compensa dezechilibrul creat. Cum poți să compensezi fiecare critică adusă soțului tău în toți anii de relație? Crezi că o critică în plus îl va aduce mai aproape de tine, mai plin de iubire?

În momentul în care începi să scrii în jurnal cel puțin 10 motive pentru care îți apreciezi partenerul îți amintești că el contează în viața ta, că încă sunt aspecte pe care le iubești, chiar dacă acestea fac parte din trecut. A scrie în jurnal nu înseamnă să mergi să îi spui lui ceea ce scrii. Comportamentul tău se va schimba, iar el va observa asta, fără să știe ce a stat la baza schimbării. În cazul în care relația voastră este tensionată, există o distanță fizică sau afectivă, la început nu vor fi rezultate vizibile. Când ai plantat o sămânță în pământ aștepți câteva zile până vezi că a încolțit. Schimbarea va veni în timp și va fi în sufletul tău. Atunci când ai ură, furie sau resentimente față de cineva în sufletul tău, singura persoană care este rănită ești tu. Imaginează-ți că ura, furia sau resentimentele sunt înmagazinate într-un cărbune încins pe care tu îl ai în mână și dorești să-l arunci către persoana căreia îi sunt adresate sentimentele. Cine este rănită de cărbune: persoana pe care o urăști sau mâna ta de la cărbunele încins?

Bunele obiceiuri se creează cu blândețe și răbdare. Dacă ți-aș spune astăzi toate exercițiile pe care le vei face pe parcurs, ai opri călătoria și ai considera că viața ta este bine așa cum este ea. Nu trebuie să faci nimic mai mult decât ceea ce ești dispusă să faci în acest moment. Sfaturile pe care ți le dau sunt pentru a te încuraja la fiecare pas să treci la acțiune. Chiar te încurajez să îți pui o alarmă cu timpul pe care dorești să ți-l oferi ție zilnic în această călătorie, iar când expiră timpul decizi dacă dorești să continui sau este suficient pentru ziua respectivă.

Şi eu am început prin a scrie aceste 10 recunoştinţe într-un jurnal. La început le-am scris seara, treptat le-am mutat dimineaţa, ele făcând parte din rutina mea matinală. Când scriam seara în jurnal mă simţeam obosită, eram la sfârşitul unei zile deja aglomerate. Am început să mă trezesc dimineaţa înaintea tuturor, astfel încât eram singură şi mă bucuram de intimitate. Chiar dacă recomand să îţi notezi aceste recunoştinţe seara înainte de culcare sau dimineaţa imediat după trezire, nu te autosabota spunând că nu poţi face acest lucru nici seara, nici dimineaţa. Alege un moment al zilei în care poţi avea cinci minute tu cu tine şi scrie în jurnal zece motive de recunoştinţă pentru partenerul tău.

Acest pas este pentru tine şi în cazul în care nu eşti încă într-o relaţie. Alege zece persoane cărora le eşti recunoscătoare, scriind câte un motiv de recunoştinţă pentru fiecare sau două-trei persoane cărora le eşti recunoscătoare pentru mai multe lucruri, astfel ca în total să ai minimum zece motive de recunoştinţă. Poţi începe cu părinţii tăi, chiar şi dacă ei nu mai sunt în viaţă. Pot fi persoane cu care te-ai întâlnit astăzi, care te-au ajutat, pot fi chiar persoanele pe care nu le vezi, dar mulţumită cărora viaţa ta este confortabilă. Eu le mulţumesc, de exemplu, tuturor şoferilor care conduc cu atenţie pentru ca eu să ajung cu bine la destinaţie. Pot fi şi persoane care te-au ajutat mult în trecut, chiar dacă ele nu mai sunt în viaţă. Scrierea recunoştinţelor reprezintă doar primul pas de astăzi.

Astăzi este un pas mare spre pace interioară. Întrucât exemplul pe care doresc să-l ilustrez este foarte bine prezentat în original, te invit să descoperi una dintre cele mai simple metode pentru a avea parte de bine în viaţă. Este o poveste împărtăşită de Dr. Joe Vitale în cartea lui *"Zero limite"*. Joe Vitale spune povestea unui terapeut hawaian, pe numele său Ihaleakela Hew Len, care a vindecat toţi criminalii bolnavi psihic internaţi la Spitalul de Stat din Hawai fără să-i vadă, fără să-i consulte şi fără să le prescrie medicamente. Dr. Hew Len a lucrat doar asupra lui însuşi, iar pacienţii s-au vindecat.

Iată un extras din cartea "Zero limite":

"Dr. Len mi-a explicat că responsabilitatea totală pentru viața noastră înseamnă că absolut tot ce există în viața ta – pentru simplul fapt că acel lucru este în viața ta – este responsabilitatea ta. Întreaga lume este creația noastră, la propriu.

Wow! Asta e o afirmație greu de digerat. A fi responsabil pentru ceea ce zic ori fac eu e una. Să îmi asum responsabilitatea pentru ceea ce zice sau face oricine altcineva care apare în viața mea, e cu totul altceva.

Totuși, acesta e adevărul: dacă îți asumi responsabilitatea completă pentru viața ta, atunci orice vezi, auzi, guști, atingi sau experimentezi în orice fel este responsabilitatea ta pentru că este în viața ta.

Asta înseamnă că terorismul, președintele, economia națională sau orice experiență cu care te confrunți și care nu îți place depind de tine ca să le vindeci. Ele nu există obiectiv, ci sunt proiecții care vin din interiorul tău.

Nu ele reprezintă o problemă, ci tu.

Ca să le schimbi pe ele, trebuie să te schimbi pe tine.

Știu că acest lucru este greu de înțeles, cu atât mai mult de acceptat sau de trăit în viața de zi cu zi. Să învinovățești este mult mai ușor decât să accepți responsabilitate totală. Pe măsură ce vorbeam cu Dr. Hew Len, am început să realizez că vindecarea pentru el prin intermediul ho'oponopono înseamnă să te iubești pe tine însuți. Dacă vrei să-ți îmbunătățești viața, trebuie să-ți vindeci viața. Dacă vrei să vindeci pe cineva – chiar și pe un criminal bolnav psihic – o faci vindecându-te pe tine.

Dr. Len mi-a spus că nu i-a întâlnit și nu i-a văzut niciodată pe pacienți, ci pur și simplu a vindecat acea parte din el care îi crease. L-am întrebat pe Dr. Len cum se vindeca, cum se schimba pe el însuși.

"Doar repet în continuu

«Îmi pare rău.

Iartă-mă, te rog.

Mulțumesc.

Te iubesc.»",

mi-a spus el. Doar atât? Atât.

A te iubi pe tine însuți este cel mai bun mod de a te vindeca. Vindecându-te pe tine, vindeci lumea în care trăiești."

Știam despre tehnica Ho'oponopono de ani de zile, o practicasem în trecut cu rezultate incredibile și o scoteam de la naftalină, din amintiri, de câte ori simțeam că îmi poate folosi. Până anul trecut nu cred că am conștientizat cu adevărat puterea ei. Abia atunci am simțit cât de profund liniștește un suflet agitat.

Spre deosebire de majoritatea tehnicilor care se recomandă când dorești să îți schimbi starea interioară, această mantră nu îți cere atenția deloc. Nu este nevoie să simți o emoție specifică. Poți să o practici în timp ce faci diverse activități. De exemplu: când mergi pe stradă poți să spui la fiecare pas câte un rând din mantră, când speli vasele sau faci curățenie poți să o repeți în gând. Nu este nevoie să crezi în această tehnică pentru ca ea să funcționeze. Este suficient să o repeți pe parcursul unei zile. Chiar dacă poți să te gândești la o anumită persoană sau situație, chiar la propria persoană, nu este necesar să ai atenția focalizată pe cineva sau ceva. Repetând frazele mantrei îți oferi ție pace interioară, îți permiți ridicarea vibrației și observi vindecare în interior și în exterior.

Începe ziua cu Ho'oponopono. Dimineața, când te trezești spune-ți «Îmi pare rău. Iartă-mă, te rog. Mulțumesc. Te iubesc.» Poți asculta chiar și înregistrări de pe Youtube cu această mantră, poți să spui cuvintele într-o altă ordine dacă îți dorești. Există atât de multă flexibilitate în această tehnică, încât te îndoiești de efectele sale pozitive. Dacă ai avut răbdare să citești până aici și îți dorești să descoperi și ce urmează în zilele următoare, cred că vei lua decizia, cel puțin ca și mine atunci când am primit sfatul de a scrie recunoștințe pentru soțul meu, să îți spui, "Eu nu cred în ceea ce scrii tu aici, dar pentru că am încredere în tine, *pentru tine* voi face asta". La urma urmei, această carte a luat fiinţă pentru că sunt dovada vie că paşii pe care ţi-i recomand funcţionează.

Astăzi este pentru tine ziua în care ai decis să acţionezi. Până acum ai *reacţionat*, iar de astăzi spui *"stop"* trecutului. Dacă tot ceea ce ai făcut până acum ţi-ar fi adus binele în viaţă, astăzi te bucurai de cea mai reuşită relaţie cu soţul tău şi nu erai cu cartea în braţe. Dacă ceea ce ai făcut până acum nu a funcţionat aşa cum ţi-ai dorit e momentul să schimbi abordarea.

De astăzi plantează linişte în sufletul tău. Alege să exprimi *recunoştinţa* şi să repeţi mantra *Ho'oponopono*. Te provoc ca, în cazul în care se întâmplă să ai situaţii conflictuale, în loc să răspunzi sau să reacţionezi aşa cum ai fi făcut-o în trecut, să îţi repeţi «Îmi pare rău. Iartă-mă, te rog. Mulţumesc. Te iubesc» în timp ce observi cum situaţia se linişteşte. Aminteşte-ţi: el nu te enervează, el nu te indispune. Reacţia ta are legătură strictă cu tine, dacă tu eşti bine cu tine, comportamentul lui nu te poate influenţa negativ.

Unul dintre cele mai frumoase testimoniale primite de la una dintre clientele mele a fost schimbarea ei când mergea la cumpărături. Înainte era un pachet de nervi, descărcându-şi nemulţumirile pe angajaţii magazinelor sau pe persoanele din faţa ei la coadă la supermarket. Învăţând tehnica Ho'oponopono a ajuns să se bucure că poate să stea la coadă şi să repete mantra cu gânduri bune pentru casieriţă şi pentru alte persoane.

Exerciţiile zilei 4:

☐ Rezervă-ţi minimum 5 minute de-a lungul zilei în care să îţi aminteşti să repeţi această mantră magică: TE IUBESC. ÎMI PARE RĂU. IARTĂ-MĂ, TE ROG. MULŢUMESC. Timpul alocat repetiţiei acestei mantre poate fi repartizat de-a lungul întregii zile.

☐ Scrie minimum 10 motive de recunoştinţă pentru partenerul tău şi / sau 10 motive de recunoştinţă pentru persoane cu care ai interacţionat astăzi sau în trecut, completând cel puţin un motiv de recunoştinţă pentru fiecare persoană.

Reciteşte intenţia stabilită în prima zi pentru ca zilnic să îţi aminteşti care e obiectivul pentru aceste 28 de zile; parcurge vizual listele de beneficii şi dureri.

Provocarea zilei:

Petrece câteva minute seara, înainte de culcare, retrăind ziua de astăzi şi evaluează nivelul tău de energie. Cum te-ai simţit, cultivând recunoştinţa în inima ta?

Alege unul dintre motivele de recunoştinţă pentru partenerul tău şi dă-ţi voie să simţi din adâncul inimii tale iubirea pentru ceea ce ţi-a determinat recunoştinţa.

Recomandarea zilei:

Filmul ***War room - Război în cuplu (2015)*** este povestea unei femei ce se confruntă cu eşecul căsniciei ei. Ea întâlneşte o doamnă ce o iniţiază spre o viaţă trăită în recunoştinţă. Transformările pe care le trăieşte personajul principal depăşesc aşteptările ei iniţiale.

Afirmaţia zilei:

Mă bucur pentru că pot să mulţumesc
Mulţumesc pentru că pot să mă bucur

Ziua 5 - De unde vin conflictele?

Ceea ce îmi doresc eu acum este să fiu alături de tine pe o terasă cu vedere frumoasă şi să îţi privesc entuziasmul şi speranţa, să observ cum ochii reflectă primele schimbări din sufletul tău. A fost nevoie de o singură zi în care să te încarci cu energie pozitivă pentru ca primele schimbări de durată să fie vizibile. Îţi imaginezi cum va fi viaţa ta după o lună de zile? Dar după şase luni? Te-ai gândit cum va fi viaţa ta după cinci ani în care relaţia ta depăşeşte orice speranţă şi dorinţă cu privire la relaţia descrisă de tine la începutul acestui jurnal? Dacă nu te-ai gândit încă te invit să te gândeşti acum. Ce ţi-ar spune sinele tău viitor despre viaţa pe care o are? Deşi nu suntem împreună să primesc răspunsul de la tine, îţi spun ceea ce cred eu că este posibil să îţi spună. *"Acum cinci ani când ai acceptat provocarea de a face toate exerciţiile propuse în carte ai luat cea mai bună decizie din viaţa ta. De atunci lucrurile au mers din ce în ce mai bine şi, aşa cum scria în carte, schimbările nu au fost doar în relaţia ta, ci şi în relaţiile cu ceilalţi, chiar şi pe plan financiar. Vreau să ştii că şi cu sănătatea stai mult mai bine decât oricând în trecut"*. E posibil să îţi spună multe alte lucruri minunate, dar aceste lucruri le vom auzi fiecare dintre noi. De ce mă includ şi pe mine? Pentru că proiectul meu, călătoria mea a început în urmă cu câţiva ani, iar transformările sunt exact cum le-am descris mai sus.

După această scurtă călătorie în viitor e momentul să ne întoarcem în prezent. Ți-am pus deja întrebări legate de relația ta, iar acum a venit momentul să aprofundăm discuția. În prima zi ai descris cum arată relația ta perfectă. Sunt sigură că ai știut de foarte mult timp cum arată o relație perfectă, folosind definiția dată de tine. Dacă răspunsul este afirmativ mai am o întrebare: Dacă ai știut dintotdeauna cum arată o relație perfectă, de ce nu ai bifat toate punctele acestei liste în relația ta? Te-ai întrebat vreodată de ce, deși știi ce îți dorești în relația cu partenerul tău, ceva îți umbrește fericirea alături de el? Știu că fiecare relație este diferită, iar întrebările mele pot fi nepotrivite pentru situația ta actuală. Nu lăsa o întrebare care te incomodează să te blocheze din a analiza calitatea relației pe care o dorești. Cred că, la fel ca mine, când te-ai îndrăgostit ai simțit fluturi în stomac, simțeai că nu poți să respiri, nu poți să trăiești fără persoana pe care o iubești. Ți-ai făcut vise despre cum va fi relația voastră și vedeai acel "și au trăit fericiți până la adânci bătrâneți" în mintea ta din nou și din nou până când povestea s-a transformat în ceva de genul "îi mai dau încă o șansă până la XX/XX/XXXX și dacă nu îmi demonstrează că mă iubește mă despart de el". Doar că acele XX le muți din nou și din nou, resemnându-te într-o relație în care ești nefericită sau faci într-adevăr marele pas spre divorț, deși dorința ta era ca el să-ți dovedească iubirea lui.

Oare când și de ce s-a rupt filmul fericirii până la adânci bătrâneți? Am citit foarte multe cărți, încercând să înțeleg când și de ce oamenii încetează să mai iubească. Un prieten îmi spunea că iubirea durează 3 ani, iar când împlinea trei ani de relație se despărțea de parteneră, povestea repetându-se în fiecare relație. Sunt copii care și-au văzut părinții că devin colegi de apartament, cu relații platonice, lipsă de pasiune. În unele familii persistă o stare de tensiune, cu certuri, chiar și violență. Astfel de familii au pus bazele convingerilor pe care le preluăm de la cei care ne înconjoară. Părinții ne vor binele, ei nu își imaginează impactul negativ pe care îl au convingerile lor asupra noastră. Părinții tăi te învață ceea ce știu. Viața lor este așa cum o cunosc ei, iar lecțiile lor de viață se vor raporta mereu la propriile experiențe. Dacă tu pui la îndoială calitatea informațiilor primite în familie, este obligația ta să cauți răspunsuri la cei care te pot ajuta.

Mama mea îmi spunea, de exemplu, să nu trec pe sub scară ca să nu rămân mică de înălțime; să nu stau la colțul mesei, pentru că nu mă voi mărita; să nu beau prea multă apă, pentru că vor cânta broaștele în stomacul meu. Mi s-au părut absurde îngrijorările ei, așa că am căutat logica sfaturilor ei. Răspunsurile logice pentru mine sunt: e periculos să treci pe sub scară, în eventualitatea în care poate să cadă ceva de sus; dacă stau pe colțul mesei, este posibil să mă rănesc (copiii pot fi neprevăzători și fac multe accidente din lipsă de atenție); apa nu trebuie băută prea mult pentru a nu se culca cu vezica plină peste noapte (pe vremuri nu erau scutece moderne, chiar și în cazul copiilor mai mari era de preferat să se evite astfel de incidente).

Fricile mamei mele erau menite să mă protejeze. Dacă aș fi întrebat-o pe ea despre sursa acestor frici mi-ar fi spus că toată lumea le cunoaște, ele sunt prezente și în povești românești. Sunt perfect de acord cu ea, într-adevăr ele sunt prezente, multă lume le cunoaște, dar sunt ele oare universal valabile? Eu știu că am început să mă pun la colțul mesei, la momentul potrivit m-am căsătorit. Câte broaște ai auzit în stomac la tine sau la altcineva?

Sunt două puteri ce intră în acțiune: conștientul și subconștientul. În unele descrieri apare și o a treia putere - inconștientul.

Merge o doamnă la terapie de cuplu. Terapeutul îi spune: *"Doamnă, va trebui să lucrăm cu inconștientul dumneavoastră"*. Doamna, descumpănită, îi spune: *"Soțul meu nu va accepta niciodată să vină la dumneavoastră"*. Inconștientul nu este soțul, este acea parte a minții pe care o percepem ca fiind pe pilot automat - toate funcțiile corpului pentru care noi nu avem de luat măsuri în mod conștient. Inconștientul știe tot ce are de făcut pentru ca noi să trăim.

Conştientul lucrează prin intermediul celor cinci simţuri, foloseşte logica în decizii şi percepe timpul linear, adică trecut, prezent şi viitor. ***Subconştientul***, pe de altă parte, lucrează prin emoţii. Limbajul subconştientului îl reprezintă emoţiile, iar pentru a ajunge la el ai nevoie să asculţi, să identifici, să transformi emoţiile. În subconştient sunt înmagazinate toate experienţele. Toate deciziile pe care le iei în viaţă provin din stocul de informaţii din subconştient. Informaţiile stocate în subconştient au denumiri diferite: imagini mentale, programe mentale, convingeri, seminţe.

Indiferent de cât de mult îţi doreşti în mod conştient ceva, dacă la nivel subconştient există o convingere care se opune dorinţei tale conştiente, vei vedea că dorinţa ta nu devine realitate.

Am găsit o logică desăvârşită în toate informaţiile oferite în filmul *The Secret* (*Secretul*). Experimentasem deja foarte multe miracole de-a lungul vieţii. Cu toate acestea, când Rhonda Byrne a scris cea de-a doua carte *The Power* (*Puterea*) a spus că unele persoane aveau dificultăţi în experimentarea acestor rezultate prin utilizarea legii atracţiei. Abia în anul 2020, participând la un curs online cu Florin Păsat, am înţeles care este de fapt legea din spatele legii atracţiei. Pe această cale, îţi recomand cu căldură să citeşti cartea lui Florin *"WOW! Noul ghid ca să trăieşti acum o viaţă abundentă şi împlinită"* pentru a găsi multe alte idei despre cum poţi să creezi viaţa pe care o doreşti şi pe care tu chiar o meriţi. Atracţia funcţionează când două "ceva" rezonează.

Îţi aminteşti şi tu vorba aceea "cine se aseamănă se adună"? Exact asta se întâmplă şi în legea atracţiei. Când îţi doreşti ceva, când îţi focusezi atenţia pe ceea ce îţi doreşti acel ceva vine în realitatea ta. Problema apare în momentul în care îţi doreşti *conştient* o relaţie împlinită (tind să cred că ţi-ai dorit asta din clipa în care ţi-ai cunoscut partenerul), dar totuşi nu o ai. *Tu îţi doreşti o relaţie împlinită.* De ce nu este relaţia ta aşa cum îţi doreşti? Pentru că în *subconştientul* tău există o convingere care te împiedică să te bucuri de relaţia pe care o doreşti. Această convingere o vom numi în continuare limitativă. Ca să fim sigure că vorbim aceeași limbă, vreau să luăm un exemplu. Ai putea avea o convingere de genul: "Bărbații însurați își înșeală nevestele". Este foarte posibil să sari în sus și să îmi spui că nu e adevărat: "Nu toți bărbații își înșeală nevestele". Iar eu confirm repede - așa este. Dar, dacă în subconștientul tău ai o astfel de convingere, tu vei avea fie relații care să îți confirme convingerea pe care tu o ai, fie relații de scurtă durată, de frică să nu ți se confirme convingerea. Astfel de convingeri te împiedică să ai relația pe care tu o dorești.

Alte convingeri limitative cu privire la relații pot fi: *îmi pierd libertatea în relația de cuplu, nu am timp pentru mine dacă am un iubit, dacă am un iubit trebuie să fac curat după el, atracția sexuală dispare după XX timp de relație, relația devine monotonă după XX timp, după căsnicie soții nu se mai iubesc, dragostea dispare după ce apar copiii, relația de cuplu este plictisitoare, nu am chef să fiu fidelă partenerului meu, este obositor să ofer iubire, căsătoria este o colivie, căsătoria mă împiedică să-mi trăiesc visurile, femeia trebuie să se ocupe de casă, bărbatul trebuie să aducă bani în casă,* etc. Te rog să reții că aceste convingeri nu se împart în adevărate sau false, pentru că ele nu sunt nici adevărate, nici false. ***Convingerile tale îți conduc viața***.

Ai convingeri care te îndepărtează de scopurile tale, te blochează, nu îți permit să îți îndeplinești visurile. Acestea se numesc ***convingeri limitative*** sau ***neproductive***.

Ai convingeri care te apropie de scopurile tale, te motivează, ele ajută ca visurile tale să devină realitate. Acestea se numesc ***convingeri pozitive*** sau ***productive***.

Din experiența personală și din cea de terapeut pot să îți confirm că, și la un pas de divorț, relația ta se poate schimba, dacă cel puțin unul dintre parteneri dorește să facă pașii necesari schimbării. *Convingerile tale ți-au condus viața până acum.* Ele nu sunt rele prin ele însele. Iar tu nu ești vinovată pentru că ai trăit cu aceste convingeri. Este momentul să le conștientizezi.

Conștientizarea este primul pas spre schimbare. Pentru că îmi place să merg pas cu pas înainte astăzi ne concentrăm doar pe conștientizare.

Cu siguranță ți s-a întâmplat în trecut ca, după o ceartă în relație, să iei decizia ca lucrurile să se schimbe din acel moment. Ai citit cărți, ai luat notițe, ai văzut filme cu happy end și ai decis că un astfel de final este posibil și pentru tine. La urma urmei, asta susține și legea atracției: te gândești la ceea ce îți dorești, până când devine realitate. Te-ai gândit cu dragoste la soțul tău și ai spus că ștergi cu buretele trecutul. În cazul în care el nu a fost deloc receptiv la schimbările tale, la scurt timp după aceea ai uitat promisiunea sinceră pe care ți-ai făcut-o: că relația ta nu va mai fi niciodată cum a fost. În cazul în care a urmat o perioadă în care totul părea roz, lucrurile au revenit la normalitatea de dinaintea promisiunii tale, adică certuri, dispute, lipsă de apreciere și iubire.

Se întâmplă asta pentru că promisiunea ai făcut-o la nivel conștient. Nu ai analizat care sunt convingerile tale la nivel subconștient. De exemplu, eu aveam o convingere puternică și îmi era mereu confirmată de realitate că după fiecare moment de bucurie vine un val de tristețe. Aș fi putut spune că așa stau lucrurile, felul în care este viața mea, mă convinge că asta este realitatea. Spre bucuria ta, lucrurile stau exact invers.

Convingerile tale te determină să experimentezi realitatea solidă ce pare că îți creează convingerile.

Ce este diferit în această carte? După ce verificăm ceea ce se întâmplă la nivel conștient, continuăm spre subconștient. Chiar dacă aparent te gândești la ceea ce observi conștient, vei fi atentă la ce îți atrage atenția în relația ta de cuplu și în relațiile celorlalți. De exemplu, dacă vezi cupluri divorțate, verifică ce convingeri ai legat de cât trebuie să dureze o căsnicie. Dacă afli și motivele divorțului la fiecare cuplu, descoperi alte convingeri de-ale tale. Obiectul pe care îți concentrezi atenția este ceea ce trebuie studiat. Chiar dacă sunt multe persoane care divorțează, eu văd multe cupluri care au căsătorii tot mai frumoase pe măsură ce trec anii.

Acest lucru îmi confirmă schimbarea convingerilor mele despre relații.

Relația ta de astăzi corespunde exact convingerilor pe care tu și partenerul tău le aveți despre relații. Înainte să îți dorești să mă contrazici vreau să facem un experiment împreună.

*Imaginează-ți că porți ochelari de soare cu lentile verzi. Îi porți de la naștere și nu știi că ai astfel de ochelari. Tu nu știi că porți ochelari de soare, dar îi porți. Fac parte din tine. Ori de câte ori ai fost la munte ai văzut zăpadă verde. Eu astăzi îți spun că zăpada este albă, de un alb imaculat. Tu nu știi ce culoare este alb imaculat și nu vei putea să crezi că zăpada este albă până când nu accepți că porți ochelari prin care vezi zăpada verde și decizi să îi dai jos. Pe cât de înverșunată ești să mă contrazici în ceea ce privește culoarea zăpezii înainte de a da jos ochelarii, pe atât de fericită vei fi când vei descoperi adevărata culoare a zăpezii. **Astăzi este despre găsirea "ochelarilor" care te împiedică să vezi albul zăpezii în ce privește relațiile de cuplu.***

Analizează relația ta și gândește-te la relațiile celorlalți. Scrie în jurnal convingerile pe care le identifici privind relațiile de cuplu. Ascultă-ți instinctul când notezi convingerile. Asigură-te că scrii convingerile tale așa cum sunt ele, nu așa cum ți-ai dori să vezi relația de cuplu. Felul în care dorești să fie relația ta de cuplu l-ai descris deja în prima zi a acestei călătorii, dacă dorești să adaugi noi indicii ale relației perfecte, poți să o faci în urma acestei introspecții. Cu privire la convingeri, te invit să le analizezi cu atenție maximă. Identificarea lor te va ajuta să parcurgi călătoria mai repede și mai ușor. Îndreaptă-ți focusul spre convingerile care simți că nu te sprijină, nu te ajută, te limitează în a avea relația pe care o dorești. Nu îți fie frică să scrii tot ceea ce îți vine în minte. Clienților mei le spun în timpul sesiunilor: ***dacă te gândești la asta în acest moment, înseamnă că este important.*** Dă-ți voie să îți asculți intuiția, subconștientul tău dorește să te ajute în această călătorie. Poți completa aceste propoziții pentru a găsi convingerile tale, folosind exemplele din paranteză, fără a te limita la ele:

- Căsătoria este ... (o colivie).
- O relație de cuplu reprezintă ... (privare de libertate) (suferință) (compromis).
- Nu pot fi fericită într-o relație pentru că ... (nici mama mea nu a fost fericită).
- După căsătorie ... (iubirea dispare).
- O relație monogamă este ... (plictisitoare).
- Decât singură într-o relație, mai bine singură de tot.
- Bărbații liberi sunt ... (ratați) (neserioși).
- Nu pot găsi un bărbat ... (cum? și de ce?).
- Decât să fiu dezamăgită, mai bine sunt singură.
- E greu să păstrezi o relație.
- Iubirea necondiționată e un mit.
- Toți bărbații buni sunt luați deja.
- Mă simt foarte bine când sunt doar eu cu mine.
- Nu știu niciun cuplu fericit.

Exercițiile zilei 5:

□ De câte ori ai ocazia pe parcursul zilei repetă mantra Ho'oponopono: TE IUBESC. ÎMI PARE RĂU. IARTĂ-MĂ, TE ROG. MULȚUMESC.

□ Fă o listă cu ceea ce crezi tu despre relație, cu convingerile tale despre cum este relația ta, cum ar trebui să fie, aspectele negative care ies la suprafață.

□ Scrie minimum 10 motive de recunoștință pentru partenerul tău și / sau 10 motive de recunoștință pentru persoane cu care ai interacționat astăzi sau în trecut.

Recitește intenția stabilită în prima zi pentru ca zilnic să îți amintești care e obiectivul pentru aceste 28 de zile; parcurge vizual listele de beneficii și dureri.

Provocarea zilei:

După ce ai scris convingerile legate de relații reia fiecare convingere și dă-i o notă, de la 1 la 10; 1 însemnând că nu prea crezi acel lucru, 10 însemnând că ești sigură că este adevărat. Ziua de astăzi este doar despre conștientizare, acum știi care sunt convingerile tale și cât de puternic te identifici cu ele.

Recomandarea zilei:

Filmul *The shift - Schimbarea (2009)*, o combinație între reportaj și film artistic, este un interviu cu Wayne Dyer, una dintre personalitățile care a influențat America și lumea întreagă. Convingerile noastre se schimbă de-a lungul vieții, astfel încât alegerile pe care le facem se schimbă și ele.

Afirmația zilei:

Cred în mine și cred în schimbarea convingerilor mele

Ziua 6 - Ce este asta?

Lumea pe care am creat-o este un proces al gândirii noastre. Nu poate fi schimbată fără a ne schimba gândirea.

Albert Einstein

Când am concretizat ideea acestei cărți mi-am propus să scriu zilnic câte un capitol, astfel încât să înaintez și eu în același ritm cu tine prin toate schimbările tale. Ceea ce îți spun ție să faci zilnic, fac și eu. Dimineața mă trezesc plină de bucurie să văd că sunt matinală, știind că toți dorm și eu mă pot retrage în colțul meu de liniște pentru a-mi face rutina deja foarte dragă mie. Prin perseverența mea am inspirat și motivat familia, prietenii, cunoștințele, clienții, chiar și persoane pe care nu le cunosc personal - menționez asta pentru că am primit mesaje de mulțumire de la persoane pe care nu le cunoșteam până atunci. Dacă rutina mea conține acum multe elemente, am început-o cu primul pas, acela de a-mi oferi 5 minute zilnic. Al doilea pas a fost să fiu consecventă, zi de zi să mă întorc înspre mine, cu răbdare și căldură, treptat cu tot mai multă apreciere și în final cu iubire. Indiferent cât de ocupată ești acasă sau la serviciu, *tu* meriți să îți oferi *ție* 5 minute zilnic.

Astăzi vom vorbi despre recuperarea puterii tale. Pentru a putea schimba convingerile ce ți-au dictat viața până acum putem folosi diverse mijloace. Îmi doresc să te încurajez și să te asigur că există o diversitate de moduri și instrumente pentru a reuși. Cei care au conceput metode de vindecare pentru care au înregistrat denumirea obișnuiesc să spună audienței că este cea mai bună metodă care există și care garantează reușite în diversele arii acoperite.

Deși am testat astfel de metode și le confirm reușitele, eu am fost curioasă să descopăr și alte metode de vindecare. Am descoperit că unii rezonează cu un tip de terapie, alții cu altul. Am văzut situații în care o persoană nu a rezonat cu un terapeut, dar a rezonat cu un alt practician al aceleiași tehnici de terapie. Am înțeles că fiecare terapie aduce beneficii persoanelor care au nevoie. Dacă în cazul problemelor de sănătate obișnuim să mergem la mai mulți medici pentru a verifica un diagnostic și pentru a primi cel mai bun tratament, în cazul vindecării emoționale este recomandabil să găsim terapeuții cu care rezonăm cel mai bine și să ne lăsăm ghidați în călătoria vindecării.

Dacă ai testat beneficiile unei terapii cu ajutorul unei persoane cu care nu ai rezonat, este posibil să nu fi beneficiat de rezultatele terapiei și să fi concluzionat că acea terapie nu este bună. Ești dezamăgită, aveai alte așteptări și multe recomandări. Dezamăgire, ce cuvânt frumos! În atelierele de prezentare a modulelor de programare neuro-lingvistică (din engleză NLP - Neuro Linguistic Programming) se atrage atenția asupra cuvintelor: amăgire și dezamăgire. Dez-amăgire, deși în alte limbi nu este construit similar, în română e un joc foarte plăcut de cuvinte. Tu te amăgești (numai eu știu de câte ori am făcut asta în trecutul meu), iar la un moment dat, o persoană vine și te dez-amăgește. Te scoate din amăgirea ta. Să considerăm acest exemplu: tu te amăgești că soțul tău va pregăti masa pentru când ajungi acasă, iar când deschizi ușa de la bucătărie descoperi cu dez-amăgire că nu și-a spălat nici măcar vasele de la micul dejun, ce să mai vorbești de pregătitul mesei! Cam așa stau lucrurile cu amăgirea asta, femeilor le place să își facă tot felul de scenarii despre tot ce trebuie să facă partenerii lor, au o listă completă cu sarcinile bărbaților. Cu toate acestea, ei nici măcar nu știu că există o astfel de listă. Femeile sunt mereu dez-amăgite pentru că bărbații nu știu toate sarcinile pe care le au și astfel nu le duc la bun sfârșit.

Îmi place când ne punem la povești, dar e timpul să revenim la călătoria noastră. Caută, te rog, la tine în casă acest obiect, ține-l în mână și continuă această discuție cu mine.

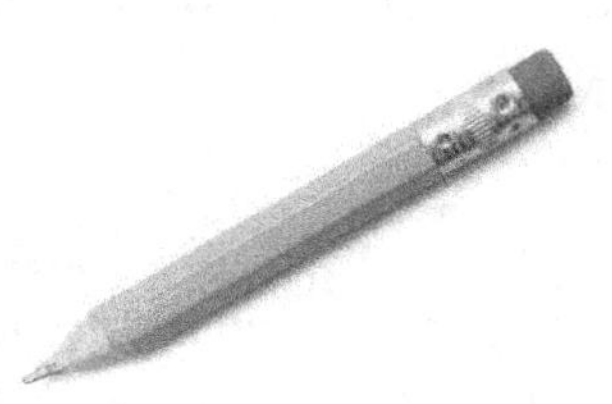

Ce este asta? Cu siguranță îmi răspunzi că "este *un creion*". Acum, voi presupune că ai un creion în mână și că un cățel vine la tine și îi arăți și lui acest obiect. ***Ce va face cățelul cu el?***

Crezi că îl va mușca? Perfect! În cazul acesta, crezi că acest cățel vede acest obiect ca pe un creion / instrument de scris?

"Nu, sigur nu îl vede ca pe un creion, cred că îl vede ca pe o jucărie de ros". Poate chiar ai un câine care se bucură maxim de câte ori vede vreun pix sau creion la îndemâna lui.

Ești de acord cu mine că tu vezi un creion, iar cățelul vede o jucărie de ros? "Categoric!"

Mergem mai departe, ***cine are dreptate?*** *Tu sau cățelul?*

"Cred că *amândoi* avem dreptate?!"

Da, perfect! ***Amândoi aveți dreptate.*** Tu *poți folosi creionul* să scrii, iar cățelul *îl poate folosi* ca pe o jucărie de ros. Sunt fericită că până aici ne înțelegem perfect. Să vedem ce se întâmplă mai departe.

Presupunem acum că pui creionul pe birou, iei cățelul cu tine și închizi ușa cu cheia. Nu rămâne nimeni în birou, nici om, nici alt animal. În acel moment, ***când încăperea e goală, ce devine acest obiect: un creion sau o jucărie de ros?***

Aici sper că te-am pus pe gânduri. După un timp de reflecție îmi răspunzi: **"Ei bine, cred că nu este nici una, nici alta. Este...** *nimic***."**

Într-adevăr, ai dreptate! *Este nimic!* Ar putea să fie orice, dar nefiind nimeni în încăpere, este doar nimic. Acesta este conceptul de *vacuitate* a lucrurilor.

Dar oare ce se întâmplă când deschizi ușa și vezi din nou

obiectul de pe birou? *Ce devine acest obiect acum?*

"Devine din nou *creion*".

Perfect, iar dacă în locul tău intră cățelul în birou, ce devine acest obiect *atunci*?

"În acest caz el este o *jucărie de ros.*"

Îmi place cum decurge conversația noastră în această dimineață, așa că vreau să mergem în profunzime. *Ce se întâmplă cu acest obiect dacă atât tu, cât și cățelul intrați amândoi în birou împreună, în același moment?*

"Păi, în acest caz, obiectul de pe birou redevine atât *creion*, cât și *jucărie de ros.*"

Putem spune că există două realități care se proiectează în încăpere în același timp? Nu e ca și cum realitatea ta ar alunga realitatea cățelului afară din birou. Am dreptate?

"Știi deja că ai dreptate."

Super. Acum am ajuns la întrebarea cheie: ***Dacă acest creion devine creion doar atunci când tu intri în cameră, atunci creionul vine dinspre el sau vine de la tine, din mintea ta?***

"Ei bine, dacă acest creion devine creion doar când eu intru în încăpere, atunci trebuie să vină de la mine, din mintea mea."

Haide să extindem discuția pe care tocmai am avut-o. Creionul este un simbol. Este scurtătura pentru a învăța cum să ai viața pe care o dorești. Acest creion te ajută să-ți asumi responsabilitatea pentru ceea ce se întâmplă în viața ta. Oprește-te! Nu îți spun acest lucru pentru a te învinovăți. Gândirea și convingerile tale te-au determinat să faci anumite alegeri în viață. Nu te învinovăți pentru greșelile de până acum. Nu vei schimba nimic în bine dacă te învinovățești pentru alegerile tale. Nu vei schimba lucrurile în bine, nu vei șterge trecutul și nu vei face ca amintirile tale să se schimbe în ceva frumos. Conversația noastră anterioară despre înțelegerea vacuității este doar primul pas în asumarea responsabilității.

În acest moment vreau să știi că am două vești pentru tine - una bună și una mai puțin bună. Pe care dintre ele vrei s-o afli prima? *Vestea proastă este că ești 100% responsabilă pentru tot ceea ce se întâmplă în viața ta. Vestea bună este că ești 100% responsabilă pentru tot ceea ce se întâmplă în viața ta.* Sunt cuvinte frumoase, puternice, dar, fără o explicație profundă, rămâi cu ele și cu frustrarea *"dar eu de ce nu reușesc să am ce îmi doresc?"*

Abia ai descoperit această explicație despre vacuitate și ridici mâna să faci o obiecție, pertinentă de altfel. *"Normal că eu văd un creion, iar cățelul vede o jucărie! Cine a văzut vreodată un câine să scrie?!"* Te încurajez să iei de azi înainte creionul cu tine și să îți amintești de conversația noastră în fiecare situație provocatoare.

Haide să schimbăm pentru moment obiectul discuției noastre. Uită-te la creion, dar de data aceasta imaginează-ți că te uiți la soțul tău, poți chiar să iei o poză cu soțul tău. Dacă nu ai un partener, alege o persoană care îți este antipatică, care te scoate din sărite cu ușurință. În timp ce îl sau o analizezi, uită-te cu atenție la tot ce simți tu în legătură cu această persoană. Ce părere ai, există cel puțin o persoană care nu îl / o vede la fel ca tine? Are această persoană în viața ei o ființă care o iubește, o apreciază, poate chiar o admiră? Dacă percepția ta despre această persoană ar veni de la ea, atunci toți ceilalți ar trebui să o vadă exact la fel ca și tine. *Ceea ce vedem în ceilalți, vine de la noi.* Orice ne deranjează la alții, are legătură cu noi. La fel cum un creion vine din mintea ta, *calitățile persoanei din fața ta vin de la tine.*

Te-am prevenit că această călătorie spre iubire începe cu propria ta vindecare. Acest pas este esențial și necesar pentru a vedea transformarea relației tale, pentru ca ea să devină așa cum ai descris-o în prima zi din jurnal.

Mai am o întrebare în legătură cu creionul din mâna ta.

Dacă acest creion vine de la tine, ce se întâmplă dacă faci afirmații pozitive cu gândul de a-l transforma într-o bancnotă de 100€? Afirmațiile pozitive sunt menite să creeze realitatea pe care tu o afirmi. Am spus că ceea ce vezi vine de la tine. *De ce nu funcționează afirmațiile pozitive?* Ce s-a întâmplat? De ce ți-am demonstrat că ceea ce vezi în realitatea ta vine de la tine, când de fapt tu nu ai niciun control asupra realității tale?

Da, realitatea ta este creată de tine. Faptul că nu ai putut să transformi creionul într-o bancnotă sau într-un diamant prin puterea gândului, îți arată că, deși realitatea vine de la tine, **tu ești forțată** să percepi această realitate așa cum o percepi acum. Iar realitatea pe care o percepi acum este forțată de ceva, iar acel ceva este o sămânță din mintea ta. Când ai lăsat creionul în biroul gol el a devenit nimic, un potențial infinit ce va avea o etichetă, o însemnătate doar în momentul în care există un observator. Când deschizi ușa de la birou, pentru ca tu să vezi creionul există o sămânță care a fost plantată în mintea ta în trecut, care se deschide și proiectează un creion pe ecranul minții tale. Această imagine minusculă din mintea ta corespunde creionului pe care îl vezi fizic în fața ta.

Așa cum tu ești forțată să vezi un creion datorită semințelor mentale, tot așa tu ești forțată să percepi oamenii și lucrurile din jurul tău datorită semințelor din mintea ta. Casa în care locuiești, întregul oraș, persoana care stă lângă tine, soțul, șeful, mama, prietenii, ei toți vin dinspre tine, din mintea ta. Chiar și eu, scriind aceste rânduri pentru ca tu să le citești, vin dinspre tine, din mintea ta. Această carte a fost scrisă pentru că tu ai avut semințe mentale ca să o citești.

Îmi place foarte mult să mă gândesc la agricultură când explic semințele mentale. Îmi place să îmi imaginez că am o grădină mentală care a fost vraiște. Am descoperit acest termen de semințe mentale și am început să fac curățenie: să smulg buruieni, să plantez semințe, să îngrijesc semințele și să admir rodul semințelor plantate. Frumusețea comparării grădinii mentale cu agricultura clasică stă în ușurința cu care se pot explica regulile de bază:

1. Când ai plantat o sămânță *îi lași timp să dea rod*, nu poți să scoți o sămânță de morcov din pământ, dorind să o urmărești cum crește și să te aștepți să crească în continuare. Indiferent câte modificări genetice suferă o plantă, *ea nu va crește instant.*

2. Semințele mentale cresc de 10000 de ori mai repede decât semințele agricole. Dacă *dintr-o ghindă de câteva grame crește un stejar de câteva tone*, imaginează-ți cum se poate transforma un sărut, un zâmbet, o clipă de atenție. Același lucru este valabil pentru o vorbă de ocară, pentru supărare, pentru o palmă, pentru critică, invidie și multe altele.

3. Un alt lucru prețios învățat din agricultură îți atrage atenția asupra faptului că *dintr-o sămânță de roșie nu poți avea rod un castravete.* Dacă partenerul tău face ceva ce ție nu îți place, oprește-te din a-l critica. Dacă ceva nu îți place, cu siguranță ai plantat sămânța pentru rodul pe care îl culegi.

4. Semințele mentale nu se referă doar la tine, doar la persoana ta, *ceea ce fac alte persoane pe care tu le vezi sunt rodul semințelor pe care tu le-ai plantat.* Când îți accepți responsabilitatea la un asemenea nivel, vei vedea transformându-se viața ta, viața apropiaților tăi, chiar și situația țării în care trăiești.

5. Tot în cărțile motivaționale am învățat că *lucrurile* pe care îți *concentrezi* atenția *persistă.* Revenind în grădina ta mentală, când îți amintești din nou și din nou toate lucrurile negative, toate criticile, *tu replantezi semințe identice cu cele inițiale,* iar aceste semințe se comportă ca buruienile - nici nu e nevoie să le uzi, ele se extind și găsesc posibilitate să se înmulțească chiar și în cele mai nefavorabile condiții.

6. Pentru a avea o grădină frumoasă trebuie *să fii mereu atentă la buruieni, să plantezi semințe și să întreții florile ce au rodit.*

Ca urmare a discuției noastre de astăzi, fără a te judeca sau critica, privește convingerile tale și felul în care le-ai permis să-ți influențeze deciziile. Începând de astăzi fii atentă la ceea ce gândești, la vorbele tale și la acțiunile tale, astfel încât, plantând seminţe pentru ceea ce îţi doreşti, realitatea ta se va schimba. Aminteşte-ţi când te-ai comportat ultima dată urât cu cineva, poate doar un gând, ceva minor, iar acum înţelegi de ce ai avut acea dispută cu partenerul tău, *aparent fără niciun motiv*, pentru că tu nu i-ai greşit cu nimic şi chiar nu înţelegeai de ce, *din nou*, vă certaţi din nimic.

Exercițiile zilei 6:

□ De câte ori ai ocazia pe parcursul zilei repetă mantra Ho'oponopono: TE IUBESC. ÎMI PARE RĂU. IARTĂ-MĂ, TE ROG. MULȚUMESC.

□ Ia un creion cu tine și, pe parcursul zilei, ține-l în mână și amintește-ți de semințe, indiferent că ai o zi plină de întâmplări pozitive sau o zi plină de provocări.

□ Scrie minimum 10 motive de recunoștință pentru partenerul tău și / sau 10 motive de recunoștință pentru persoane cu care ai interacționat astăzi sau în trecut.

Recitește intenția stabilită în prima zi pentru ca zilnic să îți amintești care e obiectivul pentru aceste 28 de zile; parcurge vizual listele de beneficii și dureri.

Provocarea zilei:

Gândește-te din perspectiva creionului la o întâmplare de astăzi. Ce a fost diferit față de reacția ta normală din trecut? Cum poți să folosești această abordare nouă în cât mai multe experiențe de-a lungul zilei? Scrie în jurnal conștientizările de astăzi în urma folosirii creionului pentru înțelegerea realității.

Recomandarea zilei:

Filmul *The Lake House - Casa de lângă lac (2006)* - îmi doresc să spun că este o poveste de iubire imposibilă. Este atât de frumos să vezi cum ceea ce logic este imposibil devine posibil când știi că totul vine de la tine: o iubire ce este dincolo de timp și spațiu.

Afirmația zilei:

Creez realitatea mea cu bucurie

Ziua 7 - Eşti divină

Sunt două feluri de a-ţi trăi viaţa...
unul - de a crede că nu există
miracole, altul - de a crede că totul
este un miracol.

Albert Einstein

Relaţia mea cu Dumnezeu a suferit foarte multe schimbări de-a lungul timpului. Deşi în copilărie participam periodic la slujbe la biserică şi am participat cu interes la orele de religie în timpul şcolii, aveam multe întrebări ce nu găseau răspuns în nicio parte. Îmi amintesc şi acum ora de religie din clasa a şaptea, dacă nu mă înşală memoria anului exact. În fiecare an se schimba profesorul de religie, iar în acel an aveam un profesor ce dorea să ne câştige atenţia şi liniştea pentru ca el să predea. Înţelegerea era ca el să accepte întrebări din partea noastră, lucruri care pe noi ne interesau cu adevărat. Împreună cu colegii căutam întrebări din cele mai dificile, care nu erau prevăzute în materia anului şcolar. Întrebarea pe care o reţin şi acum a fost: De ce avem voie să consumăm miere în post, dar nu avem voie să consumăm lactate sau ouă? Nu putem pune dop la găină să nu facă ouă, iar vaca dacă nu e mulsă, îi facem rău. Pe atunci eu nu ştiam că o vacă are lapte pentru viţelul ei şi nu pentru consum uman. Precum colegii mei, credeam că vaca trebuie mulsă zilnic, pentru că altfel se poate îmbolnăvi de la tot laptele rămas în uger. Întrebarea noastră era serioasă, curiozitatea noastră de asemenea şi aşteptam un răspuns pe măsură din partea profesorului de religie. Nu reţin răspunsul profesorului, îmi amintesc doar că de data aceea nu ne-a satisfăcut curiozitatea.

Mi-am dat seama că întrebările noastre nu găsesc răspuns la cei pe care îi întrebăm, ei nu ştiu mult mai mult decât noi în legătură cu aceste subiecte. Au fost vremuri în care se credea că pământul este plat, iar oamenilor le era frică să meargă la capătul pământului pentru a nu pica în neant. În acele vremuri se râdea de cei care afirmau că pământul ar fi rotund. Dacă pământul ar fi fost rotund atunci oamenii ar fi trebuit să cadă de pe pământ. Pe atunci nu se ştia despre legea gravitaţiei. Bine, hai să ne oprim din râs, trebuie să recunoşti că ştiinţa a evoluat atât de mult, încât şi noi suntem în faţa multor descoperiri ce vor urma de acum înainte. Ceea ce nu ştie ştiinţa să explice astăzi se numeşte magie sau misticism.

Ziua de astăzi nu o scriu cu intenţia de a te trimite la biserică şi nu este o invitaţie să îţi schimbi religia. Zâmbesc de fiecare dată când îmi surprind clienţii pentru că îi felicit că au o rutină religioasă şi chiar îi încurajez să o continue. Practica ta religioasă nu te împiedică să parcurgi această carte, iar parcurgerea acestei cărţi nu este menită să te îndepărteze de religia şi credinţele tale. Când o clientă mi-a spus că se simte frustrată pentru că şi-a întrerupt exerciţiile zilnice ca urmare a faptului că a început să citească un acatist de 40 de zile, eu am asigurat-o şi am încurajat-o că e excelent ce face. Ea nu îşi întrerupe rutina, ci o continuă cu ceea ce are nevoie la momentul respectiv. Această asigurare a liniştit-o şi resentimentele s-au transformat în stimă de sine şi apreciere a propriei sale consecvenţe.

Dacă ieri ţi-am spus că sunt mai multe tehnici şi metode care te pot ajuta în momentul în care doreşti să schimbi viaţa ta în bine, astăzi întăresc acest lucru povestindu-ţi pe scurt propria mea transformare a relaţiei mele cu Dumnezeu. Încă îmi amintesc anii de liceu când am mers pentru a doua oară să mă spovedesc cu prietena mea din copilărie. Nici măcar nu ţinusem vreo zi de post înainte, pentru că nu ştiusem să ne pregătim. Data următoare am ţinut o zi de post, iar următoarea am postit trei zile.

Prima dată am fost să mă spovedesc cu colegii, în clasa a cincea. Începusem să copiez vorbitul urât al altor colege, crezând că "sunt mare", din acea zi cred că număr pe degete situaţiile în care am folosit cuvinte necuviincioase, pentru că am simţit că ele sunt folosite doar în lipsa unui vocabular care să susțină cu argumente un punct de vedere sănătos.

Cu toate că am simțit în viața mea o protecție divină, o prezență pe care bineînțeles că nu am cum să o văd fizic sau să demonstrez cuiva că ea există cu adevărat, am devenit foarte critică în ceea ce privește religia așa cum o știam în România. Pentru mine a început să se contureze o distincție între religie și spiritualitate. Nu reușeam să înțeleg cum pot unii oameni să vorbească cu foarte multă iubire de Dumnezeu, dar să poarte foarte multă ură pentru oameni în inimile lor. Simțeam că ceva din biblie nu este redat în biserică. Subliniez faptul că aceasta e doar percepția mea de atunci. Dacă vorba "fă ce zice popa, nu ce face popa" mi-a ridicat semne de întrebare în ce privește biserica și afacerea din spatele ei, venirea mea în Franța mi-a adus noi întrebări și o nouă perspectivă asupra religiilor.

Dacă în România vedeam un război între bisericile catolică - ortodoxă și baptistă - penticostală, în Franța mi-am dat seama că religiile din România sunt mai mult asemănătoare, decât diferite. Creștinii din toată lumea se reunesc.

Indiferent de religie, credincioșii se roagă, au ritualuri și cred că există o forță superioară care îi poate ajuta. Despre mine pot spune că devenisem o religioasă nepracticantă, iar acum îți mărturisesc că și mie îmi sună ciudat să citesc această descriere. Pe lângă faptul că eu nu mergeam la biserică, încercam să înțeleg ce găsesc persoanele care continuă să se roage în biserică. *Dacă Dumnezeu este în tot și în toate, la ce bun să merg în biserică să mă rog?* Răspunsul l-am primit când am mers la biserică și am simțit energia unui grup de oameni care se roagă împreună. Pacea pe care o simți când ieși dintr-un loc de cult nu este o iluzie, este rezultatul unei energii înalte obținute prin cumularea vibrației persoanelor care se roagă împreună.

Îmi amintesc și acum discuția pe care am avut-o cu un bărbat de religie musulmană. E foarte credincios, își face rugăciunile, merge la moschee să se roage și are succes financiar (îţi reamintesc prioritatea în dezvoltarea mea personală era reprezentată de aspectul financiar). În urma acelei discuţii mi-am dat seama că există oameni de succes şi exemple pentru comunitate în fiecare religie. De ce există astfel de oameni în fiecare religie? Dacă există o singură religie dreaptă (şi vreau să menţionez că fiecare religie se consideră a fi cea dreaptă în faţa lui Dumnezeu), *de ce oameni din diferite religii au succese comparabile*? Răspunsul pe care l-am avut a fost **credinţa** lor. Ei cred din tot sufletul şi practică învăţături străvechi. Când studiezi bazele fiecărei religii descoperi că mesajul iniţial este atât de asemănător, încât printr-o rearanjare a textului ai putea să nu identifici religia din care provin acele învăţături. Dacă nu contează religia, atunci de ce există atât de multe religii? Pentru că, exact aşa cum ţi-am vorbit despre terapeuţi, fiecare persoană va alege practica cu care rezonează. Există traineri de talie mondială cu care eu personal nu rezonez. Fie nu am răbdare să îi ascult, fie nu îmi place să îi citesc. Cu toate acestea, informaţiile pe care ei le oferă sunt extraordinare, şi eu spun aceleaşi lucruri ca ei. Dar nu vibrăm pe aceeaşi frecvenţă. Este posibil ca ţie să îţi placă această carte, să o recomanzi tuturor prietenelor tale, iar câteva să te sune să îţi spună că nu înţeleg ce ai găsit valoros în aceste rânduri, cu toate că au găsit informaţii similare dintr-o altă sursă, iar acolo le-au văzut valoarea.

Deşi nu îmi amintesc unde am citit, mi-a rămas întipărită în minte doar informaţia respectivă: Marxismul este religie, Creştinismul este religie, Ateismul este religie. A crede în ceva, chiar şi lipsa credinţei în ceva, este tot o credinţă, o convingere. Cel care spune că nu crede într-o fiinţă superioară care poate să îl ajute îşi exprimă propria lui credinţă. La fel ca în cazul convingerilor, e important să urmărim cât de mult ne ajută credinţa noastră. Îmi place foarte mult această mărturisire: *"Dacă Dumnezeu nu există, iar tu te rogi Lui, nu ai pierdut nimic, dar dacă Dumnezeu există şi tu nu te rogi, ai pierdut totul"*.

Când vedeam cu câtă uşurinţă îmi sunt îndeplinite rugăciunile mă întrebam de ce doar unele rugăciuni sunt îndeplinite și de ce doar la anumite persoane. De ce atât de multe persoane se roagă parcă în zadar? Răspunsul vine în scrierile religioase: *rugăciunea de mulțumire este cea mai puternică*, ruga în care mulțumești pentru că dorința ta a fost deja îndeplinită.

Îmi amintesc și acum de vremea în care am decis să mă mut în Franța. Fusesem într-o vacanță de câteva zile la Paris și îmi cumpărasem o cartelă pentru abonamentul pe mijloacele de transport în comun. Această cartelă era reîncărcabilă. În fiecare seară mă rugam și eram convinsă că am acea cartelă pentru că eu trebuie să revin la Paris. Nu aveam nicio urmă de îndoială că dorința mea nu se poate realiza, deși nu cunoșteam pe nimeni, nu aveam loc de muncă și nu aveam bani să mă întrețin până aș fi găsit ceva. Eu mă gândeam la mesajul lui Iisus: **"Dacă ați avea credință cât un grăunte de muștar, ați zice muntelui acestuia: 'Mută-te de aici colo', și s-ar muta; nimic nu v-ar fi cu neputință"**. Într-o lună de zile mă mutam la Paris și eram la începutul celei mai sincere și frumoase prietenii care s-a transformat în relația perfectă.

Forța superioară pe care o simți poți să o numești Dumnezeu, Divinitate, Univers, Energie creatoare. Mi-a plăcut mult în filmul *Secretul* cum o conversație cu un preot și cu un fizician prezintă aceeași definiție, schimbând doar termenul folosit. La întrebarea cine a creat universul, răspunsul este Dumnezeu, respectiv energia. Când li s-a cerut să-l descrie pe Dumnezeu, respectiv energia, răspunsul lor a fost identic: *"Nu poate fi niciodată creat sau distrus; întotdeauna a fost; dintotdeauna a fost; tot ceea ce a existat vreodată există întotdeauna; se mută în formă, prin formă și în afara formei"*.

Relația mea cu Dumnezeu a fost schimbătoare. M-am îndoit de multe ori de existența unui Dumnezeu, dar chiar și în momentele în care nu credeam că există un Dumnezeu bun continuam să mă rog, așa cum știam eu. Uitându-mă în urmă am avut la fiecare impas o persoană lângă mine ce mă ghida spre rugăciune. Pot spune că de fiecare dată era o persoană dintr-o religie nouă. Cel mai important lucru pe care l-am învățat și însuşit este că Dumnezeu este în mine. Dar El nu este doar în mine, ***Dumnezeul tău este în TINE***. Tot ce ai de făcut este să îţi dai voie să descoperi divinitatea din tine. Ştii ce înseamnă salutul *Namaste*?

Divinitatea din mine salută Divinitatea din tine! Când îl vezi pe Dumnezeu în tine îţi dai seama că Dumnezeu este şi în cei de lângă tine, El este şi în persoana care te-a făcut să suferi cel mai mult în această viaţă. Cum poţi să iubeşti pe cineva care ţi-a făcut rău sau îţi face rău?

Am primit răspuns şi la această întrebare în cartea lui Neale Donald Walsch, *Conversaţii cu Dumnezeu: la o reuniune de suflete cu Dumnezeu se discută fiecare emoţie, unul dintre suflete întreabă ce este suferinţa. Spune că ar vrea să experimenteze suferinţa pentru a o înţelege. Ceilalţi răspund că nu are cum să experimenteze aşa ceva pentru că ei toţi sunt suflete de lumină. Atunci s-a întristat pentru că nu putea să înţeleagă această emoţie. Unui alt suflet i s-a făcut milă de el, a venit spre el şi i-a spus: "**Vreau eu să te ajut să experimentezi suferinţa. Când vei trăi următoarea viaţă de om, voi veni la tine şi te voi face să suferi. Dar am o singură rugăminte la tine: te rog să te uiţi în ochii mei şi să îţi aminteşti că tu m-ai rugat să fac asta pentru tine, te rog să îţi aminteşti iubirea mea pentru tine**".*

Dacă ieri ţi-am spus că viaţa ta vine din seminţele pe care le plantezi, astăzi îţi confirm că aceşti oameni care te fac să suferi sunt îngeri deghizaţi veniţi să te ajute în călătoria vieţii tale. Nu trebuie să fii de acord cu ceea ce ai citit acum, dar alege o persoană şi gândeşte-te la ea cu iubire, dă-ţi voie să crezi pentru o secundă că ţi-a oferit ceea ce *tu* ai cerut. Eliberează-te de povara suferinţei şi iubeşte divinul din tine şi din acea persoană.

Credinţa ta este salvarea ta. Convingerile tale îţi dictează viaţa. Iată de ce este important să petreci acest timp cu tine, contemplând asupra convingerilor tale, descoperindu-le, conştientizându-le, analizându-le, pentru ca apoi să faci schimbările necesare pentru ca viaţa ta să fie exact aşa cum îţi doreşti.

Pentru ziua de azi îţi las câteva expresii la care să reflectezi:

★ **"Dumnezeu este în tot şi în toate"** - unde este pentru tine limita acestui *tot*? Pentru mine Dumnezeu este inclusiv în fiecare particulă de aer, în fiecare picătură din ocean şi în fiecare celulă a corpului meu. El nu este undeva în sufletul meu. *Fiecare celulă a corpului meu este parte din Dumnezeu.* Asta înseamnă că el este în fiecare celulă a corpului fiecărei persoane de pe pământ şi nu numai.

★ **"Tot ce se întâmplă, se întâmplă cu voia lui Dumnezeu. Nu totul e pe placul lui Dumnezeu, dar totul se întâmplă cu voia lui Dumnezeu"** - dacă totul se întâmplă cu voia lui Dumnezeu, atunci ce te opreşte să alegi *tu* ce doreşti să se întâmple în viaţa ta? De ce ar fi o dorinţă de-a ta neînsemnată în faţa lui Dumnezeu?

★ **"Viaţa este o luptă doar dacă eu aleg să o consider o luptă"** - dacă alegi să lupţi, cu cine lupţi? Cine iese învingător şi cine iese învins în această luptă? Te-ai gândit că realitatea ta corespunde pe deplin convingerii tale? Când tu consideri viaţa o luptă, nu e de mirare că eşti obosită şi la capătul puterilor mereu. Depune armele şi schimbă scena vieţii tale. Nu trebuie să vezi schimbările acum în viaţa ta, dar când urci pe scenă şi te pregăteşti de dans vei vedea cum cei din jurul tău vin să danseze împreună cu tine.

★ **"Iubeşte-ţi aproapele ca pe tine însăţi!"** - cât de mult te iubeşti tu pe tine astăzi, acum, exact aşa cum eşti? Cât de mult îi iubeşti pe ceilalţi, exact aşa cum sunt ei?

Pentru mine, Dumnezeu este întotdeauna prezent în viaţa mea, mă ajută, mă ghidează şi îmi răspunde. Îţi doresc să găseşti şi tu răspunsuri, să asculţi de vocea interioară şi să priveşti cu recunoştinţă spre trecut, prezent şi viitor.

Exerciţiile zilei 7:

☐ De câte ori ai ocazia pe parcursul zilei repetă mantra Ho'oponopono: TE IUBESC. ÎMI PARE RĂU. IARTĂ-MĂ, TE ROG. MULŢUMESC.

☐ Pune-ţi întrebările pe care mi le-am pus şi eu mai sus, ascultă ce răspuns îţi dai la aceste întrebări din perspectiva lucrurilor învăţate în ultimele zile. Este o zi în care te bucuri să contemplezi măreţia energiei creatoare.

☐ Scrie minimum 10 motive de recunoştinţă pentru partenerul tău şi / sau 10 motive de recunoştinţă pentru persoane cu care ai interacţionat astăzi sau în trecut.

Reciteşte intenţia stabilită în prima zi pentru ca zilnic să îţi aminteşti care e obiectivul pentru aceste 28 de zile; parcurge vizual listele de beneficii şi dureri.

Provocarea zilei:

Cum se schimbă astăzi relaţia ta cu Divinitatea? Scrie în jurnal ce va fi diferit în viaţa ta începând de astăzi.

Recomandarea zilei:

În seria de cărţi *Conversations with God - Conversaţii cu Dumnezeu*, de Neale Donald Walsch, mesajul lui Dumnezeu, dacă ar putea vorbi cu noi acum, este "Aţi înţeles totul greşit". Este ceea ce îmi doresc să reţii şi tu din aceste cărţi, să descoperi un Dumnezeu care te iubeşte.

Afirmaţia zilei:

Tot ceea ce fac, fac cu voia lui Dumnezeu

Ziua 8 - Agricultura mentală

Nu puteţi primi ceea ce nu oferiţi.
Curgerea în exterior determină şi
curgerea spre interior.

Eckhart Tolle

Recunosc că şi eu sunt nerăbdătoare să văd ce urmează, să ştiu ce se întâmplă în viaţa ta, în timp ce tu îţi doreşti să descoperi ce am pregătit pentru mai departe. Introducerea conţine multă teorie, multe pregătiri, acţiuni ce sunt menite să răscolească sufletul tău. Puse în practică, ele îţi permit să-ţi transformi viaţa într-o capodoperă. Stabilirea regulilor jocului te ajută să înţelegi ce e de făcut mai departe.

După ce înveţi regulamentul depinde doar de tine să fii câştigătoare. Pentru că eu sunt o persoană care are nevoie să înţeleagă DE CE-ul acţiunilor recomandate, ţi-am oferit explicaţiile care să te susţină şi pe tine să faci fiecare pas. Mie personal îmi este dificil să urmez sfaturi dacă nu înţeleg *de ce* trebuie să le urmez, iar când le înţeleg logica, îmi este foarte uşor să le asimilez, dacă este ceva ce îmi doresc să fac. Îţi voi împărtăşi o poveste, să înţelegi şi mai bine de ce este important să cunoşti ceea ce faci.

Un bărbat o vede pe soţia lui cum de fiecare dată când pregăteşte pui taie capetele bucăţii de carne. Nu prea vede logica la ceea ce face, aşa că întreabă şi el, ca un elev conştiincios la şcoală: "Draga mea, de ce tai capetele pieptului de pui înainte să îl prăjeşti în tigaie?" Femeia răspunde cu sinceritate: "Pentru că aşa făcea mama mea". Bărbatul, răbdător din fire, se bucură pentru că tocmai urmează să o viziteze pe mama soacră, iar în timpul vizitei pune aceeaşi întrebare: "mamă soacră, de ce tai puiul înainte să-l pui în tigaie?" Răspunsul, surprinzător: "Pentru că așa făcea mama mea". Vestea bună este că mama soacrei este în viață, așa că, bărbatul hotărât să deslușească misterul, îi face o vizită și, după câteva replici de politețe, o întreabă pe bătrână: "Bunică, spune-mi te rog, de ce tăiai puiul înainte de a-l prăji?" "Dragul meu, pe vremea mea aveam o singură tigaie mică în casă. Nu încăpea toată bucata de pui în tigaie".

Ți se pare comic? Câte lucruri în viața ta sunt pe pilot automat pentru că așa le-ai învățat în copilărie, dar nu ți-ai pus niciodată întrebarea dacă ele îți sunt folositoare? Cum se va schimba viața ta dacă de acum îți dai voie să analizezi vechile tale credințe? Să revenim la exercițiile zilei de azi pentru că astăzi vreau să discutăm despre cum poți tu să ai relația pe care o dorești.

Cu siguranță ai vorbit cu iubitul tău, i-ai spus ce îți dorești, el a spus ce își dorește. E posibil ca fiecare să aibă nevoi diferite, câteodată ați ajuns la compromisuri, alteori nu. Câteodată discuțiile au ajutat, alteori au agravat problemele dintre voi.

Dacă încă nu ești într-o relație îți recomand să te gândești la relațiile cu părinții tăi, cu foștii tăi iubiți sau chiar și la relațiile de prietenie. *Când vrei să discuți cu o persoană despre ceva ce te deranjează, dacă nu știi din start că acea discuție te va ajuta, de ce o mai începi?* Gândul că o ceartă din zece va aduce rezultate e suficient de puternic să îți dea speranță că aceasta este discuția respectivă? Să presupunem că în această ceartă obții rezultatele pe care le dorești. Cât timp durează rezultatele obținute? Dacă ai răspuns *nu prea mult*, înseamnă că nu ai găsit soluția care să funcționeze *de fiecare dată*.

Când ceva nu funcționează întotdeauna, înseamnă că nu funcționează niciodată. Îți dorești să ai o resursă care să funcționeze întotdeauna? Cum ar fi ca de acum să știi exact ce ai de făcut când îți dorești ceva? Știu, asta căutai și sperai să găsești - instrucțiuni care să te ghideze pas cu pas spre ceea ce dorești să obții în relația ta. Sper să-mi spui că a meritat așteptarea.

Dacă discuția noastră despre creion ți s-a părut scurtă intenția mea a fost ca ea să continue. Atunci am plantat semințe pentru deschiderea spre o nouă abordare a înțelegerii realității. Pare totul atât de simplu la prima vedere. Apoi, după ce digeri informația, îți dai seama că vin o mulțime de întrebări, de situații în care consideri că această teorie nu poate fi aplicată. Da, recunoști că prezentarea e minunată, dar de la a o *aprecia* și până la a-ți *asuma răspunderea* pentru **tot ceea ce se întâmplă** în viața ta rămâne un drum lung de parcurs. Insist și repet: nu te forța să mergi dincolo de limita acceptării tale. Totuși, dacă viața ta nu este astăzi exact cum îți dorești tu, în toate aspectele vieții, atunci **dă-ți voie să începi să faci ceva diferit**.

Realitatea pe care o percepi tu acum este solidă - dacă iei o piatră și o arunci vei lovi pe cineva sau ceva, demonstrând astfel că și ceea ce percepi tu este real. Nu sunt aici să pun sub semnul întrebării realitatea din fața ochilor tăi. Scopul meu este altul. Realitatea pe care tu o percepi acum vine din semințele tale pe care le-ai plantat în trecut. Dacă te uiți acum la creion și faci afirmații pozitive, sperând că acel creion se va transforma într-un inel cu diamant, vei constata că afirmațiile pozitive nu au o astfel de putere. Eu îți confirm că realitatea ta e solidă, că nu poți să o influențezi, că nu poți să transformi ceea ce vezi în fața ochilor tăi. Piatra din mâna ta te rănește dacă te lovești. Informația suplimentară este că **tu ești cea care ai creat această piatră în trecutul tău**, ea vine din semințe mentale. Nu poți face piatra să dispară din realitatea ta, dar poți decide ce va fi în locul ei în viitor.

Așa cum dintr-o sămânță de pepene nu poate să rezulte o căpșună, nici dintr-o sămânță mentală bună nu poate să rezulte o faptă rea. Dacă într-un lan de porumb crește o floarea-soarelui vei crede că acea floare a crescut dintr-o sămânță de porumb? Cred că te revolți deja citind aceste rânduri: *cum să crească floarea-soarelui dintr-o sămânță de porumb? Floarea-soarelui crește din semințe de floarea-soarelui!* AȘA ESTE!!! De ce a crescut floarea-soarelui în lanul de porumb? Pentru că a fost plantată o sămânţă de floarea-soarelui acolo, chiar dacă nu ştii cine şi când a plantat-o. Dacă a crescut o floare, a existat o sămânţă plantată. Deşi nu mă pricep deloc să îngrijesc o grădină de zarzavaturi, aceste reguli din agricultură sunt atât de frumoase şi aduc multă claritate în îngrijirea grădinii tale mentale. Dacă vezi un rezultat care nu îţi place TREBUIE să accepţi că ai plantat o sămânţă care ţi-a dat acel rezultat, chiar dacă nu ştii ce şi nu ştii când. Dacă ştii că dintr-o sămânţă de pepene poate să crească doar un pepene, înseamnă că şi tu ai făcut ceva similar cu ceea ce se întâmplă în viaţa ta. Care este partea pozitivă a acestui lucru? Dacă se întâmplă ceva frumos în viaţa ta ştii că ai plantat seminţe pentru ca acel lucru să devină real.

Dacă relaţia ta nu este frumoasă în ziua de azi acum ştii că eşti răspunzătoare pentru experienţele prin care ai trecut. Nu te învinovăţi, vinovăţia nu va rezolva problemele din relaţia ta. Această conştientizare îţi serveşte să ştii că, de acum înainte, tot ce ai de făcut este să plantezi seminţele pentru ceea ce doreşti să culegi. Iar pentru a crea începând de astăzi o relaţie exact aşa cum îţi doreşti, vin cu o veste bună pentru tine. **Sămânţa este de mii de ori mai mică decât rezultatul obţinut.** Ai făcut ceva mic şi obţii un rezultat mare. Trebuie doar să plantezi seminţe mici pentru a obţine rezultate fabuloase (iubesc cuvântul acesta). Acest lucru este valabil şi pentru seminţele negative- când ai plantat seminţe mici ai obţinut rezultate mari. **Un gând negativ** la adresa unei persoane este suficient ca să urmeze o ceartă cu soţul tău, din senin, **fără niciun motiv**.

Dacă până acum am insistat, poate m-am şi repetat, să îţi arăt de ce ai trăit până acum experienţele care te-au durut sau te-au făcut fericită, de acum este momentul să ne îndreptăm spre viitor. În prima zi a călătoriei noastre împreună te-am rugat să scrii prin ce defineşti tu relaţia perfectă cu partenerul tău. Pe măsură ce înaintezi în această călătorie fiecare punct bifat îţi confirmă că eşti tot mai aproape de relaţia pe care o doreşti. Când te uiţi la această listă înţelegi ce ai de făcut pentru a bifa fiecare indiciu al relației tale perfecte. Pe măsură ce bifezi indiciile ești tot mai aproape de realitatea solidă în care relația ta perfectă există. Ea nu mai este doar o listă de dorințe, ci o realitate tare ca piatra. Ia primul punct din lista ta de indicii ale relației tale. Știi ce îți dorești, e foarte clar pentru tine. Ceea ce îți dorești reprezintă rezultatul, rodul unei semințe mentale. Pentru că știi că *sămânța este SIMILARĂ cu rezultatul obținut* (când mergi la piață să cumperi mere știi că merele au crescut într-un măr și nu într-un păr), ai de plantat o sămânță pentru a obține acel rezultat. Pentru că nu știu ce ai scris tu în lista ta, îți voi da eu câteva exemple:

❖ **Îți dorești un partener care să fie sincer cu tine**: *fii tu sinceră cu ceilalți*. Crezi că este ușor? Adică acele minciuni nevinovate "Lasă, că oricum nu contează" sunt minciuni. Știi de câte ori am luat trenul fără să plătesc bilet, considerând că oricum compania câștigă foarte mulți bani și fără biletul plătit de mine? Dacă ai anulat o întâlnire cu prietena ta pentru că i-ai spus că mergi la mama ta, când de fapt te-ai răzgândit și ai fost la cumpărături fără ea, ai mințit, ai plantat semințele pentru ca tu să fii mințită de către iubitul tău - el nu a greșit cu nimic (la fel cum nici tu nu ai greșit cu nimic)!

❖ **Vrei un partener care să te aprecieze așa cum ești tu**: *oferă cât mai multe aprecieri sincere*. Atenție, nu am spus să lingușești, pentru că ne întoarcem la punctul de mai sus! De exemplu, mie când nu îmi place ceva nu spun nimic. Prietenii mei, în momentul respectiv, știu că nu îmi place și doresc să afle ce nu îmi place. Ei știu asta pentru că, atunci când îmi place ceva, laud din tot sufletul, felicit și încurajez. Când nu îmi place, consider că ceilalți au dreptul să aibă gusturi diferite de ale mele și eu nu sunt judecătorul binelui / răului sau frumosului / urâtului. *Oprește-te din a-i critica pe ceilalți sau pe tine!* (Auto-)Critica ta reprezintă semințe pentru a fi criticată.

❖ **Vrei un partener cu care să ai discuții armonioase**: *vorbește cu blândețe cu ceilalți*. De fiecare dată când tu țipi sau le vorbești urât altor persoane plantezi semințe să ți se vorbească urât. Amintește-ți că *semințele cresc*. De asemenea, liniștirea minţii o poţi face prin activităţi precum plimbări în natură, yoga, sport, ascultând muzică clasică.

❖ **Vrei un iubit fidel**: *respectă relaţiile celorlalţi*. Înainte să cunosc legi şi principii despre cum funcţionează lumea mi-am promis că nu voi accepta avansuri de la un bărbat însurat, gândindu-mă că astfel aş răni-o pe soţia lui, iar asta va însemna că şi eu voi avea un soţ care să mă înşele. Deşi nu ştiam că aşa funcţionează seminţele mentale, acum îţi spun ţie: *respectă relaţiile celorlalţi*. Dacă două persoane şi-au făcut jurăminte de fidelitate, indiferent dacă sunt sau nu căsătoriţi, respectă relaţia pe care o au.

❖ **Vrei un iubit care să fie atent la nevoile tale**: *fii atentă la nevoile celorlalţi*, ajută-i atunci când e posibil şi bucură-te pentru faptele tale.

Elementul-cheie la fiecare acţiune pe care o faci este să te bucuri pentru faptele tale bune. Bucuria ta va face ca aceste seminţe plantate cu inima deschisă să devină mai puternice şi să rodească mai rapid în comportamentul pe care îl aştepţi în relaţia cu iubitul tău.

Din nou apar întrebări ale celor care nu au încă o relaţie. Cred că e cu atât mai simplu pentru tine, draga mea, pentru că prin atenţia ta la toate detaliile vei planta seminţe pentru a-l întâlni pe acest bărbat, la momentul potrivit, surprinzându-te cât de mult corespunde tuturor indiciilor create de tine pentru relaţia ta ideală.

Cel mai important pas pe care poţi şi trebuie să îl faci pentru a crea relaţia pe care o doreşti este să oferi timp. Dar nu oricum şi nu oricui! Să recapitulăm, indiferent dacă eşti deja într-o relaţie pe care doreşti să o transformi în cea mai frumoasă relaţie de dragoste sau că vrei să îl cunoşti în sfârşit pe acest tip fără cusur, **trebuie să plantezi seminţe**.

Seminţele acestea mentale se plantează în soluri care au grade de fertilitate diferite. **Cele mai fertile soluri** pentru ca tu să ai relaţia perfectă sunt părinţii tăi şi persoanele vârstnice, singure.

Sămânţa plantată are nevoie de timp să ajungă la maturitate. Când plantezi o sămânţă de pepene în cel mai fertil, orice ai face, ea tot va avea nevoie de timp să devină un pepene mare şi copt. La fel ca în agricultură, când o sămânţă mentală rodeşte şi-a terminat viaţa, nu va rodi din nou. Când tu trăieşti relaţia perfectă înseamnă că seminţele plantate în trecut au rodit, s-au deschis şi vezi în realitatea ta rezultatul la ceea ce ai plantat în trecut. Ştiind că seminţele care au creat această realitate s-au epuizat, ele nu mai există, înseamnă că trebuie să continui să plantezi acelaşi fel de seminţe, dacă îţi doreşti acelaşi fel de rezultate. Petrece timp cu părinţii tăi sau găseşte o persoană vârstnică şi petrece timp cu ea. Oferă-le din timpul tău câte o oră pe săptămână şi fii recunoscătoare că ei îţi permit să plantezi seminţe pozitive pentru relaţia ta. După câteva întâlniri vei începe să te întrebi - oare tu o ajuţi pe ea, tu îi oferi din timpul tău? Sau ea te ajută pe tine să ai o relaţie fericită?

Vreau să îţi atrag atenţia asupra unui aspect important. Seminţele mentale le plantezi cu gândul, cuvintele şi acţiunile tale. Când te decizi să faci aceste acţiuni pe care deocamdată le consideri cel puţin ciudate fii atentă la gândurile tale şi la intenţia ta. Intenţia ta trebuie să fie sinceră, iar gândurile curate. Degeaba plantezi o sămânţă pozitivă prin timpul pe care îl petreci cu bătrânica ta (acţiunea) dacă în mintea ta îţi spui cât eşti tu de şmecheră şi grozavă prin ceea ce faci, iar pe ea o vezi doar ca pe un obiect al reuşitei tale (gândul). Acest gând va planta seminţe pentru ca tu să cunoşti un bărbat ce te va vedea drept trofeul lui şi în curând vei regreta relaţia pe care o ai.

Dacă te întrebi pentru cât timp trebuie să vizitezi persoana vârstnică cu care ai ales să petreci câte o oră pe săptămână pentru a avea relaţia pe care o doreşti, răspunsul meu este: *până când ai relaţia pe care o doreşti.* Dacă doreşti să ai în continuare relaţia perfectă continuă să o vizitezi şi când trăieşti relaţia împlinită. În concluzie, nu ştiu să îţi spun în cât timp vei vedea rezultatele, dar ştiu sigur că bucuria pe care tu o vei simţi în urma acestor întâlniri va planta magie pură în viaţa ta.

Eu am fost binecuvântată să am o copilărie frumoasă cu patru bunici de la care am primit atenţie şi iubire. Am pierdut prima bunică pe când aveam 19 ani. Deşi mi-am iubit toţi bunicii foarte mult, nu le mai oferisem atenţie în ultimii ani, eram ocupată cu anii adolescenţei. În urma acestui deces am decis să îi ofer foarte multă atenţie şi iubire celeilalte bunici în viaţă. Am vrut să ştie cât de mult o apreciez pentru toţi anii copilăriei şi toate lucrurile minunate învăţate de la ea. Nu am ştiut atunci ce va însemna această declaraţie de iubire, dar văd acum rodul seminţelor plantate atunci prin dragostea mea faţă de bunica mea, de iubirea şi prezenţa căreia mă bucur şi în ziua de astăzi. Chiar dacă nu am înţeles mereu iubirea soţului meu, am alături de mine un soţ blând, prezent şi iubitor. Sunt recunoscătoare acestei neînţelegeri, acestei percepţii greşite a realităţii, întrucât m-a îndreptat spre scrierea acestei cărţi.

Înainte de a termina discuţia noastră de astăzi vreau să îţi spun despre două modalităţi prin care să plantezi seminţe doar prin puterea gândului tău.

Să te bucuri pentru relaţiile fericite ale prietenilor tăi sau ale persoanelor publice pe care le îndrăgeşti. Ţi-am spus că mă simt binecuvântată pentru că am alături de mine un soţ pe care nici în visurile mele nu îl proiectasem atât de perfect. Am realizat că mă bucurasem foarte mult pentru fiecare relaţie armonioasă pe care o vedeam. Chiar dacă pe soţul meu l-am cunoscut câţiva ani mai târziu, el a corespuns bărbatului pe care eu l-am descris în prima mea listă de relaţie ideală. Dacă eu am reuşit asta îţi poate spune doar că acelaşi lucru este posibil şi pentru tine.

Cred că cea mai simplă decizie pe care poţi să o iei astăzi este să zâmbeşti. *Decide să zâmbeşti fiecărei persoane pe care o întâlneşti.* Doar zâmbeşte. Fii binedispusă şi vei vedea cum şi cei pe care îi întâlneşti se luminează la faţă.

Îţi reamintesc că ceea ce faci astăzi nu va aduce schimbări vizibile acum în viaţa ta, dar ceea ce faci astăzi plantează seminţele pentru ca relaţia ta să-ţi aducă exact ceea ce îţi doreşti în viitor.

Exercițiile zilei 8:

☐ De câte ori ai ocazia pe parcursul zilei repetă mantra Ho'oponopono: TE IUBESC. ÎMI PARE RĂU. IARTĂ-MĂ, TE ROG. MULȚUMESC.

☐ Gândește-te la o persoană tristă sau singură, unul din părinții tăi sau o persoană vârstnică, și angajează-te să petreci cu ea o oră în fiecare săptămână pentru a o binedispune și a-i aduce fericire în viață.

☐ Zâmbește tuturor persoanelor pe care le întâlnești și salută-i cu un zâmbet larg pe cei cu care interacționezi.

☐ Scrie minimum 10 motive de recunoștință pentru partenerul tău și / sau 10 motive de recunoștință pentru persoane cu care ai interacționat astăzi sau în trecut.

Recitește intenția stabilită în prima zi pentru ca zilnic să îți amintești care e obiectivul pentru aceste 28 de zile; parcurge vizual listele de beneficii și dureri.

Provocarea zilei:

Amintește-ți cu bucurie senzațiile trăite ca urmare a răspunsurilor primite de la fiecare zâmbet de-al tău. Dă-ți voie să simți din nou această bucurie în corpul tău pentru câteva minute. Notează în jurnal persoana pe care ai ales să o vizitezi o dată pe săptămână și ziua în care vă veți întâlni. Notează-ți în agendă această întâlnire recurentă.

Recomandarea zilei:

Cartea *The Karma of Love - Karma iubirii*, de Geshe Michael Roach explică sistemul semințelor mentale într-o carte scrisă sub forma a 100 de întrebări ale căror răspunsuri sunt exclusiv prin prisma semințelor mentale. Dacă vrei ca relația ta să fie exact așa cum o dorești, este cartea pe care să o citești.

Afirmația zilei:

Mă ajut pe mine de fiecare dată când te ajut pe tine

Ziua 9 - Dă mai departe

Căutând binele altora, îl găsim pe al nostru.

Platon

Sunt atât de fericită să fiu alături de tine astăzi! Îmi imaginez cum sunt eu, cea care ține această carte în mână și simt cât de multă fericire există în corpul meu. Sper sincer că este ceea ce simți și tu în sufletul tău. Cu siguranță mai sunt multe lucruri care te frământă, suntem abia în ziua a noua a călătoriei noastre împreună. Pentru că **lucrurile spre care îți canalizezi focusul persistă**, te-am forțat să zâmbești și să oferi fericire în jur. Pot spune că te-am forțat să plantezi semințe pentru ca fericirea să înflorească în sufletul tău. Apreciezi abilitatea mea de a te păcăli și îți dai seama ce simplu a fost să îți aduc un zâmbet pe buze. A venit clipa ca acest zâmbet să treacă de la stadiul de moment de fericire la o stare permanentă de bucurie. Te întrebi cum poți tu să știi că ai plantat și că rodesc mereu semințele care să-ți aducă starea permanentă de bine? Așa cum o spune titlul acestei zile, așa cum o spune filmul recomandat astăzi, **dai mai departe!** Semințele sunt plantate în momentul în care oferi celorlalți lucruri similare cu ceea ce vrei tu. Dacă dorești să revezi aceste informații te invit să te apleci spre zilele precedente. Îți cer să nu tragi cu ochiul la ce îți pregătesc în zilele următoare, dar te las să parcurgi zilele anterioare ori de câte ori simți nevoia de reîmprospătare a informației.

Deși folosesc unelte diferite, ele au la bază structuri similare. În câțiva pași simpli de parcurși, obții întotdeauna ceea ce îți dorești. Indiferent de sistemul pe care îl folosești, primul pas este identic. Oare știi care este primul pas?

Să știi ceea ce îți dorești!

Da, ***primul pas*** pentru a realiza ceva este *să știi ce vrei să obții*. E timpul să ne destindem, nu vreau să te simt încordată astăzi. Este ziua în care dai mai departe ce ai învățat, iar eu nu te-am învățat să fii încordată. Relaxează-te! Ai cana cu ceai la îndemână? E vremea de poveste:

O domnișoară a chemat un meșter să îi zugrăvească apartamentul. Când a renovat dormitorul a întrebat ce culoare dorește. La una dintre vizite, domnișoara a spus că îi place foarte mult culoarea galbenă. La o altă vizită i-a spus că îi place foarte mult albastrul. Când domnul a terminat lucrările și domnișoara a venit să recepționeze lucrarea a fost foarte dezamăgită să găsească un dormitor verde. Ea oscila între albastru și galben, dar nu suportă culoarea verde. I-a spus zugravului că nu este culoarea pe care a cerut-o ea. El i-a spus că era nehotărâtă între galben și albastru și acesta a fost rezultatul nehotărârii ei.

Înțelegi acum de ce e important să știi exact ce vrei? Înțelegi de ce, atunci când ești nehotărâtă, te trezești că se întâmplă EXACT ce nu dorești? Fie că te gândești la relația ta, fie că iei câte un indiciu sau chiar alte dorințe complementare cu intenția stabilită pentru această călătorie, stabilește clar care este intenția ta pentru ziua de azi.

Al doilea pas vine și el pe firul logic. Semințele mentale se plantează pe soluri fertile. Aceste soluri sunt în realitate persoane cu care interacționezi.

La pasul doi ***decizi pe cine vrei să ajuți***. Cauți în anturajul tău o persoană care își dorește ceva similar cu ceea ce îți dorești tu. Dacă ieri ai ales o bătrânică sau un bătrânel cu care să petreci o oră pe săptămână, astăzi alegi o persoană care își dorește o relație perfectă. Nu te îngrijora dacă nu îți vine nimeni în minte, până acum nu ai fost atentă la nevoile celorlalți. Sunt suficiente câteva ore în care să fii cu adevărat atentă la ceilalți și vei descoperi cel puțin o persoană nefericită în relația de cuplu sau o persoană singură care își dorește un partener. Aceasta este prima parte a pasului doi.

A doua parte a acestui pas este să *faci un plan pentru a ajuta persoana aleasă*. Când faci un plan te gândeşti ce nevoi are persoana, ce poţi tu să faci pentru această persoană şi stabileşti o oră pe săptămână pentru a o ajuta. Ce poţi să îi spui acestei persoane? Câteodată şi o ureche care să asculte este suficientă pentru ca persoana să îşi facă curaj să ia iniţiativă. Poate ai învăţat ceva ce o poate ajuta şi pe respectiva persoană. Poţi să îi recomanzi cărţi sau filme care să o ajute să îşi schimbe starea de spirit.

Fă-ţi un plan scris cu ceea ce doreşti să oferi persoanei respective, *stabileşte data* pentru prima întâlnire şi *ia-ţi un angajament faţă de tine* că doreşti să o ajuţi.

Al treilea pas este foarte simplu. Ai stabilit pe cine vrei să ajuţi, când vrei să ajuţi şi cum vrei să faci asta. Ia telefonul, stabileşte întâlnirea şi fii prezentă la întâlnire. Pasul trei înseamnă **să pui în practică pasul doi**.

Te rog, nu te grăbi să îmi spui obiecţiile tale, le-am prevăzut deja. Într-adevăr, persoana pe care ai ales să o ajuţi poate să nu fie disponibilă sau să nu vrea să se întâlnească cu tine. Nu trebuie să te gândeşti că trebuie să te înfăţişezi ca un expert în materie, în timp ce te ştii că nici pentru tine nu ai găsit încă soluţia pentru a obţine ceea ce îţi doreşti. Îţi doreşti şi tu acelaşi lucru ca şi persoana pe care ai ales să o ajuţi. Ceea ce ştii tu este că ajutorul pe care îl oferi plantează seminţele mentale pentru ca ţie să ţi se îndeplinească dorinţa. Nu trebuie să îi spui deschis motivul întâlnirilor voastre, cel puţin nu de la început. Nu trebuie să îi spui: *"Uite, am un plan în patru paşi să te ajut să ai relaţia perfectă cu soţul tău!"*, dimpotrivă, te oferi să petreceţi timp de calitate pentru o oră, să vă destindeţi, să vă bucuraţi de viaţă. Sunt atât de multe variante referitor la ceea ce se poate întâmpla, încât şi eu sunt foarte atentă la ceea ce scriu. Dacă scriu prea mult e posibil să te plictisesc cu detalii, pe de altă parte, dacă scriu prea puţin e posibil să fiu neclară în ceea ce ai de făcut. Cel mai bun exemplu pe care pot să ți-l dau este această carte pe care tu o ai în mână acum.

Ai început un jurnal pentru obținerea relației perfecte cu partenerul tău sau pentru crearea iubitului perfect (pe care nu l-ai întâlnit și credeai sincer că nimeni nu l-a întâlnit vreodată până acum). Nu te-ai gândit la început unde te va duce acest jurnal și cred că sunt foarte mici șansele să fi intuit atunci parcursul pe care îl avem acum. Deși știu că relația cu soțul tău se schimbă deja și va continua să se schimbe mult timp după ce vei termina de parcurs această carte sau că, la momentul potrivit, îl vei cunoaște pe cel pe care l-ai descris în primele zile ale acestui jurnal, sfaturile mele nu sunt pentru relația ta de cuplu, ci pentru tine.

E o călătorie care se desfășoară pas cu pas, la momentul potrivit, așa cum este mai bine pentru tine. Dacă până acum ai avut încredere în mine (pentru că ești cu mine în această zi înseamnă că ai în continuare încredere în mine), astăzi am eu încredere în tine că vei ști exact ce să spui persoanei pe care tu ai ales să o ajuți.

Dacă persoana aleasă de tine nu dorește să răspundă invitației tale tu ai plantat deja semințe cu gândul, pentru că tu ți-ai imaginat deja tot ajutorul pe care ai dorit să i-l oferi. Chiar și în cazul în care și-ar fi dorit să vă întâlniți, dar a intervenit ceva și s-a anulat întâlnirea, e important să ții minte că ai plantat semințe cu gândul tău bun. Să știi că în acest ultim caz poți să găsești o altă persoană pe care să o ajuți.

Mi se întâmplă adeseori să mă gândesc să ajut o persoană, încep o discuție, iar la scurt timp după aceea vine altcineva spre mine, exact cu întrebările la care încercam să-i răspund persoanei pe care o alesesem eu inițial. În acel moment înțeleg că am deschis acest drum prin dorința mea de a ajuta prima persoană. Când vrei să ajuți vei vedea că oamenii vor veni spre tine, vor ști că poți și vrei să le oferi ajutorul tău.

Mai ai o obiecție și sunt de acord cu tine, și pe mine m-ar durea să se întâmple asta. Ce se întâmplă dacă persoana nu obține rezultatele pe care tu i le dorești? Care ți se pare lucrul cel mai important când dorești să obții ceva? Eu cred că sunt pașii mărunți pe care îi faci cu determinare și consecvență. Am scris această carte să te ajut pe tine să ai viața pe care o dorești, pe care o meriți și pe care ești menită să o trăiești. Este acest lucru suficient pentru ca tu să ai această viață? Nu! Pentru ca tu să ai această viață trebuie să faci ceva, de exemplu exercițiile pe care eu le propun în această carte. Observă că nu spun că acesta este singurul mod prin care tu poți obține ceea ce îți dorești. Eu îți ofer o variantă. Fie că urmezi sfaturile mele, fie că ai propriile tale resurse și unelte, tu FACI ceva pentru a avea viața pe care ești MENITĂ să o trăiești. Așadar, persoana pe care alegi să o ajuți va trebui să parcurgă propriul drum spre reușită. Tu nu ești responsabilă pentru rezultatele obținute de persoana pe care dorești să o ajuți, ci pentru nivelul tău de implicare și de sinceritatea dedicației tale.

Încă din momentul în care ți-ai făcut planul, iar apoi ați avut prima întâlnire, începe să pui în practică pasul patru.

Al patrulea pas este reprezentat de *bucuria pe care o trăiești pentru toate semințele pe care le-ai plantat*, cu gândul (pasul 2), cu vorba și cu acțiunea (pasul 3). Cu siguranță te-ai bucurat și în trecut pentru lucruri bune pe care le-ai făcut, dar cât de mult te-ai bucurat? Cât de des ai obiceiul să contempli faptele tale bune? *E momentul ca această bucurie contemplativă să devină o rutină zilnică.* Fac pariu cu tine că poți renunța la 1 minut dintr-o altă activitate pentru a te gândi cu bucurie la faptele tale bune. Știu, 1 minut e penibil de puțin, motiv pentru care te convingi că nu poate fi atât de rău să ți-l oferi. La urma urmei, parcă tot ce ți-am spus până acum se leagă și prinde o formă ce începe să îți placă. Să îți spun un secret? E atât de plăcut să te bucuri pentru toate semințele bune pe care le plantezi, încât îți vei prelungi starea de bucurie înainte să te simți pregătită să te întorci către celelalte activități.

Cum să faci ca această bucurie să aducă rezultate rapide și mari? Începi printr-o respirație profundă, te gândești cu bucurie la intenția ta pe care ai stabilit-o la primul pas. Dedici intenției tale semințele pe care le uzi. Apoi, te gândești cu bucurie la persoana pe care ai decis să o ajuți, vizualizezi planul pe care l-ai stabilit, detaliile pe care le-ai scris, bucuria întâlnirii voastre și te duci cu gândul chiar spre succesul ce va veni în urma întâlnirilor voastre. Savurezi cu bucurie detalii despre când v-ați întâlnit, unde v-ați întâlnit, cât timp ați petrecut împreună, ce ați consumat, despre ce ați povestit, cum erați îmbrăcate, ce muzică era în fundal, cum s-a schimbat persoana cu care te-ai întâlnit după timpul petrecut împreună. Te gândești cu bucurie la cum îi va influența pe alții pozitiv cu buna dispoziție obținută în urma timpului petrecut împreună. Te gândești cum va arăta viața ei în viitor pentru că a pus în practică pașii ce au ajutat-o să aibă ceea ce își dorește.

După ce ai trecut prin minte toate detaliile, te-ai încărcat din nou cu emoții pozitive și simți cum bucuria îți luminează întreaga ființă. Gândește-te că faci acest lucru pentru că realitatea ta este creată de semințele pe care le plantezi. Pentru că ai plantat aceste semințe pe care acum le și uzi, vei avea succes. Pentru că vei avea succes folosind acest sistem, o parte din prietenii și cunoștințele tale te vor copia și vor avea la rândul lor succes. Iar prin exemplul tău declanșezi o reacție în lanț prin care tot mai multe persoane vor folosi acest sistem, ceea ce va face ca lumea să devină un loc mai bun și mai frumos.

Când ai terminat, inspiră și expiră profund de trei ori.

Poți să faci acest exercițiu pentru toate semințele bune pe care le-ai plantat în trecut, pentru toate întâlnirile cu persoana aleasă ieri, pentru toate zâmbetele pe care le-ai oferit oamenilor pe stradă. Amintește-ți fiecare faptă bună pe care ai făcut-o și repetă exercițiul în fiecare clipă liberă din zi.

Deși timpul este foarte prețios în ziua de azi și mulți oameni nu oferă din timpul lor altor persoane, eu una am găsit întotdeauna persoane care erau pe un drum paralel cu al meu. În fiecare perioadă în care am avut provocări, atât eu, cât și prietena ce avea provocări asemănătoare cu ale mele, ne ofeream foarte mult timp. Ne bucuram pentru fiecare reușită, ne susțineam și ne încurajam în fiecare zi. Uitându-mă în urmă, fiecare parcurs a fost încununat de succes.

În urmă cu câțiva ani treceam printr-o despărțire dureroasă, în aceeași perioadă, o prietenă de-a mea trecea printr-un divorț dificil. Când doi oameni se despart uită să vadă frumusețea din sufletul partenerului. Cred că sunt rare despărțirile în care niciunul dintre parteneri nu suferă. Atât eu, cât și ea, mulțumită susținerii reciproce, am mers mai departe cu putere și siguranță de reușită.

Cu o altă prietenă vorbeam zilnic în perioada în care eu îmi căutam un loc de muncă, iar ea dorea o schimbare în carieră. Ea a găsit un loc de muncă foarte bine plătit și iubitul pe care l-a descris într-un jurnal cu intenții, iar eu am fost sunată să mă angajez într-un loc unde depusesem C.V.-ul cu doi ani înainte. Întrucât în cei doi ani acumulasem experiență, mi s-a propus un alt post decât cel pentru care am fost sunată inițial și mi s-a oferit salariul pe care l-am dorit înainte de a ști că voi fi contactată de acel angajator.

În perioada în care eu căutam drumul pe care să-mi continui cariera profesională o prietenă foarte bună era fără loc de muncă. Am vorbit zilnic, ne-am încurajat reciproc și am știut că este doar o etapă cu sens din viețile noastre. Ea și-a găsit un loc de muncă peste așteptările ei, iar eu am decis să o ascult pe ea și să pornesc pe acest drum. Îi sunt recunoscătoare și ei pentru că tu citești acum această carte.

Nu știu dacă tu îți imaginezi puterea acestor relații, dar sper că experiența mea este o mărturie suficient de puternică pentru ca și tu, începând de astăzi, să cauți persoane pe care să le ajuți cu certitudinea că, indiferent de rezultate, ai lăsat o amprentă pozitivă în viețile lor.

Exercițiile zilei 9:

□ De câte ori ai ocazia pe parcursul zilei repetă mantra Ho'oponopono: TE IUBESC. ÎMI PARE RĂU. IARTĂ-MĂ, TE ROG. MULȚUMESC.

□ Aplică cei patru pași cu cel puțin o persoană și continuați să vă întâlniți săptămânal pentru a o ajuta să obțină rezultate.

□ Caută o persoană dornică să parcurgă și ea pașii din această carte, oferindu-i suport prin prisma celor învățate deja de tine în aceste zile.

□ Oferă-ți timp și contemplează cu bucurie faptele tale bune și ale celorlalți, conștientizând efectul în lanț generat de acțiunile tale.

□ Scrie minimum 10 motive de recunoștință pentru partenerul tău și / sau 10 motive de recunoștință pentru persoane cu care ai interacționat astăzi sau în trecut.

Recitește intenția stabilită în prima zi pentru ca zilnic să îți amintești care e obiectivul pentru aceste 28 de zile; parcurge vizual listele de beneficii și dureri.

Provocarea zilei:

Notează în jurnal cel puțin 5 persoane pe care consideri că poți să le ajuți. Începi să faci cei patru pași pentru a ajuta una dintre ele și treptat vei avea la îndemână alte persoane pe care vrei să le ajuți și vei ști exact pașii de făcut.

Recomandarea zilei:

Filmul ***Pay it forward - Dă mai departe! (2000)*** este povestea unui băiat care în clasa a șaptea primește o întrebare la ora de educație civică, pusă de profesor an de an, fără speranța vreunui răspuns miraculos: "Cum puteți să schimbați lumea?". După multe răspunsuri fără aplicație practică, Trevor McKinney spune: dacă el ajută 3 oameni cu ceva ce ei nu pot face pentru ei înșiși, iar cei trei ajută la rândul lor alți trei oameni, se va crea un efect de bulgăre de zăpadă. Filmul este povestit de un jurnalist intrigat de lucrurile bune ce i s-au întâmplat.

Afirmația zilei:

Succesul tău este oglinda succesului meu

Ziua 10 - Ce facem cu emoțiile?

Viața nu este ce ai trăit, ci ce îți
amintești că ai trăit și cum ți-o
amintești pentru a o povesti.

Gabriel Jose Garcia Marquez

Am așteptat cu nerăbdare ziua de azi. Nu știu cum se anunță ziua de azi pentru tine, dar pentru mine este o zi importantă. Astăzi am decis să împărtășesc cu tine una dintre tehnicile cele mai prețioase care îți va fi de ajutor mereu începând de astăzi. Pentru că nu suntem pe o terasă împreună, nu pot să aflu cum te simți tu astăzi. Poți să îmi trimiți un răspuns, chiar dacă îl primesc la mult timp după ce am scris aceste rânduri. Sper că începi și tu să simți fericirea pe care o trăiesc și eu gândindu-mă că fac această călătorie alături de tine. Când vezi primele schimbări în viețile persoanelor pe care ai ales să le ajuți, te cuprind fiori de fericire. Poate nu vezi încă schimbările majore care se produc în viața ta, dar bucuria pentru aceste mici decizii de a face bine altora începe să îți hrănească sufletul și să îți lumineze chipul.

De ce este importantă ziua de azi? Pentru că, dincolo de teorie, este nevoie de practică. Multe dintre poveștile mele te-au lăsat sceptică, îmi amintesc că am și insistat să nu te forțezi să crezi ceva dincolo de puterea ta de acceptare. Ce se întâmplă dacă înveți un exercițiu care îți permite să îți schimbi pas cu pas întreaga ta viață începând de astăzi? Doresc să reiau atenționarea din zilele precedente: ceea ce îți ofer eu în această carte nu reprezintă singura modalitate în care tu îți poți schimba viața. Există foarte multe tehnici, fiecare ajutând persoanele care doresc să primească ajutor prin intermediul lor. Întrucât ți-am vorbit despre creion și semințe, te rog să reții această frază: "Plantează semințele pentru ceea ce îți dorești, iar apoi vei obține rezultatul, indiferent de traseul ales pentru îndeplinirea obiectivului". Vreau să reformulez: tu ai început să plantezi semințe pentru relația pe care ți-o dorești și ai învățat ce înseamnă să uzi semințele mentale (bucuria pentru faptele tale). Pentru că ai plantat semințele și le-ai îngrijit, ceea ce îți dorești va veni în viața ta. Nu trebuie să te gândești pe ce cont de socializare să te înscrii sau cât să înduri o relație toxică. Dacă el există în viața ta a început deja să se schimbe. Dacă îl căutai până acum, alături de mine ai aflat că tu de fapt îl creezi (și eu zâmbesc, nu trebuie să te simți stingherită pentru că mă simt confortabil să scriu ceea ce știu că este adevărat, el nu este un tip pe care îl găsești pe stradă la întâmplare; tu îl întâlnești "din senin" pe stradă pentru că ai plantat semințe pentru ca el atunci și acolo să "apară" în viața ta). Astfel, când îți dorești ca o tehnică să te ajute, te asiguri că ai plantat semințele necesare: ai grijă de ceilalți.

Pentru acest capitol eu am ales să prezint una dintre tehnicile pe care le practic în ședințele individuale pentru că este o tehnică pe care o poți folosi acasă până la un anumit nivel. În timpul unui interviu am descris-o așa: *este o tehnică pe care o înveți și o practici acasă și poți să o compari cu îngrijirea podoabei capilare. Dacă îți speli părul acasă - te simți bine, te simți curată, îți place ceea ce faci. Dar când te duci la coafor și îi dai voie coafezei să te răsfețe cu masaj, cu produse de salon, cu atenție și grijă pentru tine și părul tău, te simți binecuvântată. Această senzație nu o vei obține niciodată acasă, de una singură. Mai departe, fie îți întreții părul doar la coafor, cu costurile de rigoare și sperând ca întotdeauna coafeza ta preferată să fie disponibilă pentru tine, fie te îngrijești cât mai bine acasă și mergi la salon de câte ori îți dorești, apreciind starea de bine și timpul petrecut împreună cu coafeza.*

Am apreciat remarca făcută de un prieten: "Te admir pentru perseverența cu care faci ceea ce faci; îți place, ai încredere și chiar ai rezultate, dar eu nu sunt pentru chestiile astea, ce faci tu nu e cu efect permanent, ci e ca un tratament de lungă durată, iar mie chestiile astea nu îmi plac". Mi-a plăcut această mărturisire a prietenului meu, pentru care am avut o replică instant: "Faci duș zilnic?". Răspunsul lui a fost afirmativ. Astfel, am putut continua: "Eu nu înțeleg de ce faci asta, adică ieri când te-ai spălat nu ai fost curat? De ce trebuie să te speli în fiecare zi? Eu văd că faci un tratament de lungă durată... de ce faci asta?". Pentru că ritualurile zilnice pe care le practici îți spală sufletul. Corpul se murdărește de la căldură, de la praf, de la mirosuri și grăsimi. Corpul are nevoie să fie curățat. Dacă nu ne-a învățat nimeni până acum că și sufletul nostru are nevoie de curățenie, nu înseamnă că sufletul nostru trebuie abandonat. Pe cărțile dintr-o bibliotecă în care nu se umblă se pune praful, chiar și pe cărțile cele mai importante din istoria planetei. Cărțile pot oferi valoare doar dacă sunt citite. Gândurile negative sunt pentru suflet așa cum este murdăria pentru corp. Tu ai nevoie să îți îngrijești sufletul pentru ca el să îți ofere viața pe care ai fost MENITĂ să o trăiești. Bucură-te că citești acum această carte scrisă pentru tine, cu scopul ca tu să-ți amintești că exiști și că ești cea mai importantă persoană din viața ta.

Când eram în liceu mă gândeam să devin psiholog. Pentru că mama mea avea alte vise pentru mine, nu am spus nimănui cu voce tare ce îmi doresc. Nu îndrăzneam să spun asta, pentru că în acele vremuri să fii psiholog era doar o meserie pe care o vedeam în filmele americane când niște oameni ascultau poveștile celorlalți. Cred că povestea mea este povestea multor altor persoane care, la fel ca mine, au renunțat la intuiție și s-au lăsat ghidați spre alte cariere profesionale. Deși am pornit pe un alt drum, m-am lovit mereu de ceea ce înseamnă psihologia și ce are ea de oferit. Am avut o convingere puternică limitativă despre faptul că nu pot ajuta pe alții, pentru că nu sunt psiholog. Mă gândeam că nu există oameni care să plătească pentru serviciile mele fără o diplomă de facultate în acest domeniu. Oamenii au venit la mine și au început să mă plătească fără să le cer eu bani.

M-am trezit că explicam cum funcționează instrumentul meu de lucru care îmbină psihologia cu alte tehnici și că mi se punea titlul de psiholog. Abia după un an de practică am realizat legătura strânsă între ceea ce fac eu și psihologie, pentru că într-adevăr lucrez cu mentalul. Cu siguranță nu e abordarea unui psiholog clasic, dar rezultatele sunt surprinzător de frumoase de fiecare dată.

Tehnica pe care o vom folosi noi două astăzi face parte din Tehnicile de Eliberare Emoțională, cunoscute sub denumirea EFT (Emotional Freedom Techniques) sau Tapotare (en: Tapping). Aceste tehnici aduc împreună puterea psihologiei și a acupuncturii. Deși acupunctura nu este larg răspândită în occident, ea și-a demonstrat puterile vindecătoare de-a lungul a mii de ani pe continentul asiatic și nu numai. Psihologia, deși este o ramură relativ nouă în medicină, are, de asemenea, rezultate incontestabile. Dacă în acupunctură se lucrează cu corpul, în psihologie se lucrează cu mentalul. EFT combină cele două tehnici, lucrând în același timp asupra corpului și mentalului. Pentru că, în psihologie, focusul practicianului este doar pe mentalul persoanei, stabilirea raportului și obținerea de rezultate este mai lentă decât în cazul EFT. Dacă ai o jucărie care nu funcționează, verifici bateriile și le înlocuiești dacă este nevoie. Constatarea faptului că nu funcționează nu îți oferă soluția problemei. După ce înlocuiești bateriile știi dacă ai rezolvat problema sau nu. Putem spune că reparația unei jucării poate fi comparată cu vindecarea unei emoții. Între corp, suflet și minte există o conexiune esențială pentru ca vindecarea să fie de durată și garantată. Un minus al acupuncturii este că sunt introduse ace în puncte energetice, dar nu există o comandă verbală, se lucrează pe corpul energetic, lăsând energiile să se echilibreze. Reluând exemplul jucăriei, am schimbat bateriile, dar nu am verificat dacă funcționează. Dacă bateriile au fost problema, cu siguranță am rezolvat-o, dar nu am verificat acest aspect.

Dacă tot am ajuns să vorbim despre energii, vreau să discutăm acum despre corpul uman. Deși în oglindă ne vedem corpul fizic, noi nu suntem un corp fizic. Corpul nostru este o comunitate de celule care lucrează împreună. Dacă ar fi să îți observi corpul fizic la un microscop puternic ce poate mări imaginea până la nivel subatomic, vei observa cum rămâne doar energie. Corpul tău este format din energie care vibrează pe o frecvență ce îți permite să îl vezi așa cum este el acum. Îmi place să compar corpul uman cu un oraș. Dacă un oraș nu este optimizat pentru numărul de mașini, la orele de vârf (câteodată chiar și în afara orelor de vârf) vei vedea foarte multe ambuteiaje. Ambuteiajele aduc cu ele oboseală și stres pentru șoferi, poluare, gălăgie, întârzieri, poate chiar și accidente care vor duce la alte blocaje în trafic. În momentul în care un oraș a fost reamenajat pentru a fi adaptat la numărul de locuitori și mașini se observă o armonie și o stare de bine pentru majoritatea locuitorilor. În corpul tău trebuie să te asiguri că ai această armonie. În momentul în care ai convingeri care te limitează în atingerea obiectivelor stabilite sau emoții negative, captive în urma unor întâmplări din copilărie, corpul tău este într-o situație mai rea decât un oraș cu traficul blocat. Acest lucru poate fi vizibil prin probleme mai mici sau mai mari de sănătate, stare apatică, oboseală sau depresie, lipsa armoniei în relațiile cu ceilalți, lipsa banilor, lipsa timpului, etc. Atunci când constați că ceva nu este așa cum îți dorești în viața ta ai făcut primul pas, cel de *conștientizare*. Când ai căutat și convingerea sau emoția ce îți provoacă disconfortul ai făcut al doilea pas, cel de *identificare a nevoii specifice*. În momentul în care *aplici o tehnică* ce îți va ameliora starea ești foarte aproape să descoperi transformările ce vor urma în viața ta.

Tehnicile EFT nu presupun să îți cumperi ace, nici alte accesorii. Așa cum ți-am spus mai devreme, este o tehnică pe care să o aplici acasă, eu personal o practic zilnic. Tehnica inițială presupune repetarea unei fraze identice în timp ce tapotezi sau atingi mai multe puncte de pe corp. Pe măsură ce avansezi cu tapotările, urmărești schimbările pe care le simți, continuând cu runde de tapotări până când starea ta ajunge la nivelul dorit.

Ce sunt tapotările? Sunt apăsări ușoare pe corp. Am spus

anterior să îți privești corpul din punct de vedere energetic. Imaginează-ți în interiorul corpului tău străzile unui oraș, iar câteva dintre ele sunt autostrăzi sau, mai bine zis, canale energetice. Pe suprafața corpului sunt puncte, denumite terminații energetice care, prin tapotare (apăsare sau lovire ușoară cu două degete pe punctele respective), vor permite deblocarea energiei corpului. În cazul în care există blocaje energetice, ele vor fi eliminate și vei simți imediat o stare de relaxare. Consider că este important să înțelegi partea teoretică a tehnicii, pentru că este atât de simplă încât primul impuls poate fi să o respingi.

Cum să poți vindeca ceva în cinci minute dacă ție îți aduce suferință de ani de zile? Eu am o altă întrebare pentru tine: ***dacă ți-a luat o secundă să îți imprimi o frică în corp, de ce ar trebui să îți ia mai mult de cinci minute să o scoți din corp?*** Nu trebuie să crezi în această tehnică pentru ca ea să dea rezultate, poți să fii sceptică în timp ce tapotezi. Observă cum te simți. În cel mai rău caz, dacă nu simți nimic poți continua să o folosești timp de o săptămână, înainte să afirmi că nu îți este de folos. Pe de altă parte, eu vreau să îți prezint beneficiile pe care nu le poți vedea cu ochiul liber, dar pe care le vei simți destul de repede. În momentul în care tu ai o listă întreagă cu lucruri de făcut și un stres imens pentru că fizic nu ai cum să le faci pe toate, îmi mărturisești și faptul că nu dormi noaptea, gândindu-te la tot ce ai de făcut pentru ziua următoare, tu te afli într-o stare permanentă de stres. Problema ta e că nu îți dai voie sau nu îți permiți să scapi de acest stres niciodată. Nici în somn nu ai scăpat, pentru că somnul tău nu e liniștit. Ceea ce trăiești tu este obositor, dar e și mai obositor pentru corpul tău. Îl separ de tine, pentru că, în momentul în care tu nu ai grijă de corpul tău, el devine un străin pe care îl ignori. În momentul în care începi să tapotezi corpul, te reconectezi. Rezultatul imediat al unei ședințe de tapotare îl reprezintă diminuarea nivelului de adrenalină și de cortizol din corpul tău. În timpul sesiunilor de EFT pot apărea simptome precum căscat, lăcrimat, sughiț, fiori, tuse, furnicături, somnolență, secreții nazale, etc. Atât prezența unui simptom, cât și absența vreunuia sunt normale. În cazul în care apar simptome în timpul sesiunii înseamnă că a început deja manifestarea fizică a eliminării blocajelor energetice din corp. După o sesiune de EFT vei putea simți nevoia să te odihnești, mai ales la început, iar ulterior vei simți un plus de energie. Ideea de bază este că orice se întâmplă diferit, altfel decât de obicei, e normal, iar dacă în aparență nu se întâmplă nimic, și acest lucru este normal. Și atunci de ce mai facem EFT? Pentru că schimbările sunt profunde, ele nu se rezumă la simptome. Oferi corpului tău o igienă energetică, o curățenie interioară ce îi va permite să fie în armonie.

În următoarele rânduri vreau să îți prezint punctele de tapotare, apoi procedura de lucru, iar la final îți propun să facem un exercițiu împreună pe care ulterior îl poți adapta și aplica în situații diverse.

Deși ți-am vorbit până acum despre acupunctură, întrucât tehnica EFT pornește de la aceasta, de fapt este vorba despre presopunctură, adică despre folosirea presiunii vârfurilor degetelor asupra unor părți specifice ale corpului. Cu vârful degetelor arătător și mijlociu se aplică mici loviri pe punctele pe care urmează să le descriu. Nu trebuie să îți faci griji pentru o precizie milimetrică, în momentul în care aplici aceste lovituri ușoare, întreaga zonă vibrează, astfel încât se transmite informația la nivel energetic. De asemenea, poți folosi oricare dintre mâini pentru a face tapotările și poți să schimbi mâna în timpul tapotărilor dacă simți nevoia. Nu trebuie să aplici tapotările pe ambele părți ale

PUNCTE DE TAPOTARE

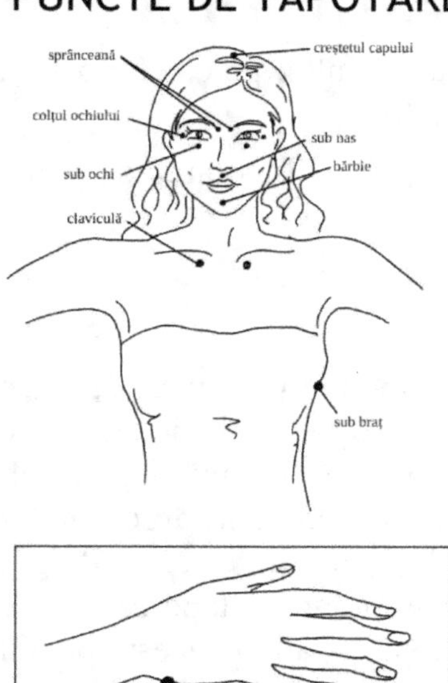

corpului, întrucât ele sunt interconectate, din nou, te asigur că informația se transmite în mod corect. Recomandarea este să faci între cinci și șapte tapotări la fiecare punct, dar să îți urmezi instinctul. Dacă este un punct unde te simți confortabil să tapotezi mai mult timp, continuă cu încredere. De asemenea, sunt fraze mai lungi unde vei face mai multe tapotări. Dă-ți voie să ai încredere în ceea ce simți că este bine pentru tine și urmărește răspunsul corpului tău.

Primul punct de tapotare este *punctul karate*, el se află pe cantul mâinii, la mijlocul palmei pe margine (vezi poza de mai sus). Pe acest punct se spune o frază de setare care se repetă de trei ori.

Următorul punct pe care vei continua tapotarea se află în creștetul capului. Aici începe runda de tapotare.

Următorul punct este la baza sprâncenei, de-o parte și de alta a nasului, unde începe sprânceana. Se poate tapota fie o parte, fie cealaltă parte, fie ambele puncte în același timp.

Continuăm cu colțul exterior al ochiului, pe os. Tapotarea se poate face pe o parte sau pe ambele părți.

Sub ochi, la mijlocul ochiului, pe os. Tapotarea se poate face pe o parte sau pe ambele părți.

Sub nas, deasupra buzei superioare.

Pe bărbie.

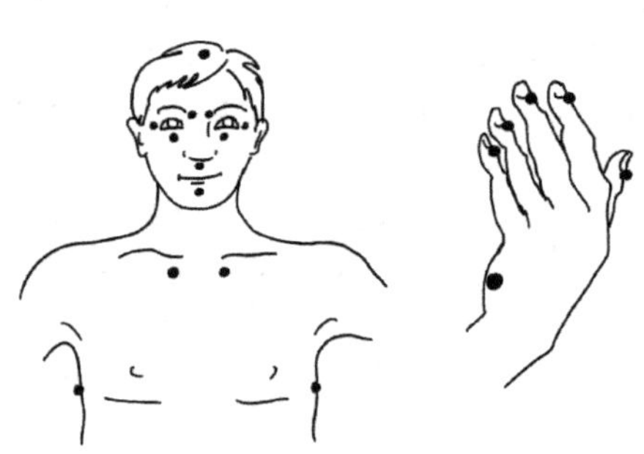

Punctul următor, deși se numește claviculă, se situează la două degete sub claviculă și la aproximativ 10 cm de stern. Pentru simplitate, tapotează cu toată palma acest punct, indiferent care parte o alegi pentru tapotare.

Sub braț, acest punct este la o palmă sub braț, în zona

baretei de la sutien, la femei.

Următorul punct de tapotare se află la două degete sub încheietura mâinii, unde sunt vizibile venele.

Apoi vei continua cu degetele: degetul mare, degetul arătător, degetul mijlociu, degetul inelar și degetul mic. Punctele de tapotare diferă în lectura de specialitate, dar s-a concluzionat, așa cum am spus și mai sus, că în momentul în care vibrează zona potrivită, informația este transmisă corect la nivel energetic. Poți să tapotezi pe unghie sau pe partea laterală a unghiei sau poți să aplici presiune de ambele părți ale unghiei.

O rundă se încheie revenind la punctul karate.

Dacă ai auzit sau ai practicat deja EFT este posibil să fi folosit și punctul de sub sân sau să fi folosit doar punctele de pe corp, fără încheietura mâinii și degete. Fiecare practician EFT folosește punctele cu care se obișnuiește după efectuarea cursurilor și astfel creează propria subtehnică de EFT. Eu agreez utilizarea acestor puncte, pentru că am văzut rapiditatea rezultatelor într-o varietate de problematici. Pentru a obține rezultate rapide, de durată și la un nivel mai profund recomand lucrul cu un terapeut EFT. De asemenea, doresc să îți atrag atenția că gestionarea emoțiilor care ies la suprafață poate fi dificilă, pot apărea situații inconfortabile, emoții pe care să nu reușești să le gestionezi de una singură. Un terapeut știe să te ghideze printre emoții, astfel încât să finalizeze pe o notă pozitivă experiența abordată. Pentru că îmi place să recomand munca celorlalți, doresc să te încurajez să lucrezi cu diferiți terapeuți. Fiecare terapeut aduce propria sa energie. Chiar dacă doi terapeuți ar citi un script identic, vei observa rezultate diferite. Dar terapeuții nu citesc un script. Poți citi un script pentru a continua igiena ta emoțională între două întâlniri de terapie sau pentru a avea un model să continui după ce nu mai simți nevoia de a te vedea cu terapeutul.

Primul pas în exercițiul EFT îl reprezintă identificarea "obiectului" de lucru. Am spus *obiect*, pentru că prin EFT poți să abordezi convingeri limitative, emoții negative, probleme de sănătate, probleme financiare, probleme de cuplu sau relaționale, obiceiuri "rele" sau adicții (această listă nu este exhaustivă). Identificarea obiectului înseamnă să știi în câteva cuvinte care va fi focusul pentru exercițiul EFT. De exemplu, dacă nu ești mulțumită de relația cu partenerul tău, caută o convingere care e posibil să îți saboteze fericirea în cuplu. De exemplu, a spune că: "O relație este monotonă după primul an", aceasta este o convingere limitativă.

Următorul pas pe care îl faci este să dai o notă acestei convingeri identificate, pe o scală de la 0 la 10, 0 însemnând că nu ești deloc de acord cu această afirmație (în acest caz vei alege o altă convingere cu o notă mai mare), iar 10 însemnând că ești de acord (și chiar îți vine să mă întrebi dacă există cineva care să creadă că ar putea fi diferit?!). Cum dai această notă? Îți asculți instinctul. Această Scală este folosită cu prescurtarea SUDS (Subjective Units of Distress Scale), Scala Unităților Subiective de Disconfort. Așa cum îi spune numele, nota ta este subiectivă și nu poate nimeni să conteste corectitudinea ei. Este intuiția ta care îți va spune ce intensitate are emoția sau convingerea ta.

În exercițiul pe care îl propun vei începe cu tapotarea punctului karate cu o frază de setare pe care o repeți de trei ori. Nu trebuie să te grăbești când vorbești și, de asemenea, dă-ți voie să schimbi fraza dacă nu rezonezi cu ceea ce am ales eu să îți spun. Te întrebi ce sens mai au aceste cuvinte rostite dacă nimic nu e bătut în cuie? Tehnica EFT te ajută în mod accelerat să depășești orice provocare ai în acest moment în viața ta. Când nu știi ce să spui, simpla tapotare a punctelor menționate mai sus te va ajuta să te liniștești, pentru ca apoi să iei decizii cu mai multă claritate. În situații conflictuale, înainte de a avea reacții impulsive, în măsura posibilităților, retrage-te într-un loc liniștit unde să faci câteva ture de tapotări. Vei vedea cum reacțiile impulsive vor fi înlocuite cu decizii înțelepte.

Când ai terminat fraza pentru punctul karate începi să faci runde. O rundă înseamnă tapotarea punctelor de pe corp, în ordinea descrisă mai sus. În funcție de tehnica folosită pentru tapotare, poți să repeți aceeași frază la fiecare punct sau să spui o poveste. De exemplu, după o experiență care ți-a provocat disconfort, poți povesti întâmplarea în timp ce tapotezi punctele EFT. Acest stil de tapotare se numește EFT poveste. Vei observa cum, pe măsură ce povestești, te cuprinde o stare de liniște, înțelegere și acceptare. Poți chiar să ai claritate și să vezi lucrurile cu o deschidere nouă, poți simți chiar și compasiune pentru persoanele implicate. Reia rundele de tapotare de câte ori simți că este necesar, până când intensitatea emoțiilor resimțite sau a convingerii limitative este redusă sub 3.

Pe modelul parcurs împreună poți să reiei fiecare convingere pe care ai notat-o în jurnal, iar apoi alte convingeri sau emoții.

Pentru claritate, voi porni de la exemplul de mai sus, convingerea limitativă "*După un an, o relație este monotonă*". Presupun că nota este mai mare sau egală cu 7, astfel încât ai tot interesul să vezi ce se schimbă în momentul în care vei simți că nota este mai mică de 3.

Pasul 1. Notează convingerea și nota identificată pe scala SUDS. Inspiră profund de trei ori.

Pasul 2. Tapotează punctul karate și spune în timp ce tapotezi:

Deși am această <u>convingere</u>, *că după un an o relație este monotonă*, mă deschid să mă accept așa cum sunt.

Deși am această <u>convingere</u> și cred cu tărie *că după un an o relație este monotonă*, învăț să mă iubesc și să mă accept cu această <u>convingere</u>.

Deși am <u>convingerea</u> *că după un an o relație este monotonă*, aleg să mă iubesc și să mă accept așa cum sunt.

Pasul 3. Rundă completă de tapotare

Creștetul capului: *După un an, o relație este monotonă*
Baza sprâncenei: Da, *după un an toate relațiile sunt monotone*
Colțul ochiului: *Am văzut atât de multe cupluri plictisite*
Sub ochi: *Cum să iubești pe cineva după un an*
Sub nas: *După un an, o relație este monotonă*
Bărbie: Am crezut asta toată viața
Claviculă: M-am simțit protejată având această <u>convingere</u>
Sub braț: M-am simțit în siguranță având această <u>convingere</u>
Încheietura mâinii: M-am protejat de ceilalți având această <u>convingere</u>
Degetul mare: M-am protejat *de iubire*
Degetul arătător: Aleg acum să mă eliberez de această <u>convingere</u>
Degetul mijlociu: Aleg acum să mă simt în siguranță eliberându-mă de această <u>convingere</u>
Degetul inelar: Aleg acum să mă simt în siguranță *într-o relație ce depășește un an*
Degetul mic: Aleg acum să mă bucur *de creativitatea în relație*
Punctul karate: Chiar dacă nimic nu se schimbă, eu decid cum mă simt.

Pasul 4. Inspiră profund. Identifică noua notă a convingerii, este posibil ca ea să fi scăzut. Inspiră profund.

Pasul 5. Rundă completă de tapotare

Creștetul capului: Cred că *după un an, o relație este monotonă*
Baza sprâncenei: Sau nu mai cred asta?
Colțul ochiului: Mai am nevoie de această <u>convingere</u>?
Sub ochi: De ce sau de cine mă protejează această <u>convingere</u>?
Sub nas: Aleg acum să folosesc alte resurse pentru a mă simți protejată
Bărbie: Aleg acum să mă iubesc profund și complet
Claviculă: Aleg acum să am încredere în mine

Sub braț: Aleg acum să am încredere în deciziile mele

Încheietura mâinii: Aleg acum să cred că *după un an o relație este mai armonioasă, mai vie și mai colorată*

Degetul mare: Da, *relațiile solide au în urmă ani întregi de amintiri frumoase*

Degetul arătător: Aleg acum *să am amintiri multe și diverse cu partenerul meu*

Degetul mijlociu: Aleg acum să mă bucur *de o relație perfectă cu iubitul meu*

Degetul inelar: Mă simt în siguranță având *o relație perfectă cu iubitul meu*

Degetul mic: Aleg acum să mă iubesc pe mine *într-o relație perfectă*

Punctul karate: Aleg să mă iubesc pe mine acum.

Pune mâinile pe inimă, inspiră și expiră profund de trei ori.

Care este nota pe care o dai acum convingerii inițiale? Dacă nota nu a scăzut sub 3, poți să urmărești ce emoții și amintiri ies la suprafață și să reiei acest exercițiu. Îmi place să compar EFT cu procesul de curățenie al unei case. Nu contează neapărat de unde începi, dacă știi ce faci, rezultatul va fi strălucitor. Nu contează nici cât timp îți ia și nici dacă nu reușești la prima încercare. **Gândul că îți vei admira casa strălucitoare te susține să continui până finalizezi**. Această încurajare ți-o las și ție acum.

Dacă simți că exemplul dat de mine nu este suficient de simplu pentru a fi adaptat altor convingeri și / sau emoții vreau să îți mai las un model.

Pasul 1. Notează convingerea sau emoția și nota identificată pe scala SUDS. Alege acum convingerea sau emoția opusă celei pe care vrei să o schimbi. De exemplu, dacă simți furie poți alege să o înlocuieşti cu pace, linişte, iubire sau acceptare; dacă simţi respingere poţi alege să o înlocuieşti cu iubire, compasiune. Nu există o singură emoţie potrivită, poţi să repeţi exerciţiul EFT şi să alegi emoţii pozitive diferite pentru aceeaşi emoţie negativă. Pentru convingeri, alege o convingere pozitivă cu care rezonezi. De exemplu, o clientă a spus că ea nu vrea o relaţie împlinită, pentru că acel cuvânt o duce cu gândul la gras, iar ea nu vrea să fie grasă.

Inspiră profund de trei ori.

Pasul 2. Tapotează punctul karate şi spune în timp ce tapotezi:

Deşi am această <u>convingere (sau emoţie)</u>, *spune convingerea*, mă deschid să mă accept aşa cum sunt.

Deşi am această <u>convingere (sau emoţie)</u> şi <u>cred cu tărie (simt)</u> că *spune convingerea*, învăţ să mă iubesc şi să mă accept cu această <u>convingere (sau emoţie)</u>.

Deşi am <u>convingerea (sau emoţia)</u> *spune convingerea*, aleg să mă iubesc şi să mă accept aşa cum sunt.

Pasul 3. Rundă completă de tapotare

Creştetul capului: <u>Cred / simt</u> *spune convingerea (emoţia)*
Baza sprâncenei: Da, <u>cred / simt</u> *spune convingerea (emoţia)*
Colţul ochiului: <u>Cred / simt</u> *spune convingerea (emoţia)*
Sub ochi: <u>Cred / simt</u> *spune convingerea (emoţia)*
Sub nas: <u>Cred / simt</u> *spune convingerea (emoţia)*
Bărbie: <u>Cred / simt</u> *spune convingerea (emoţia)*
Claviculă: <u>Cred / simt</u> *spune convingerea (emoţia)*
Sub braţ: <u>Cred / simt</u> *spune convingerea (emoţia)*
Încheietura mâinii: Aleg acum să mă eliberez de această <u>*convingere (emoţie)*</u>
Degetul mare: Aleg acum să mă eliberez de această *convingere (emoţie)*
Degetul arătător: Aleg acum să mă eliberez de această *convingere*

(emoție)
Degetul mijlociu: Aleg acum să mă eliberez de această *convingere (emoție)*
Degetul inelar: Aleg acum să mă eliberez de această *convingere (emoție)*
Degetul mic: Aleg acum să mă eliberez de această *convingere (emoție)*
Punctul karate: Aleg acum să mă eliberez de această *convingere (emoție)*.

Pasul 4. Rundă completă de tapotare

Creștetul capului: Sunt în siguranță dacă mă eliberez de această *convingere (emoție)*
Baza sprâncenei: Sunt în siguranță dacă mă eliberez de această *convingere (emoție)*
Colțul ochiului: Sunt în siguranță dacă mă eliberez de această *convingere (emoție)*
Sub ochi: Sunt în siguranță dacă mă eliberez de această *convingere (emoție)*
Sub nas: Sunt în siguranță dacă mă eliberez de această *convingere (emoție)*
Bărbie: Sunt în siguranță dacă mă eliberez de această *convingere (emoție)*
Claviculă: Sunt în siguranță dacă mă eliberez de această *convingere (emoție)*
Sub braț: Sunt în siguranță dacă mă eliberez de această *convingere (emoție)*
Încheietura mâinii: Aleg acum să simt *spune convingerea (emoția) pozitivă*
Degetul mare: Aleg acum să simt *spune convingerea (emoția) pozitivă*
Degetul arătător: Aleg acum să simt *spune convingerea (emoția) pozitivă*
Degetul mijlociu: Aleg acum să simt *spune convingerea (emoția) pozitivă*

Degetul inelar: Aleg acum să simt *spune convingerea (emoția) pozitivă*
Degetul mic: Aleg acum să simt *spune convingerea (emoția) pozitivă*
Punctul karate: Aleg acum să simt *spune convingerea (emoția) pozitivă*

Pune mâinile pe inimă, inspiră și expiră profund de trei ori.

Care este nota pe care o dai acum convingerii (emoției) inițiale? Dacă nota nu a scăzut sub 3 poți să urmărești ce emoții și amintiri ies la suprafață și să reiei acest exercițiu pornind de la acestea. Această tehnică este inspirată din tehnica EFT în 5 pași, tehnică creată de Florin Păsat, autorul cărții *"Wow! Noul ghid ca să trăiești acum o viață abundentă și împlinită"*.

Pentru că EFT este o tehnică ce și-a dovedit valoarea și prin tapotarea în timpul afirmațiilor pozitive, începând de astăzi te invit tapotezi o rundă completă în timp ce repeți afirmația zilei pe fiecare punct.

Îți doresc ca această tehnică să te ajute în procesul vindecării tale interioare și în schimbarea de convingeri. Când te simți pregătită te încurajez să apelezi la ajutorul unui terapeut specializat în EFT și subtehnicile sale pentru a descoperi potențialul complet al acestei resurse.

Exercițiile zilei 10:

□ De câte ori ai ocazia pe parcursul zilei repetă mantra Ho'oponopono: TE IUBESC. ÎMI PARE RĂU. IARTĂ-MĂ, TE ROG. MULȚUMESC.

□ Începând de azi ia fiecare convingere negativă identificată în ziua 5 și, urmând unul din exemplele EFT prezentate, tapotează până când intensitatea convingerii scade sub nota 3.

□ Scrie minimum 10 motive de recunoștință pentru partenerul tău și / sau 10 motive de recunoștință pentru persoane cu care ai interacționat astăzi sau în trecut.

□ Oferă-ți timp și contemplează cu bucurie faptele tale bune și ale celorlalți, conștientizând efectul în lanț generat de acțiunile tale.

Recitește intenția stabilită în prima zi pentru ca zilnic să îți amintești care e obiectivul pentru aceste 28 de zile; parcurge vizual listele de beneficii și dureri.

Provocarea zilei:

Setează-ți o intenție prin care dorești ca în urma acestor practici să observi schimbările din viața ta. De multe ori noi nu vedem schimbările până când nu suntem atenționate de cei din jurul nostru. Contemplă la starea ta înainte și după efectuarea exercițiilor EFT.

Recomandarea zilei:

Cartea *Emoții sub lupă*, de Nicoleta Nistor, expert EFT și Matrix Reimprinting te invită să descoperi istoria EFT, exemple de subtehnici EFT și multe mărturii despre succesele aplicării EFT pe termen lung.

Afirmația zilei (tapotează fiecare punct al unei runde complete de EFT):

Eu aleg felul în care mă simt

Ziua 11 - Scurtătura spre fericire

Dacă nu îți place ceva schimbă acel ceva, dacă nu poți schimba acel ceva atunci schimbă-ți atitudinea. Nu te plânge.

Maya Angelou

Astăzi este o nouă zi în care îmi doresc să fiu alături de tine pe terasă. Îmi doresc să știu ce schimbări a adus exercițiul pe care ți l-am propus ieri. Mie mi-a schimbat viața atât de mult, încât eu și acum continuu să mă opresc și să mă minunez de schimbările care au fost atât de fine în aparență, dar foarte profunde în ființa mea. Timp de foarte mulți ani dădeam vina pe copilăria mea pentru tot comportamentul aparent imposibil de controlat. Spuneam că fac ce am învățat și nu am niciun control asupra faptelor mele.

Deși știam foarte clar cum vreau să mă comport cu copiii mei, vedeam cum făceam diferențe între fetița și băiatul meu. Comportamentul fetiței nu era de iertat, iar comportamentul băiatului identic era acceptat. Când o prietenă mi-a atras atenția, spunându-mi că sunt rea cu fetița mea, mi-am dat seama că este doar clopoțelul de care aveam nevoie pentru a face o schimbare majoră. În primă fază mă abțineam și țineam totul sub control. Asta s-a transformat într-o oală sub presiune care continua să fiarbă pe un foc ce nu se stinge niciodată. Când am început să practic EFT am văzut cum furia mea se liniștea văzând cu ochii. Cu siguranță nu poți vedea fizic cu ochii cum dispare furia, dar cum să explici altfel ceea ce se întâmplă?

Prin tapotare înțelegeam frustrările mele, comportamentul meu și descopeream iubirea sinceră pentru fetița mea. Am ajuns până în punctul în care soțul meu îmi spunea că sunt indiferentă la pățaniile copiilor noștri. Bineînțeles că am simțit asta ca pe un compliment. Nu eram indiferentă, dar eram atât de calmă, încât ne era greu să înțelegem ce s-a schimbat. Înainte să te gândești că povestea despre copiii mei nu are ce căuta în călătoria ta vreau să îți confirm că își are rostul. Pe copii îi iubim necondiționat și totuși nu știm să ne comportăm cu ei așa cum ne-am dori.

Dacă pe copiii pe care i-am adus pe lume cu toată iubirea nu știm să-i iubim așa cum ne dorim, oare cât de sinceră și necondiționată este iubirea pentru fiecare persoană pe care o iubim? Gândește-te la creion și la simbolul pe care acesta îl reprezintă în relația pe care o dorești. Când comportamentul tău cu persoanele care îți sunt dragi nu este la înălțimea potențialului maxim, *ce fel de semințe plantezi*? Tu ce îți dorești de la iubitul tău? Prin EFT îți poți descărca bagajul emoțional și poți schimba convingerile cu privire la orice te împiedică să ai tot ce îți dorești în viață. Folosește-l cu încredere de acum înainte.

Acum începe o nouă etapă a călătoriei tale. Întrucât ai deja multiple unelte (recunoștința, ho'oponopono, EFT, listele de beneficii, creionul, etc) pe care poți să le folosești pentru a te simți din ce în ce mai bine, voi fi radicală. Mi-aș dori să îți spun că tema de azi este temă pentru o săptămână și chiar îți lansez provocarea să o adaptezi activității tale și să o bifezi pentru cât mai mult timp de acum înainte. Astăzi este mai mult despre *a nu face* decât despre a face, pentru că astăzi ai de redus din activități.

Ceea ce îți propun să faci este *să reduci zgomotul mental*. Poluarea este de foarte multe feluri. Chiar dacă înveți despre toxicitatea aerului, a alimentelor sau fonică, există o poluare la nivel energetic, o poluare ce te intoxică zi de zi cu doze mici de otravă. Este imperceptibilă pentru simțuri și abia când este prea târziu realizezi că ai fi putut face ceva diferit.

Când l-am descoperit pe Paulo Coelho am simțit că a scris fiecare carte pentru mine. În fiecare carte scrisă de el am găsit un mesaj profund pentru mine și pe măsură ce l-am citit, m-am bucurat să văd cum ridic nivelul de conștientizare.

În continuare îți voi împărtăși o poveste pe care eu am citit-o într-una din cărțile sale, *"Învingătorul este întotdeauna singur"*: *dacă arunci o broască într-o apă clocotită aceasta va simți imediat pericolul și se va salva. Va găsi forța și resursele să iasă din apă pentru a-și salva viața - instinctul de supraviețuire o obligă, pericolul fiind clar prin intensitatea bruscă. Dacă pui o broască într-o oală cu apă rece, iar apoi pui oala să fiarbă încet și progresiv ca intensitate, broasca va sta liniștită, nu va simți pericolul și se va adapta încet și sigur la temperatura din ce în ce mai mare. Când apa va deveni periculos de fierbinte, broasca va muri pentru că nu mai are energie pentru a sări din oală, toată vitalitatea fiindu-i consumată în procesul de adaptare la disconfortul crescător.* Încercând să se adapteze la pericol, și-a consumat deja forța și viteza de reacție.

Când răul este servit în doze mici învățăm să ne adaptăm, să-l justificăm și să-l analizăm în loc să ne îndepărtăm. Când nu se împotrivește la timp, omul devine treptat incapabil de a se mai împotrivi vreodată.

Acest pasaj m-a făcut foarte atentă la tot ce se întâmplă în lume. Am urmărit cum oamenii au fost forțați să ia decizii prin încălzirea lentă a apei, astfel încât deciziile au părut că vin de la ei. Știi oare cum se creează o astfel de influențare a deciziilor maselor de oameni? *Prin mass-media sub toate formele ei*: știri, publicitate, emisiuni, televiziune, ziare și mai nou, rețele sociale.

Ne întoarcem din nou la convingeri. Analizează convingerile tale. *Câte dintre ele sunt ale tale cu adevărat și câte sunt o acceptare a unor convingeri de grup?* De exemplu: în țările laice căsătoria religioasă este văzută de foarte mulți ca un pas inutil și ne-necesar pe drumul fericirii; în țările religioase, indiferent de religia majoritară a țării, căsătoria religioasă este cea care finalizează actul semnat la primărie. Acceptarea sau blamarea persoanelor cu alte orientări sexuale, divorțul, avortul și multe alte aspecte ale vieții noastre sunt imprimate în conștiința noastră prin felul în care informațiile ajung la noi.

Cum faci să-ți dai seama care este limita sănătoasă pentru tine? Faci ceva diferit decât până acum. Deși trebuie să faci ceva diferit, **extremele nu au fost, nu sunt și nu vor fi niciodată sănătoase**.

În procesul spre vindecarea rănilor mele am avut etape multiple în care mi-am șters diverse aplicații inutile de pe telefon pentru a evita automatismul de a pierde timpul cu ele. Să îți spun sincer la ce mi-a folosit? Doar am înlocuit acel timp cu alte lucruri inutile. În ziua de azi nu simt nevoia să mă izolez de rețelele de socializare, întrucât prin ele pot să țin legătura cu clienții mei și le folosesc pentru a promova mesaje pozitive.

Intuiești deja despre ce vreau să vorbesc astăzi și sper să te încânte ideea. Indiferent care este relația ta cu lumea virtuală, îți propun să îți evaluezi poziția actuală pentru a putea face următoarele schimbări. Pentru a fi sigură că voi cuprinde cât mai multe ramuri, doresc să le parcurgem pe rând. Chiar și așa, situația ta specifică poate să îți deschidă și alte posibilități de schimbare.

Pentru astăzi și, în cazul în care accepți provocarea, pentru următoarea săptămână, îți propun să te dezabonezi de la toate fluxurile de știri care nu îți sunt folositoare. Dacă peste două zile nu îți poți aminti ce ai citit azi, înseamnă că nu îți este de folos. Nu mă limitez la a spune să scoți din listă mesajele negative, pentru că le vei înlocui cu glume și știri lipsite de importanță. Oare dacă afli că o celebritate a avut o ceartă de cuplu ieri, vei lua tu alte decizii în legătură cu viața ta de azi? Cu siguranță nu, atunci nu te încărca cu știri care nu te ajută să fii tu un om mai bun decât ai fost ieri. După ce alegi tipul de mesaje pe care nu dorești să le urmărești, poți să te dezabonezi de la pagini, persoane și prieteni ce transmit același gen de informații, poți chiar să renunți la prietenii virtuali pe care nu îi cunoști în realitate. Golește spațiul tău virtual de informație care te încarcă.

Eliberează-te de ceea ce nu ai nevoie. Următorul pas, ia-ți angajamentul să nu folosești Facebook sau alte platforme de socializare astăzi, iar următoarele zile poți să alegi să le folosești doar într-un anumit interval orar, de exemplu doar în pauza de masă la muncă.

Următorul pas pentru astăzi este să verifici aplicațiile din telefon, să ștergi ceea ce nu folosești sau ce știi că nu mai ai nevoie. Eu recunosc că am fost dependentă de jocuri pe telefon. Această dependență a început în copilărie cu Tetris (a făcut parte și din copilăria ta?), urmată apoi de jocuri pe calculator, iar ulterior pe telefon. Credeam că este un timp de relaxare, de care am nevoie. Mă trimitea cu gândul în copilărie și parcă evadam în amintiri. Fiind o fire competitivă, nu era suficient să mă joc câteva minute. Trebuia să trec nivel după nivel la mai multe jocuri. Aveam ritual prin care trebuia să trec un anumit număr de niveluri în fiecare zi. Am avut și scuza perfectă - tânără mămică ce alăptează, eram oricum țintuită la pat cu copiii și astfel orele treceau pe nesimțite. Asta s-a întâmplat până în ziua când actualizarea telefonului îmi spune că pot să pun limită de timp pe diversele aplicații ale telefonului. Astfel, am descoperit că după ce am setat o limită de 3 ore, eu petreceam de fapt 6 ore pe zi, jucându-mă aceste jocuri ce nu se terminau niciodată. Nu mi-am interzis să mă joc, nu am șters jocurile ca să înlătur ispitele. Am început să ascult emoțiile, să schimb convingerile, să doresc să îmi petrec timpul diferit. Schimbând calitatea activităților mele, am descoperit că nu am mai simțit nevoia să mă joc, astfel încât, după câteva zile consecutive în care nu am avut timp să mă joc, cu bucurie am șters rând pe rând fiecare joc din telefon.

Sper din suflet ca următoarele decizii să fie la fel de ușoare pentru tine, cum au fost pentru mine. Următorul element toxic în lista mea este televizorul. Când auzeam statistici care concluzionau că media de timp petrecută la televizor, urmărind emisiuni sau filme, este de două ore pe zi, încercam să îmi dau seama cum se face acest calcul, întrucât doar un film (cu tot cu reclame) durează două ore. Clar mă uitam foarte mult, fie pe tabletă, fie la televizor. Urmăream mai multe emisiuni și seriale. Am început să simt, exact ca în cazul jocurilor de pe telefon, că multe din aceste emisiuni și filme nu îmi aduc nimic pozitiv. Chiar aveam o doză zilnică de scandal, agresiune, intrigă, nemulțumire, frustrare și multe alte comportamente ce mă duceau fie să îmi urăsc viața proprie, fie să judec și să critic ce urmăream pe ecran. În concluzie, pentru astăzi îți propun să renunți la televizor. Dacă ai ceva ce urmărești, poți să îți oferi un moment de excepție, dar acesta să nu fie pentru știri. Poți trăi fără să asculți zilnic știrile. Acestea sunt create pentru a te ajuta pe tine să te simți mai rău în viața ta. Gândește-te câte dintre știrile precedente ți le mai amintești și, mult mai important, câte dintre ele sunt pozitive sau te motivează să fii mai bună la ceea ce faci?

Chiar dacă nu detaliez, curățenia o poți face în e-mailuri. Eu șterg zilnic câte 30 de e-mailuri pe care nici măcar nu le deschid. Mă dezabonez, dar vin noi și noi mailuri la care nu m-am abonat, așa că reiau procesul de curățenie. Această curățenie îți va da o stare de bine, precum admirarea unei case curate. Limitarea timpului petrecut în mediul virtual se referă și la calculator, la jocuri de televizor sau calculator și la toate electronicele pe care le poți avea (și de care eu nu am cunoștință să le înșir).

Deja respiri mai ușurată, ai lăsat și telefonul deoparte și îți dai seama că te concentrezi mult mai bine dacă nu urmărești fiecare notificare primită în timp real.

Acum vine o decizie importantă. Cu siguranță ai auzit și tu de persoane denumite vampiri energetici, persoane care te încarcă cu energie negativă sau care simți că îți storc energia pozitivă. Nu îmi doresc să ne abatem de la subiect pentru a face controverse și dezbateri dacă aceste persoane există sau nu sau dacă denumirea aleasă este corectă. Ce vreau eu este să te gândești care sunt persoanele în preajma cărora simți că nivelul tău de energie scade.

Deși zilele trecute te-am îndemnat să ajuți oamenii care au nevoie și te încurajez să faci asta în continuare, astăzi îți vorbesc despre acele persoane care se hrănesc din energia celorlalți. Sunt persoane care se plâng tot timpul fiecărei persoane dispuse să le asculte, iar apoi nu fac nimic să schimbe ceea ce le deranjează. Acest lucru m-a lovit și surprins încă de la primele locuri de muncă.

Am fost întotdeauna o persoană dedicată și mi-a plăcut fiecare loc de muncă. De fiecare dată am întâlnit persoane nemulțumite, aveau o listă întreagă (pe care cred că o învățaseră pe de rost, întrucât nu uitau niciun punct de pe listă) cu nemulțumiri legate de angajator, colegi, condiții de muncă, etc. Se plângeau zilnic, dar nu schimbau nimic: nu căutau un alt loc de muncă, nu își schimbau comportamentul, nu căutau să se dezvolte pe plan profesional.

Eu eram întotdeauna mulțumită. Apreciam oportunitatea pe care o trăiam, eram recunoscătoare pentru angajator și vedeam și partea cealaltă a lucrurilor. Vedeam că era nevoie de clienți și de furnizori pentru ca eu să am parte de salariul de care mă bucuram, realizam că nu era tocmai ușor să se creeze acel venit pentru mine, iar fără implicarea mea ar fi fost și mai greu de obținut. Plină de recunoștință, când simțeam că nu mai era nimic de învățat de la un loc de muncă, îmi dădeam demisia și plecam mai departe. Multe dintre persoanele ce se plângeau mereu erau în același loc de muncă ani de zile mai târziu.

Ei bine, astfel de persoane există și în viața ta, poate se plâng de soț sau soție, de copii, de prieteni, de colegi, de locul de muncă. Te sună la orice oră din zi sau din noapte, se supără dacă nu ești disponibilă să îți pui umărul la dispoziția lor. La final, îți mulțumesc (sau nu) pentru că le-ai fost alături și rămâne să vă auziți la următoarea pățanie nefericită.

Te sună vreodată pentru a-ți da vești bune?

Se bucură pentru veștile tale bune?

Te ascultă când tu ai ceva de povestit?

Astăzi este ziua în care spui stop. Energia din viața ta are nevoie de schimbare. Astăzi ai decis să te iubești pe tine, să fii optimistă, entuziastă și să aduci tot mai multă energie pozitivă în viața ta.

Ceea ce faci astăzi nu este o decizie pentru o zi. Este începutul unui nou stil de viață. Ai ridicat nivelul de conștiență în deciziile pe care le iei și conștientizezi implicațiile acestora pe termen lung.

Îmi place să numesc ziua de astăzi *Detox Emoțional.*

Pune tot ce ai învățat până acum la lucru și selectează atent ceea ce dorești să rămână în viața ta. Transformă creionul în prietenul tău cel mai bun. Știind că totul există în momentul în care tu plantezi semințe ce vor crea acest tot, alege care sunt energiile pe care le hrănești începând de astăzi.

Dacă vrei să te uiți la un film alege o comedie inteligentă, un film de aventură, o emisiune în care sunt prezentate animale în natură sau reușitele unei persoane de succes. Limitează timpul de telefon, tabletă, calculator, televizor și cu oameni cu care știi că nu mai ai lucruri în comun.

După ce ai spus *Stop!* la ceea ce vine din exterior, este momentul să spui *Stop!* la ceea ce vine din interior. Gândurile tale nu se pot opri, nu îți voi da un astfel de sfat.

Ceea ce trebuie să știi acum este că, ***dacă nu alegi conștient la ce să te gândești, tiparul gândurilor tale uzuale își continuă liniștit gândirea negativă sau pesimistă.*** Dacă faci parte din categoria "drobului de sare", scenariile tale pesimiste riscă să devină reale.

În momentul în care te concentrezi pe visurile tale cele mai îndrăznețe, cu dorință de realizare, încredere că se poate, mintea ta va gândi doar pozitiv, pentru că ea nu poate gândi în același timp pozitiv și negativ. Dă-i minții tale de lucru cu planuri mărețe, cu posibilități.

Nu te îngrijora dacă ceea ce îți dorești pare imposibil, atât timp cât este posibil în imaginația ta, dă-i voie să existe acolo. În mintea ta fii fără frică, bucură-te și alege să gândești cât mai multe lucruri pozitive.

De tine depinde cât de radicale vor fi schimbările în viața ta. Tu decizi să gândești pozitiv. Te concentrezi pe pozitiv. Dai pozitiv, cultivi pozitiv, primești pozitiv. Cu cât ești mai radicală în această decizie, cu atât mai puternice vor fi schimbările resimțite.

Exercițiile zilei 11:

☐ De câte ori ai ocazia pe parcursul zilei repetă mantra Ho'oponopono: TE IUBESC. ÎMI PARE RĂU. IARTĂ-MĂ, TE ROG. MULȚUMESC.

☐ Elimină toate sursele de energie negative din viața ta.

☐ Gândește pozitiv, încarcă-te cu surse pozitive de energie.

☐ Scrie minimum 10 motive de recunoștință pentru partenerul tău și / sau 10 motive de recunoștință pentru persoane cu care ai interacționat astăzi sau în trecu.

☐ Alege o convingere negativă identificată în ziua 5 și, urmând unul din exemplele EFT prezentate, tapotează până când intensitatea convingerii scade sub nota 3.

☐ Oferă-ți timp și contemplează cu bucurie faptele tale bune și ale celorlalți, conștientizând efectul în lanț generat de acțiunile tale.

Recitește intenția stabilită în prima zi pentru ca zilnic să îți amintești care e obiectivul pentru aceste 28 de zile; parcurge vizual listele de beneficii și dureri.

Provocarea zilei:

Notează în jurnal ce schimbări conștiente ai decis să faci astăzi.

Recomandarea zilei:

Cartea *The Alchemist - Alchimistul*, de Paulo Coelho, este călătoria unui cioban în urma unui vis. Felul în care viața lui se schimbă ca urmare a faptului că și-a ascultat visul te va convinge și pe tine despre puterea creatoare a fiecărei persoane.

Afirmația zilei (tapotează fiecare punct al unei runde complete de EFT):

Gândurile mele creează energie pozitivă în tot ceea ce fac

Ziua 12 - Scrie scenariul vieții tale

Viața nu trebuie arătată așa cum este, ci așa cum o vezi în vis.
Anton Pavlovici Cehov

Cred că ai început să crezi în posibilitatea unei vieți diferite față de cea trăită până acum. Am fost împreună pas cu pas în această călătorie, ajutându-te să schimbi fiecare piesă de rezistență la transformarea pe care o dorești în viața ta. Te surprinde cuvântul *rezistență*? Repetându-l în mintea ta, acum că l-am evidențiat, îți dai seama că, într-adevăr, parcă inamicul numărul unu în calea fericirii tale ai fost tu. Te întrebi de ce? Aduc din nou în discuție convingerile și ce ai învățat în copilărie. Să știi că în ciuda unei vieți foarte aglomerate, și eu mă relaxez. Uite cum ieri, uitându-mă la o comedie împreună cu soțul meu, am avut o revelație frumoasă în directă legătură cu ceea ce doresc să îți dovedesc ție.

Filmul este despre o domnișoară frumoasă care are ghinion la bărbați. Fiecare iubit o părăsește, iar apoi o invită la nunta lui. Bineînțeles că în film îl întâlnește și pe tipul perfect care se îndrăgostește de ea. Deși încerca să fie perfectă pentru bărbați, să îi accepte așa cum sunt, să le fie alături necondiționat, aceștia nu o respectau și nu vedeau frumusețea sufletului ei. La finalul filmului este prezentată o scenă ce s-a petrecut cu 25 de ani înainte. Tatăl ei se desparte de mama sa și o roagă pe fetiță să îi promită că ea îi va respecta pe bărbați, îi va iubi exact așa cum sunt, le va fi alături necondiționat și nu îi va umili. Acest mesaj plin de iubire din partea tatălui ei, o fire moale și supusă în fața tiraniei soției sale, a condiționat-o pe fata cea mică să intre în fiecare relație oferind totul, fără să primească nimic în schimb. Acesta este un film ce a surprins momentul în care condiționarea s-a instalat în sufletul fetiței. Dacă tu nu știi când a fost momentul exact în care au apărut convingerile tale care te-au forțat să iei decizii pe care acum le regreți nu trebuie să te întristezi. Momentul în care ai conștientizat că ai nevoie să schimbi ceva în viața ta e perfect, oricând este el. Iar acum, pas cu pas, mergi pe un drum nou, un drum spre adevărata fericire.

Am explicat deja că realitatea vine de la tine, iar astăzi e momentul să aprofundăm acest aspect dintr-o altă perspectivă. Știu că a accepta explicația creionului este ușor, dar pentru a pune în practică acest exercițiu este nevoie de ceva în plus. Am fost învățați la școală cu partea de teorie unde realitatea este încadrată în condiții ireale. De exemplu, la fizică, exercițiile se fac într-un mediu perfect, în care condițiile normale sunt ignorate; nu există vânt sau vântul are o viteză fixă doar dintr-o anumită direcție, nu există nimic în afara corpurilor studiate, etc. La matematică desenezi cu creta pe tablă un punct imens, în timp ce profesoara îți spune să îți imaginezi că este un punct mic, imperceptibil vizual. Aceste exerciții îndeamnă la o gândire prin care elevul știe că în practică lucrurile vor fi întotdeauna diferite față de teorie. Eu nu spun că în practică este mai ușor, după cum vezi, crearea vieții pe care o dorești necesită efort din partea ta. Dar, ceea ce știu sigur este că, prin implicarea ta completă, va veni ziua în care vei spune că tot ce ai făcut a fost de fapt ca o joacă de copil și a luat chiar mai puțin timp decât te așteptai.

Ce ai tu de făcut astăzi? Pur și simplu să îți scrii viața, așa cum îți dorești să fie. Ți-am povestit zilele trecute despre felul în care eu m-am gândit că am cumpărat o cartelă de abonament pentru a o folosi din nou în momentul în care mă voi muta în Franța. Gândul meu puternic și convingerea mea au făcut ca dorința mea să se materializeze în viața mea. *Imaginează-ți astăzi că viața ta este deja așa cum îți dorești*. Indiferent cum se derulează ziua ta, începe să scrii un jurnal în care lucrurile se desfășoară așa cum îți dorești tu să se desfășoare. Scrie un jurnal despre cum ar fi arătat ziua ta, dacă toate evenimentele ar fi fost încununate de succes. Bucură-te pentru fiecare rând scris, trăiește din nou și din nou bucuria a ceea ce îți dorești să se întâmple în viața ta. Nu te vede nimeni când scrii acest jurnal, nu citește nimeni jurnalul tău, iar dacă l-ar citi ar putea doar să se bucure pentru zilele tale atât de reușite și să își dorească să afle care este secretul tău pentru succes. Cu siguranță este ușor să așterni pe hârtie toate frustrările, toate regretele, toate nemulțumirile. Recunosc că am făcut asta de nenumărate ori. Scriam scrisori de revoltă, de nemulțumire. Chiar dacă pe moment m-am descărcat, până nu am introdus optimismul în scrierile mele, nu am avut parte de schimbări pozitive pe termen lung. Ca idee, dacă ești încărcată de gânduri negative, frustrări sau lucruri pe care nu poți să le spui cu voce tare, așterne-ți gândurile pe hârtie, scoate tot ce este în sufletul tău, descarcă-te de tot ceea ce ai vrut să spui, dar a rămas în sufletul tău, pentru că nu ți-ai făcut curaj să pui în lumină durerea ta. După ce termini de scris tot ce îți vine în minte, continuă să scrii și despre realitatea pe care dorești să o trăiești. Fii blândă cu tine, ceea ce ai de spus nu e nici rău, nici bine. *Atâta timp cât mocnește în sufletul tău, te rănește.* Tot ce ai de făcut este să dai voie să scoți din corpul tău suferința tăcută. Pe măsură ce îți așterni gândurile pe hârtie, vei descoperi că te simți mai ușoară, mai goală. În momentul în care continui pe o notă pozitivă, scriind scenariul vieții pe care o dorești, vei descoperi că acel gol se umple de o stare de bine, o stare pe care îți dorești să o simți mereu.

După ce ai așternut trecutul pe hârtie dă-i voie să rămână în trecut! Ai scos trecutul din tine și te-ai eliberat de povara regretelor.

Când începi să scrii viitorul pe hârtie, asigură-te că scrii ceea ce îți dorești cu adevărat să ai în viața ta! Nu scrie cu regrete, nu ai de ce să te superi pentru că până acum nu ai luat decizii conștiente. Momentul în care ai luat această carte în mâini și te-ai angajat să faci exercițiile pe care eu le propun a fost momentul perfect pentru ca viața ta să se transforme. Este momentul *perfect* pentru ca tu să-i permiți sufletului tău să se inunde în lumină, iar apoi să aduci lumină tuturor celor pe care îi iubești.

Există un inamic în ceea ce îți propun să faci astăzi, el se numește **perfecțiunea**. Există riscul ca, la sfârșitul zilei, să te lași doborâtă de lacrimi de nefericire pentru că ceea ce tu îți dorești reprezintă doar o minciună scrisă pe hârtie. Dimpotrivă, draga mea, *perfecțiunea* este în fiecare clipă a vieții tale. Eu consider că am fost mințite, am înțeles greșit ce este perfecțiunea. Și îmi doresc să împărtășesc cu tine ce este *perfecțiunea* în viziunea mea. **Perfecțiunea este fiecare clipă de existență**. Poftim?? Da, nu există nimic care să nu fie perfect. Cu siguranță ție nu îți place tot ceea ce ai făcut în viața ta, pentru că, uitându-te în urmă, acum ai o altă perspectivă. Dar, **în fiecare secundă a vieții tale tu ai luat decizia perfectă conform informațiilor din acel moment!**

Câte lacrimi s-au scurs pentru regrete legate de multe decizii din trecut? Câte dintre aceste lacrimi au adus o rază de soare, un viitor strălucitor? Din propria mea experiență, fiecare strălucire ai creat-o când te-ai oprit din plâns și ai luat decizii de schimbare, decizii în care ai fost sigură pe tine și ai avut claritate cu privire la ceea ce îți dorești. Simt deja cum fizionomia ta se schimbă, apare un zâmbet pe buze și o sclipire în ochii tăi. Ești pregătită să scrii un jurnal, pe cât de absurd, pe atât de minunat. Da, chiar vrei să scrii un jurnal al acestei vieți pe care îți dorești să o trăiești. Pe lângă faptul că nu ai nimic de pierdut, în cel mai rău caz vei petrece câteva minute de fericire deplină în fiecare zi.

În cazul în care relația cu iubitul tău nu este așa cum o dorești, poți să te concentrezi strict pe ea. Descrie cu bucurie o relație în care te simți cu adevărat împlinită. Poți să te gândești că scrii o scrisoare pe care o vei trimite unei persoane dragi sau chiar ție în viitor sau în trecut. Acum știi cum să oprești reacțiile pe care le aveai și să te bucuri de relația ta. A scrie acest jurnal nu înseamnă să te ștergi din viața ta, să dispari din viața celorlalți, să nu ai replică. Dimpotrivă, înseamnă să fii atentă la ceea ce spui, să fii blândă în relațiile cu ceilalți, să conștientizezi semințele pe care le plantezi, iar seara să te bucuri pentru toate conştientizările tale. Cu siguranţă îţi doreşti să inspiri şi alte persoane. Ceea ce ai citit până acum s-a sedimentat, iar acum rezultatele sunt palpabile. Observi schimbări, înţelegi că procesul se desfăşoară în timp, iar singura şansă ca să ajungi la rezultatele dorite este să continui cu aceeaşi perseverenţă. Ştiind că eu te motivez din partea cealaltă a barierei de reuşită, îţi doreşti să fii şi tu alături de mine, pregătită să inspiri şi tu pe ceilalţi.

Dacă iubitul tău nu este încă în viaţa ta, imaginează-ţi zi de zi că îl întâlneşti, poţi să descrii din nou şi din nou, zi de zi, prima voastră întâlnire. Schimbă detaliile întâlnirii voastre în fiecare zi până când simţi că ai descoperit exact cum va fi prima voastră întâlnire. Dacă pentru tine este dificil să îţi imaginezi aşa ceva şi nu doreşti să intri în această joacă, înainte de a respinge ideea complet dă-ţi voie să faci ceea ce te face să te simţi confortabil. Aminteşte-ţi că nu există perfecţiunea altcuiva, tot ce ai de făcut *este să faci ceea ce te face să te simţi bine*. Gândeşte-te cu bucurie la ceea ce simţi când eşti îndrăgostită şi descrie starea ta. Cu siguranţă această iubire există deja în tine şi îţi va fi din ce în ce mai uşor să trăieşti o stare de bucurie conştientă.

Ţi-am spus că eu l-am cunoscut pe soţul meu într-o perioadă în care nu eram în căutarea unui iubit. Atenţia mea era îndreptată spre carieră, iar descrierea vieţii mele se referea strict la acest aspect. Cu toate acestea, în urmă cu câţiva ani l-am descris pe bărbatul pe care îl doream în viaţa mea. Nu mă mai gândisem la el, dar sămânţa bine plantată rodeşte atunci când îi vine vremea.

În cel mai rău caz, îl vei cunoaşte în câţiva ani, în cel mai bun caz, zilele următoare. Cât timp eşti dispusă să amâni momentul primei voastre întâlniri?

În urmă cu câţiva ani, una din prietenele mele a notat în jurnal descrierea iubitului ei. Întrucât avusese o relaţie cu un bărbat foarte rece, care nu îşi arăta afecţiunea, pentru ea aceasta a devenit un aspect important. Ştia că îşi doreşte alături de ea un bărbat care să o ţină de mână în public, să o sărute şi să o îmbrățișeze din proprie inițiativă. Când l-a cunoscut pe soțul ei, nu îi venea să creadă cât de multă iubire primește, că tot ce a scris a devenit realitate.

Există un aspect important în momentul în care îți scrii jurnalul. Chiar dacă tu îți dorești o persoană anume în viața ta, dar știi că există anumite piedici, nu limita Universul în alegerea partenerului perfect pentru tine. Sunt unele alegeri pe care le facem, deși nu reprezintă cel mai bun lucru pentru noi.

În urmă cu câțiva ani aplicam cu strictețe tot ceea ce învățam, mă bucuram de realizările mele și încercam să-mi inspir prietenele. Una dintre ele avea o aventură cu un bărbat însurat. Când i-am explicat această tehnică, ea îmi spunea că acesta este bărbatul cu care dorește să își petreacă viața. Mi-am dat seama atunci că greșește în aplicarea tehnicii, întrucât încălca regulile Universului:

1 - ***liberul arbitru*** - *eu îi spuneam să descrie bărbatul pe care îl dorește cu toate detaliile, atât fizic, cât și emoțional* - ea îl descria doar pe acest bărbat, nu se gândea la ce își dorește de la un bărbat;
2 - ***fidelitatea în cuplu*** - când profilul pe care îl creezi este cel al unui bărbat însurat cu o altă femeie, soția lui este implicată în povestea ta; dacă el are aventuri extraconjugale, tiparul pe care îl are acum va continua și în relația cu tine;
3 - ***puritatea emoției*** - dorindu-și ca acest bărbat să își părăsească soția, ea rănea o altă femeie - când emoțiile sunt curate nu dorești să fie rănită o altă femeie, indiferent cum e descrisă de bărbatul pe care îl iubești.

Dă-ți voie ca bărbatul perfect pentru tine să vină în viața ta!

Nu te limita prin prisma experienței tale din trecut!

Dă-ți voie să primești acum cea mai frumoasă poveste de dragoste!

Doar pentru că trăiești, tu meriți să ai parte de ea!

Lasă-te surprinsă de cea mai frumoasă versiune a vieții tale!

Exercițiile zilei 12:

□ De câte ori ai ocazia pe parcursul zilei repetă mantra Ho'oponopono: TE IUBESC. ÎMI PARE RĂU. IARTĂ-MĂ, TE ROG. MULȚUMESC.

□ Rescrie ziua de azi astfel încât prin folosirea a cât mai multe emoții pozitive să oferi cât mai multe detalii despre cât de minunată a fost ziua de azi.

□ Scrie minimum 10 motive de recunoștință pentru partenerul tău și / sau 10 motive de recunoștință pentru persoane cu care ai interacționat astăzi sau în trecut.

□ Alege o convingere negativă identificată în ziua 5 și, urmând unul din exemplele EFT prezentate, tapotează până când intensitatea convingerii scade sub nota 3.

□ Oferă-ți timp și contemplă cu bucurie faptele tale bune și ale celorlalți, conștientizând efectul în lanț generat de acțiunile tale.

Recitește intenția stabilită în prima zi pentru ca zilnic să îți amintești care e obiectivul pentru aceste 28 de zile; parcurge vizual listele de beneficii și dureri.

Provocarea zilei:

După ce ai scris jurnalul zilei de azi, așa cum ți-ai fi dorit să se desfășoare întreaga zi, contemplă pentru câteva minute la starea de bine pe care o ai la sfârșitul unei zile în care toate s-au finalizat în cel mai armonios mod posibil.

Recomandarea zilei:

Filmul *Groundhog Day - Ziua cârtiței (1993)* propune o poveste minunată de dragoste, un fel de a rescrie ziua de azi, din nou și din nou până când ziua de azi este cea mai bună versiune a ceea ce îți dorești.

Afirmația zilei (tapotează fiecare punct al unei runde complete de EFT):

Astăzi sunt cea mai bună versiune a mea

Ziua 13 - De vorbă cu fetele

Cu mine se petrece ceva. O viață de om.

Marin Sorescu

Pentru că ieri te-am provocat *să rescrii o zi perfectă*, astăzi te invit *să creezi o zi perfectă*. De cel puțin douăsprezece zile ne întâlnim pe terasa noastră virtuală la povești, dar eu nu știu aproape nimic despre tine. De aceea, îți cer să nu te superi dacă îmi place să descriu tot felul de situații, iar unele dintre ele nu ți se potrivesc. Nu știu cum este viața ta socială, dar eu, când am creat pentru prima dată această călătorie în pași de parcurs în fiecare zi, am gândit-o pentru tinere mămici. Tinere nu se referă la vârsta mamelor, ci la vârsta copiilor.

Un copil de cinci ani a fost întrebat: "Câți ani are tatăl tău?". Copilul a răspuns că tatăl lui are cinci ani. Adultul i-a spus că nu poate fi adevărat, tatăl copilului este mult mai mare. Copilul a răspuns cu fermitate: "tatăl meu are cinci ani, înainte să mă nasc eu el nu era tată."

Adevărul este spus de copii. Am simțit și eu asta. Indiferent de câți copii avem, cu fiecare copil noi ne naștem din nou, atât mama, cât și tatăl. Atâta timp cât nu ne învață nimeni rețeta perfectă de "părinție", noi suntem doar începători și facem tot ce știm mai bine pentru copiii noștri. În fiecare zi suntem cea mai bună versiune a noastră!

Dacă ai copii este posibil ca viața ta să fi fost dată peste cap. Între nopți nedormite, solicitări din partea copiilor, așteptări neîmplinite din partea soțului, părinți grijulii sau complet absenți, casă, poate și muncă, tu unde ai rămas? *Ai uitat că exiști și tu în viața ta!*

Am văzut cupluri în care, chiar şi fără existenţa copiilor, relaţia a fost dezechilibrată printr-o focusare greşită a nevoilor personale şi de cuplu.

Stai liniştită, nu sunt eu mai bună decât alţii! Ce am făcut eu diferit a fost că, în ciuda comportamentului meu pe care îl judecam aspru, studiam greşelile mele şi ale celorlalţi şi mă întrebam ce diferenţe pot face transformări majore în relaţiile de cuplu. Trebuie să recunosc că am citit multe cărţi despre relaţii, dar îţi mărturisesc şi că nu am găsit răspunsul pe care îl căutam în ele, până de curând.

Te-ai obişnuit să revin la creion de câte ori vreau să subliniez ceva. Mi s-a părut foarte important să înţelegi că viaţa pe care o ai depinde doar de tine, să ştii de acum înainte ce ai de făcut pentru ca relaţia ta de cuplu să nu fie "un poate" ci "cu siguranţă" ceea ce îţi doreşti. Am vorbit deja despre a da mai departe, despre a ajuta şi pe alţii să creeze vieţi conştiente.

Întrucât ne apropiem de mijlocul călătoriei noastre împreună, a venit momentul să te bucuri de ceea ce faci, să sărbătoreşti schimbările prin care treci, să auzi din exterior cine ai devenit, să te vezi prin ochii celorlalţi. Poate nu îţi dai seama că ai început să te schimbi, că ai început să zâmbeşti fără motiv, că eşti mai relaxată decât înainte. Ai nevoie să ţi se atragă atenţia, să fii întrebată ce ai făcut diferit, să dai mai departe cu adevărat!

Eu am fost o fire sociabilă de când mă ştiu. Copil fiind îmi plăcea să vorbesc cu oameni indiferent de vârstă sau de activitate. Mama mea mi-a povestit, în urmă cu câţiva ani, cum încă de mică mă admira pentru că ştiam să vorbesc cu adulţii, dar mă adaptam şi în conversaţiile cu copiii.

Am trecut prin perioade în care simţeam nevoia să fug de mine, iar reconfortarea o găseam tot în socializare. Cu toate că nu eram prezentă eu pentru mine, socializarea m-a salvat de la stări de tristeţe profundă. Când o femeie naşte, trece prin schimbări hormonale pe care nici măcar celelalte femei nu le înţeleg. Fiecare femeie este unică, dacă eu nu am simţit ceea ce simţi tu este posibil să nu înțeleg trăirile tale. O mamă știe instinctiv ce are de făcut pentru copilul ei și are așteptări foarte mari de la partenerul ei. Nici nu știu dacă are sens să spun dezamăgirea trăită de tânăra mamă în momentul în care descoperă că tânărul tată are nevoie de instrucțiuni clare de lucru și de foarte multă răbdare din partea femeii.

Ce vis frumos să crezi că un copil întărește relația de cuplu! Un copil pune la încercare o relație din temelii! Când o relație este solidă, ea va trece peste greutățile acestui nou început de viață.

Recunosc, sunt o mamă fericită, dar, când vorbesc despre începutul vieții în trei, respectiv în patru, îmi amintesc că au fost adevărate provocări pentru mine și familia mea. Nici nu știu dacă este mai bine să ai mame și soacre în ajutor sau să fiți de unii singuri cu toate greutățile pe umeri.

Nu știu dacă iubirea este suficientă pentru ca totul să se transforme într-o poveste plină de armonie. Cred că este nevoie de o doză mare de compasiune, un munte de răbdare, respect și iubire.

Pe această notă de emoții pozitive revenim la exercițiile zilei de astăzi: de unde îți iei oxigenul care să te ajute să respiri în toate provocările din viața ta? Pentru mine, răspunsul a fost în întâlnirile cu prietenele mele. Nu am făcut ceva conștient la momentul respectiv, dar la fiecare întâlnire cu prietenele mele simțeam cum înfloresc, cum sunt înțeleasă și pot merge cu forțe proaspete pentru o întreagă săptămână. Am observat, de asemenea, că am avut prietene fără copii cu care am continuat să mă întâlnesc, chiar dacă se spune că te înconjori doar de familii cu copii. Cu mâna pe inimă îți spun că nu copiii dictează relațiile de calitate pe care le ai în viața ta. Gândește-te din nou la creion, persoanele fără copii plantează semințele pentru relații armonioase petrecând timp cu familii cu copii, oferind afecțiune copiilor și timp de calitate părinților; părinții de copii mici plantează semințe prin faptul că "forțează" pe ceilalți să ofere din timpul lor, astfel încât, oricare ar fi situația ta acum, a petrece timp cu ceilalți va planta semințe ce vor înflori într-o viață frumoasă atât pentru tine, cât și pentru celelalte persoane implicate.

Continui pe ideea că ai început curățenia în viața ta socială și știi care sunt prietenele cu care să te însoțești. De ce spun asta? Pentru că vreau să petreci timp cu ele! Nu cred că pot descrie suficient de bine ce trăiri frumoase ai după câteva ore petrecute cu cele mai bune prietene ale tale. Pe de altă parte, oricât de bine aș descrie eu experiențele mele, tu ai nevoie să trăiești propria ta experiență. Eu îmi amintesc cu drag de o întâlnire cu două prietene, două dintre noi cu câte doi copii, cea de-a treia fără copii. Cele cu copii ne-am plâns pe rând de frustrările legate de soții noștri, cea de-a treia asculta timid și a concluzionat că nu e plăcut să fii căsătorită. Surprinzător, după ce ne-am eliberat de respectivele frustrări am mărturisit amândouă că avem soți minunați și suntem recunoscătoare pentru tot ce fac pentru familiile noastre, zi de zi. Îți dai seama că ziua respectivă a fost plină de mesaje pozitive pentru mine, întrucât o port în sufletul meu și astăzi.

Cred că oamenii sunt doar îngeri prin care primim cele mai frumoase daruri pe pământ. Nu te întreba dacă este sau nu adevărat, dar, prin această credință a mea, am ales să privesc fiecare întâmplare ca fiind magică, având un mesaj pozitiv. Privind lucrurile astfel, mă simt înconjurată de îngeri. Câteodată și deciziile ce par rele la un moment dat se transformă în cele mai înțelepte decizii, când ajungem la maturitatea gândului și a experienței, pentru a înțelege pe deplin ce s-a întâmplat. O astfel de prietenie profundă, născută încă de la prima întâlnire, s-a dovedit a țese una dintre cele mai însemnate relații din viața mea. În ziua în care am cunoscut-o pe prietena mea, ne-a anunțat pe mine și pe prietenul meu (actualul meu soț) că vine la nunta noastră. Deși nunta a avut loc în România, a venit la nuntă din Franța, pentru a ne fi alături în acest moment important al vieții. Câțiva ani mai târziu, a născut o fetiță minunată. Noi încă nu aveam copii. Fetița ei s-a născut în ziua în care mama mea a murit.

Pentru că prietenia noastră era mult mai puternică decât înțelegeam eu atunci, ne-a întrebat dacă dorim să fim nași. Mama mea mi-a spus în copilărie că atunci când cineva te alege de naș, nu trebuie să refuzi. Nu puteam să refuz, deși mă durea foarte tare să știu că fiecare aniversare a acestei fetițe va fi în ziua în care mama mea a plecat din această lume. Au trecut câțiva ani, timp în care durerea pentru pierderea mamei mele s-a transformat în iubire. Atunci am simțit ce dovadă frumoasă de iubire am primit în ziua în care mi s-a cerut și am acceptat să fiu nașă. Mama mea rămâne în amintirea noastră, ea este vie pentru că noi ne gândim la ea, iar prin prietenia noastră, o simt prezentă, alături de noi, mereu.

Nu pot să îți spun care sunt prietenii de calitate pentru tine, dar pot să te îndemn să dai voie inimii tale să îți arate drumul spre fericire. Cred că inima ta aștepta de mult timp să te bucuri de ceea ce înseamnă viața cu adevărat.

Tot ce ai de făcut acum este să iei telefonul, să suni cât mai multe prietene și să stabilești o întâlnire pentru azi sau pentru următorul sfârșit de săptămână. Nu căuta scuze pentru a amâna această întâlnire. Deși ar fi indicat să vă întâlniți fără copii pentru a profita pe deplin de timpul petrecut împreună, nu lăsați copiii să vă împiedice în realizarea unui moment de fericire! Sunt clipe neprețuite și, cu cât aduci mai multe astfel de momente în viața ta, cu atât mai strălucitoare te vei simți! Primul pas al acestei misiuni este să te bucuri de timpul petrecut la telefon cu prietenele tale, dar nu rămâne la acest nivel! Fă saltul spre o întâlnire fizică, în care să vă bucurați împreună pentru timpul petrecut împreună, cu zâmbete și voie bună. Dacă primele persoane la care te gândești nu sunt disponibile suficient de repede, continuă să suni până când ai o întâlnire cu prietene disponibile în mai puțin de o săptămână! Dacă primele prietene sunt disponibile doar peste două săptămâni, numai bine ai creat un nou obicei, câte o întâlnire săptămânală cu prietenele tale.

Îmi amintesc de primii ani de muncă după ce am terminat facultatea. Pentru că unul dintre operatorii de telefonie mobilă propunea un bilet gratuit la cinema pentru un bilet cumpărat, ne-am făcut obiceiul de a merge în ziua respectivă a săptămânii la cinema. Ocazional veneau și băieți cu noi, iar energia grupului creat era extraordinar de plăcută, felul în care ne sincronizam cu toții să ne revedem săptămână de săptămână la cinema, cu un întreg ritual înainte și dupa film.

Cred că singura limită pentru a avea parte de astfel de amintiri o reprezintă doar frica de a da un telefon. Când vei stabili prima ta întâlnire cu prietenele tale dă-ți voie să te simți din nou copil, un copil fericit ce are parte de cea mai reușită petrecere cu prietenii de ziua lui.

Apoi, oprește-te din ceea ce faci și concentrează-te pe starea ta.

Cum te simți acum, știind că vei face ceva ce nu ai mai făcut (conștient) în ultima vreme?

După ce te-ai întâlnit cu prietenele tale bucură-te pentru timpul petrecut împreună.

S-a schimbat perspectiva ta asupra relațiilor?

Au observat prietenele tale că te-ai schimbat?

Cum ai simțit schimbul de energie pozitivă?

A venit natural stabilirea unei noi întâlniri pentru a petrece și mai mult timp împreună?

A părut prea scurt timpul petrecut împreună?

Ați realizat că ar fi trebuit să organizați o astfel de întâlnire demult?

Exercițiile zilei 13:

□ De câte ori ai ocazia pe parcursul zilei repetă mantra Ho'oponopono: TE IUBESC. ÎMI PARE RĂU. IARTĂ-MĂ, TE ROG. MULȚUMESC.

□ Programează o întâlnire cu prietenele tale pentru astăzi sau în zilele următoare, cel târziu peste o săptămână (nu amâna!!!)

□ Scrie minimum 10 motive de recunoștință pentru partenerul tău și / sau 10 motive de recunoștință pentru persoane cu care ai interacționat astăzi sau în trecut.

□ Gândește-te la partenerul tău și scrie scenariul relației tale.

□ Alege o convingere negativă identificată în ziua 5 și, urmând unul din exemplele EFT prezentate, tapotează până când intensitatea convingerii scade sub nota 3.

□ Oferă-ți timp și contemplă cu bucurie faptele tale bune și ale celorlalți, conștientizând efectul în lanț generat de acțiunile tale.

Recitește intenția stabilită în prima zi pentru ca zilnic să îți amintești care e obiectivul pentru aceste 28 de zile; parcurge vizual listele de beneficii și dureri.

Provocarea zilei:

Scrie în jurnal cum s-a desfășurat întâlnirea, cum te simți petrecând acest timp de calitate; dacă nu v-ați întâlnit încă, notează-ți data stabilită pentru întâlnire și revino la jurnal după ce te-ai întâlnit cu prietenele tale.

Recomandarea zilei:

Filmul ***Bad Moms - Mame bune și nebune (2016)*** este propunerea mea pentru o zi dedicată prieteniei, un film de relaxare maximă. Gustă și tu din umorul american și dragostea necondiționată a acestor mame.

Afirmația zilei (tapotează fiecare punct al unei runde complete de EFT):

Starea mea de bine se oglindește în lumea din jurul meu

Ziua 14 - Time out

Cea mai mare descoperire a tuturor timpurilor a fost aceea că o persoană își poate schimba viitorul, doar schimbându-și atitudinea!

Oprah Winfrey

Bine te-am găsit. Eu îmi încep diminețile alături de tine, chiar dacă tu citești aceste rânduri seara. Abia așteptam ziua de astăzi, pentru că sunt două săptămâni de când îți ofer zi de zi câte o părticică din experiența mea. În speranța că tot ce împărtășesc cu tine te ajută, abia aștept să mă așez la calculator să te încurajez încă o dată pentru ceea ce urmează.

În prima zi ți-am recomandat un film despre un pompier, el este eroul orașului în care trăiește, dar vede căsnicia sa ducându-se de râpă. Este filmul care m-a inspirat să creez un program cu pași zilnici spre reconstruirea unei relații armonioase, așa cum construiești o casă, cărămidă cu cărămidă.

Am început să fac consiliere de cuplu cu mulți ani înainte să știu că există o astfel de meserie. Am avut persoane care mi-au spus că sunt terapeut, cu mai bine de zece ani înainte să înțeleg că îmi fac mie rău dacă mă încăpățânez să merg pe alt drum în viață.

În 2013 am aflat de existența unui pelerinaj în Spania, Camino de Santiago. De fapt, la sfârșitul lui 2012 am citit cartea *"Alchimistul"* de Paulo Coelho și m-am întrebat ce fel de călătorie pot să fac și eu, știind că sunt deja căsătorită și nu îmi doresc să plec atât de mult și atât de departe fără soțul meu. Răspunsul a venit foarte repede, în luna februarie 2013, când am citit cartea *"Jurnalul unui Mag"*, scrisă tot de Coelho. În acel moment i-am spus soțului meu și angajatorului meu că în concediul din acel an voi pleca pe Camino.

Pe 1 august 2013 porneam în ceea ce eu am numit călătoria pe care fiecare om trebuie să o facă cel puțin o dată în viață; nu mă refer la faptul că fiecare persoană trebuie să meargă pe Camino de Santiago, ci că un pelerinaj, o călătorie spirituală, este ceea ce avem nevoie pentru a înțelege ce înseamnă de fapt o viață împlinită. Acolo am învățat că tot ce am nevoie este un rucsac în spate și un corp sănătos. Am învățat să îmi iubesc corpul, să fiu recunoscătoare picioarelor mele pentru că zi de zi mă duceau mai departe. Am învățat să înțeleg că fiecare pas se leagă de cel de dinainte și de cel de după, pentru ca împreună să mă ducă spre destinație.

Un pas nu înseamnă nimic, dar toți pașii m-au dus 500 de km pe jos, în trei săptămâni.

Aș fi putut să fac 500 de km într-un pas? Cu siguranță nu! Aș fi putut să fac 500 de km pe jos dacă lipsea un pas? Doar dacă aș fi făcut pași mai mari, dar tot aveam nevoie de toți pașii necesari pentru a parcurge 500 de km pe jos.

Dacă m-aș fi dus înapoi, aș fi avut doar de parcurs pași în plus spre destinație.

Singurul fel în care am putut să ajung la destinație a fost să știu ***unde vreau să merg*** (prima zi, stabilirea intenției tale), să știu ***de ce vreau să ajung acolo*** (pentru mine a fost o călătorie spirituală, să mă asigur că Dumnezeu există, să înțeleg cum pot să comunic cu Dumnezeu), să știu ***ce vreau să obțin când ajung la destinație*** (toate poveștile de viață sunt magice pe Camino și vin cu învățături profunde și prietenii pe viață). Zi de zi am învățat despre consecvență, ritual, perseverență, voință, compasiune și iubire. Ceea ce am învățat atunci, aprofundez acum, privind în urmă de la un nou nivel de conștientizare a ceea ce am trăit atunci.

Într-una dintre zile, când îmi era foarte greu să înaintez, m-am rugat să vină cineva care să continue drumul cu mine până la următoarea oprire. Un austriac s-a apropiat, m-a salutat și am continuat drumul împreună povestind diverse lucruri. Povestea m-a ajutat să merg înainte exact cum mi-am dorit. Deşi el avea un ritm mai rapid decât al meu, ne-am revăzut timp de mai multe zile, întrucât parcurgeam aceleaşi distanţe zi de zi. Eu mă trezeam dimineaţa foarte devreme, mergeam încet. El pornea mai târziu, mă depăşea şi ajungea la destinaţie înaintea mea.

El s-a simţit în siguranţă să se deschidă faţă de mine şi mi-a mărturisit că soţia lui nu îl mai iubeşte şi el suferă foarte mult, dar o vede şi pe ea nefericită. Nu voi insista pe detaliile relaţiei lui pentru că îmi doresc să păstrez confidenţialitatea discuţiei. Vreau să-ţi împărtăşesc sfaturile pe care i le-am dat, iar pentru asta, am început cu o întrebare: *"În cât timp s-a degradat relaţia ta?"* La răspunsul că sunt ani de zile de când lucrurile nu decurg aşa cum şi-ar dori, am avut o nouă întrebare: *"Atunci de ce te aştepţi să o repari într-o zi? Nu spun că îţi va lua la fel de mult să o faci frumoasă, dar dacă ar trebui să dureze la fel de mult, poţi spune că ai trecut cu bine provocarea"*.

Tot lui i-am spus că **iubirea este o decizie**. I-am explicat toate etapele iubirii. Te îndrăgosteşti, ai fluturi în stomac, îi vezi doar calităţile şi refuzi să vezi defectele. Încet-încet vezi tot mai puţine calităţi şi tot mai multe defecte, te întrebi chiar: *"De ce nu ai văzut nimic din acestea până atunci?"*. Pauză! Ia creionul şi aminteşte-ţi că *tu ai plantat seminţele* pentru a-l întâlni pe el, exact aşa cum este el, iar apoi *nu ai continuat să plantezi seminţe* pentru ca el să continue să fie la fel de minunat! Tot ce ai de făcut este să revii la zilele 8 şi 9 pentru a te asigura că stocul de seminţe pentru el şi pentru relaţia perfectă pe care o doreşti va fi alimentat şi disponibil în fiecare zi a vieţii tale.

În momentul în care te uiţi la cel de lângă tine şi simţi că relaţia s-a încheiat, iei o decizie: fie decizi să te desparţi, iar în acest caz nu citeşti această carte; fie decizi să iubeşti, iar în acest caz te angajezi să faci paşii necesari pentru ca relaţia ta să devină relaţia pe care o doreşti. Alegi să iubeşti acest om aşa cum este el, alegi să iubeşti necondiţionat, înţelegând că iubirea ta nu mai este condiţionată de ceea ce face sau spune persoana de lângă tine.

Când iei această decizie porneşti pe propriul tău Camino

de Santiago și te îndrăgostești de cel de lângă tine pentru că ți-a permis să te descoperi, să trăiești, să fii tu însăți, să te iubești tu pe tine exact așa cum ești acum.

Nu mai știu nimic despre acest cuplu, dar eu am rămas cu sfaturile pe care i le-am dat. Iar când eu însămi am avut nevoie de aceste sfaturi, am decis să iubesc. Când eu am văzut ce am primit din momentul în care am decis să iubesc, am decis să scriu această carte, pentru ca și tu astăzi să decizi să iubești.

M-am gândit că ziua de astăzi este o zi de cumpănă.

Vreau să iei o pauză, să respiri.

Dă-ți voie să te sperii de tot ce urmează să se întâmple!

Dă-ți voie să-ți fie frică de schimbare!

Care este cel mai rău lucru care poate să se întâmple dacă la sfârșitul celor 28 de zile intenția ta se materializează?

Cum va fi viața ta, dacă nu vei mai putea să te plângi de relația pe care o ai sau de absența unui partener de viață?

Dă jos masca ce te protejează acum de cea mai bună versiune a vieții tale și permite-ți să o trăiești!

Astăzi este o zi de cumpănă pentru că există și o altă posibilitate de finalitate pentru călătoria ta. *Ce se întâmplă dacă după 28 de zile viața ta nu s-a schimbat așa cum îți dorești?* Vei considera că a fost totul în zadar? Vei considera că ai pierdut 28 de zile din viața ta? Sau *te vei uita în urmă la cât de mult te-ai schimbat și vei decide să continui, curioasă de ceea ce urmează să îți aducă viitorul?* Ne așteaptă încă două săptămâni de transformări, dar astăzi vreau să iei o pauză și să îți dai voie să te uiți cu sinceritate la tine, să dai voie tuturor fricilor tale să iasă la suprafață. Viața ta se va transforma radical. *Tu poți să fii fericită cu adevărat, iar acest gând este înfricoșător. Îți dorești să fii fericită? Meriți să fii fericită? Te întrebi cum poți fi fericită în timp ce alții suferă?*

Eu te întreb: *Suferința ta îi ajută pe ceilalți?* Tu creezi lumea pe care o vezi în jurul tău. Nu poți schimba lumea întreagă într-o singură zi, dar prin exemplul tău îi poți inspira pe ceilalți să fie la rândul lor exemple. Vei vedea cum, treptat, lumea întreagă este mai frumoasă decât ai găsit-o. Se spune tot mai des că lumea este de fapt o iluzie. Dacă este adevărat că lumea este o iluzie, ce te împiedică să o creezi după imaginea frumoasă din mintea ta? Dacă lumea nu este o iluzie, ce te oprește să creezi ceea ce îți dorești? Creionul îți spune că lumea la care te uiți este creată din semințele din mintea ta! Creează lumea de mâine exact așa cum ți-o dorești!

Am făcut o paranteză lungă, iar acum vreau să continui paragraful cu care am început ziua de azi. Pompierul a urmat sfaturile din jurnalul primit de la tatăl său. Fiecare zi părea imposibil de dificilă, dar a ascultat de sfaturile tatălui său. După primele două săptămâni își sună tatăl să îi spună că el renunță la ceea ce face; soția lui era cel puțin la fel de rece și distantă, iar el se întreba cât timp să continue să se lase călcat în picioare de această femeie plină de răutate. Scena din film este epică. Cei doi sunt într-un parc, tatăl stă sprijinit de o cruce, iar din spatele lui razele de soare strălucesc deasupra crucii. În acel moment, tatăl se întreabă retoric: "Într-adevăr, până când?!". Ideea subliniată era că Iisus a murit pentru iertarea păcatelor noastre pe cruce, iar Dumnezeu ne iubește și ne iartă din nou și din nou. *Care este limita pentru a oferi iubire necondiționată unei persoane*? Tatăl și-a motivat fiul să continue practica exercițiilor din jurnal.

Astăzi eu mă afișez în fața ta pentru a-ți oferi aceeași încurajare. Poate nimic nu s-a schimbat în relația ta. Poate ești singură și, deși mi-ai urmat fiecare sfat și ai făcut toate exercițiile, tot nu l-ai întâlnit încă pe acest bărbat perfect pe care eu îți spun că îl creezi. Te gândești să lași deoparte tot ceea ce faci, să revii la viața pe care o trăiai înainte să te îmbarci în această aventură.

Când eram pe Camino de Santiago fiecare zi era o provocare. A fost atât de provocator, încât într-una dintre zile am înaintat doar 6 km. Îmi era atât de rău, încât mama mea mi-a spus să renunț, pentru că ea este mândră de mine și nu am de dovedit nimic nimănui. Mă gândesc că, dacă o ascultam atunci pe ea, astăzi nu eram în fața ta. Dacă aș fi abandonat atunci, astăzi nu aș fi avut tot acest parcurs pe care să îl scriu și care să te motiveze pe tine. Destinația mea a fost atunci una fizică. Nu o vedeam cu privirea, dar o identificam pe hartă. Știam zi de zi că, mergând înainte, voi ajunge exact acolo unde planificasem în urmă cu trei săptămâni. Tu nu vezi destinația ta pe nicio hartă, dar ea nu e cu nimic diferită de destinația mea.

În ziua mea de cumpănă am fost binecuvântată. Ți-am mărturisit deja că o astfel de călătorie este plină de povești care te marchează pe viață. Întrucât mă simțeam rău, după ce am ajuns la destinația acelei zile, am stat numai în pat, ieșind doar să mănânc, pentru că știam că trebuie să îmi hrănesc corpul. Când m-am dus la restaurant, am văzut la o masă un spaniol cu trei femei. Simțeam că trebuie să merg la el să îi spun că îmi este rău și am nevoie de ajutorul lui. Imediat după ce mi-am terminat gândul am râs de mine și de nesăbuința gândurilor mele. Cine mă cred eu să merg la oameni, să îi deranjez de la masă, să le cer ajutorul, într-o limbă pe care ei nu o vorbesc, doar pentru că mie îmi este rău? Când am terminat de mâncat m-am dus înapoi în cameră, așteptând să treacă timpul ce părea că a încetinit și nu dorește să se scurgă. Lângă patul meu era cazat un alt bărbat, tot spaniol. Văzându-mă doar întinsă pe pat, fără să mă implic în discuții cu colegii de cameră, m-a întrebat ce mă doare. Mi-a spus că pleacă după ajutor. Peste câteva minute s-a întors cu un lighean de apă, cu spaniolul pe care îl văzusem în restaurant, care nu vorbea engleză. Deși până atunci știam doar din auzite de acupunctură, în acea zi am avut parte de prima mea sesiune de acupunctură. Colegul de cameră îmi umezea fruntea să mă răcorească, spaniolul din restaurant insera acele. Mi-au oferit și un suc, spunându-mi că am nevoie de zahăr. După vreo jumătate de oră, spaniolul din restaurant mi-a spus că a terminat ce avea de făcut. A doua zi m-am trezit deodată cu ceilalți colegi de cameră, m-am îmbrăcat și am pornit la drum, foarte atentă la mesajele corpului meu. Nu m-am simțit doar mai bine, ci mult mai conștientă de nevoile corpului meu. Am învățat cât este de important să fiu atentă la mine și am devenit recunoscătoare pentru tot ce pot face în acest corp, în această viață. Deloc surprinzător pentru mine, cu acest domn m-am mai întâlnit o singură dată, câteva zile mai târziu, pentru a-i putea mulțumi pentru ceea ce a făcut pentru mine. Mi-am dorit ca el să știe că am înțeles ajutorul pe care l-am primit și că îi sunt recunoscătoare pentru ceea ce mi-a oferit.

Nu te lăsa dărâmată de lipsa rezultatelor pe care le dorești. Privește cu bucurie spre toate rezultatele pe care le ai deja, chiar dacă nu este ceea ce ai urmărit la începutul călătoriei! Toate aceste rezultate vor crea împreună succesul pe care îl aștepți! *Când îți este frică să mergi mai departe, dă-ți voie și ai încredere să mai faci doar un pas.* Sau fă o pauză de un minut și continuă cu pași mai mici sau mai lenți. Cu pași de furnică și consecvență ajungi la destinație.

Gândul cu care să mergi astăzi mai departe nu este dacă ajungi, ci **când ajungi!** Dacă tu mergi doar înainte, în urmă este o linie dreaptă, iar tu ești tot mai departe de punctul de pornire. Revizuiește lista cu care ai început această călătorie! Asigură-te că îți dorești cu adevărat ceea ce ai notat și că tot ceea ce ai scris te motivează cu adevărat!

Caută să descoperi ce te poate motiva și mai mult începând de astăzi. Peste toate acestea, amintește-ți că astăzi este o zi de pauză. Este o zi în care să te relaxezi, în care să te bucuri de toate schimbările prin care treci, de toate obiceiurile noi pe care le-ai creat și o zi în care să asimilezi toate schimbările de convingeri pe care le-ai făcut deja. Dacă până azi nu ai luat în serios jurnalul pe care te-am rugat să-l completezi, astăzi este ziua în care îți cer să-ți îndrepți din nou atenția către el, privește totul într-o lumină nouă, aprinde lumina pe cărarea călătoriei tale.

Pe o notă de reflecție, răspunde la următoarele întrebări:

□ Îți place ceea ce faci?

□ Ești dispusă să mergi mai departe, chiar dacă nu ești încă sincer convinsă că vei obține rezultate?

□ Vrei cu adevărat ca viața ta să se schimbe?

□ Poți tu azi să fii o versiune mai bună decât tu cea de ieri?

□ Oferă-ți timpul necesar pentru ca rănile tale să se vindece, ai încredere în ceea ce faci și continuă cu cel puțin aceeași perseverență!

Exerciţiile zilei 14:

□ De câte ori ai ocazia pe parcursul zilei repetă mantra Ho'oponopono: TE IUBESC. ÎMI PARE RĂU. IARTĂ-MĂ, TE ROG. MULŢUMESC.

□ Astăzi bucură-te de o pauză, petrece timp cu tine, gândeşte-te la ce ai făcut până acum şi ce doreşti să faci în continuare.

□ Scrie minimum 10 motive de recunoştinţă pentru partenerul tău şi / sau 10 motive de recunoştinţă pentru persoane cu care ai interacţionat astăzi sau în trecut.

□ Gândeşte-te la partenerul tău şi scrie scenariul relaţiei tale.

□ Alege o convingere negativă identificată în ziua 5 şi, urmând unul din exemplele EFT prezentate, tapotează până când intensitatea convingerii scade sub nota 3.

□ Oferă-ţi timp şi contemplă cu bucurie faptele tale bune şi ale celorlalţi, conştientizând efectul în lanţ generat de acţiunile tale.

Reciteşte intenţia stabilită în prima zi pentru ca zilnic să îţi aminteşti care e obiectivul pentru aceste 28 de zile; parcurge vizual listele de beneficii şi dureri.

Provocarea zilei:

Decide dacă doreşti să continui această călătorie. Notează în jurnal tot ceea ce simţi astăzi, cu toată sinceritatea.

Recomandarea zilei:

Cartea ***Eat, Pray, Love - Mănâncă, roagă-te, iubeşte***, de Elizabeth Gilbert, aduce ideea că fiecare vindecare este un proces. Citind reuşitele celor ce au trecut prin ceea ce treci tu, vei înţelege că şi tu eşti o învingătoare. Oferă-ţi exact ceea ce ai tu nevoie pentru tine!

Afirmaţia zilei (tapotează fiecare punct al unei runde complete de EFT):

Mă bucur de momentul prezent

Ziua 15 - Admiră și iubește

Creierul nostru acceptă ceea ce văd ochii și ochii noștri caută orice își dorește creierul.

Daniel Gilbert

Astăzi ne echipăm pentru cea de-a doua jumătate a călătoriei. Oficial, ai parcurs deja două săptămâni dintr-o călătorie ce părea imposibilă înainte s-o începi. Știi de ce a devenit ea posibilă? Pentru că ai făcut în fiecare zi câte un pas. *Fiecare pas l-ai făcut cu încredere, știind că te duce spre destinație.* Nu te-ai întrebat care e următorul pas sau dacă ai greșit. Ai înțeles că astăzi ești cea mai bună versiune a ta și ai început să te bucuri de această conștientizare.

Prin anii de început în studiului cărților de dezvoltare personală aveam o prietenă care aducea noutăți ce mă surprindeau de fiecare dată. Este foarte posibil să îți fie cunoscut ceea ce îți povestesc acum, dar pentru mine a fost o noutate la vremea respectivă. Ea mi-a spus în felul următor: gândește-te la cei mai buni cinci prieteni ai tăi; adună veniturile lor și împarte la cinci; rezultatul este venitul tău în prezent. Acest principiu se aplică și dacă vrei să verifici calitatea relației de cuplu, starea de bine, nivelul de sănătate, satisfacția în carieră, etc. Am devenit atentă la ceea ce fac eu, dar și la ceea ce fac prietenii mei. Nu am rupt prieteniile în urma acestei evaluări, dar am făcut tot posibilul să văd cum viețile prietenilor mei devin mai bune și mai frumoase. Cu siguranță primul instinct îți spune că trebuie să renunți la trecut, iar al doilea instinct îți spune că tu nu vrei să faci asta. Drept urmare, nimic nu se schimbă, ai aflat doar o informație ce se va sedimenta într-un colț al minții tale, printre multe alte gânduri ce te frământă, zi de zi, fără a te ajuta în luarea unor decizii de acţiune pozitivă.

Scopul cu care ţi-am împărtăşit această experienţă este unul nobil. Mesajul meu nu este să analizezi persoanele cu care îţi petreci timpul, eu îţi cer să te gândeşti la cinci persoane pe care le admiri, le respecţi şi le apreciezi. Pentru a te ajuta să alegi cele mai potrivite persoane îţi voi povesti despre persoanele pe care le admir eu.

Prima persoană pe care o admir şi o respect este mama mea. Dacă ar trebui să aleg un singur motiv pentru care să am sentimente frumoase când mă gândesc la mama mea, aş spune că sunt recunoscătoare pentru că mi-a dat viaţă. Dreptul la viaţa este singura obligaţie pe care o are o mamă pentru copilul ei. Toată dragostea pe care am primit-o de la mama mea a fost doar un cadou nesperat de frumos. Una dintre cele mai frumoase calităţi pe care am dobândit-o de la mama mea a fost să îi încurajez pe ceilalţi să depăşească limita posibilului, indiferent de situaţie. De ce am învăţat asta de la mama mea? Pentru că, deşi ei îi era frică de foarte multe lucruri, pe mine mă încuraja şi îmi spunea că pot să fac ceea ce îmi propun. Nu cred că am avut vreun vis în care mama mea să nu mă susţină şi, crede-mă, am avut visuri destul de năstruşnice. Vreau să te asigur că am avut o relaţie mai mult decât normală, de tip mamă-fiică. Certurile noastre erau cu siguranţă la fel de dese şi la fel de grave ca în orice altă familie, iar vorbele aruncate în vânt au rănit de nenumărate ori. Într-una dintre certurile cu mama mea i-am spus că am moştenit tot ce e mai rău şi de la ea şi de la tatăl meu. Nu ştiu de ce, dar pentru că aceste cuvinte mi-au rămas întipărite în minte, de-a lungul anilor mi-am dat seama că, de fapt, am luat doar ce e mai bun şi de la mama mea, şi de la tatăl meu.

A doua persoană pe care o admir este tatăl meu. Lucrurile nu au fost mereu aşa. Trecând printr-o perioadă în care credeam că am luat doar ce era mai rău de la părinţii mei, eu vedeam doar defectele tatălui meu şi recunosc că avea foarte multe defecte. În acele vremuri, dacă mi-ar fi cerut cineva să spun calităţi ale tatălui meu, cu siguranță nu aș fi fost în stare să fac o listă mai lungă de câteva rânduri. Cred că înțelepciunea a venit cu anii, pentru că am observat cum părerea mea se schimbă despre el. Mi-am dat seama că am avut un tată care m-a încurajat la fel de mult ca mama mea. Felul lor de a mă încuraja era diferit, dar în fiecare etapă a vieții mele am avut susținere maximă din partea părinților mei. Am realizat că tatăl meu a fost un om dedicat familiei. Dacă l-ai cunoscut pe tatăl meu, este posibil să îți spui că e cea mai mare minciună pe care ai auzit-o vreodată, doar că, eu, copilul din familia noastră, am văzut lucrurile privind din spatele ușilor închise. Pentru mine, tatăl meu este o dovadă de fidelitate până la moarte. Deși l-am dezamăgit în repetate rânduri, după fiecare eșec și dezamăgire se comporta ca și cum nimic rău nu s-ar fi întâmplat. Nu spun că era trecut totul cu vederea, ceea ce spun este că felul lui de a trece peste eșecuri mă încuraja să pornesc din nou la drum, cu încredere și curaj. Uitându-mă în trecut, îmi dau seama că nu am primit doar banii lui, ci și inima lui. Abia când a rămas singur mi-am dat seama cât de dureroasă e singurătatea lui și am conștientizat că niciodată nu m-a împovărat cu durerile sale.

Părinții noștri sunt primele binecuvântări pe care le avem în viață, iar când ne schimbăm felul în care îi privim, înțelegem cadourile adevărate pe care ni le-au oferit în fiecare zi a vieții noastre.

Nu cred că m-aș putea limita să mă gândesc doar la cinci persoane minunate din viața mea, dar astăzi, îți cer ție să le găsești. Pot fi prieteni din copilărie, profesori, părinți, personaje din desene animate, eroi, chiar și ființe pe care ți le-ai imaginat în copilăria ta.

Vreau să îți rezervi timp pentru fiecare persoană în parte. Când ai decis care este prima persoană notează în jurnal motivele pentru care ai ales-o. Pot fi motive de recunoștință, de admirație, respect pentru ceva ce a făcut, dovezi de iubire pe care le-ai apreciat. Deși este un exercițiu care necesită timp, astăzi îți cer să îți oferi acest timp. Nu îți spun cât de mult să scrii, nu există prea mult sau prea puțin, dar tu așterne pe hârtie tot ce îți vine în minte legat de persoana aleasă. După ce ți-ai așternut gândurile, scrie pe un rând nou calitățile care ies la suprafață în urma destăinuirii tale în jurnal. De exemplu, poate fi o persoană calmă, cu un simț al răspunderii puternic, iubitoare, ce-i respectă pe ceilalți, o persoană care vede binele indiferent de situație, care a avut curajul să facă lucruri imposibile, o persoană care a trecut cu zâmbetul pe buze peste greutăți.

Insist să fii cât mai darnică în descrierea persoanei pe care o alegi și a calităților pe care le-ai remarcat la ea.

Astăzi sunt foarte tehnică, așa că te invit să reiei operațiunea pentru următoarele patru persoane pe care le alegi. Deși îți recomand să intri în această stare și să continui jurnalul la un singur moment al zilei, te voi încuraja, ca de obicei, să te adaptezi propriei tale organizări, singura condiție fiind ca în momentul în care scrii în jurnal despre o persoană să termini exercițiul cu ea și abia apoi să revii la treburile care te așteaptă.

După ce ai scris în jurnal despre fiecare persoană pe care ai ales-o oferă-ți încă două minute pentru a reflecta asupra celor povestite de tine. Sper ca emoțiile pe care le simți să fie de admirație și de bucurie. Scopul cu care te-am rugat să alegi aceste persoane a fost întocmai pentru a îți oferi o stare de bine și de bucurie.

Vreau să-ți împărtășesc ceva despre mine și sper din tot sufletul ca destăinuirile sufletului meu să te inspire și pe tine în această călătorie. La un moment dat, când mă gândeam la toate lucrurile pe care nu știu să le fac, am avut o revelație: mi-am spus că dacă sunt persoane care pot să facă un anumit lucru, atunci și eu pot să fac. Iar dacă nu pot să fac ceva, este pur și simplu pentru că nu vreau să fac asta. Dacă sunt aproximativ un miliard de persoane care vorbesc chineză, înseamnă că și eu pot să învăț această limbă; dacă nu am învățat-o încă, este pentru că nu vreau să o vorbesc. Cum ar putea să fie dificil, dacă milioane de persoane o stăpânesc? Pe de altă parte, nu îmi place să schiez, chiar dacă am fost de câteva ori pe schiuri, nu mă simt bine și nu am făcut deloc progrese. De ce? Pentru că nu vreau! Ce se va întâmpla în momentul în care voi dori să schiez sau să vorbesc chineză?

Voi căuta cel puţin cinci persoane care sunt foarte bune la respectivele lucruri şi le voi aprecia.

Pentru că exerciţiul de azi este unul complex, mă gândeam să-l finalizăm mâine. Totuşi, aş fi fără milă să îţi fac aşa ceva.

Te-am pus să găseşti cinci persoane, te-am inspirat să le admiri din tot sufletul, iar apoi să îţi spun că am terminat tema de astăzi?

Cu siguranţă te-ar fi frustrat această finalitate pentru ziua de astăzi. La ce ţi-a folosit să descrii aceşti oameni? Ai înţeles, te bucuri, îi apreciezi, dar la ce bun să faci toate astea?

Înainte de a merge mai departe, insist să scrii jurnalul zilei de azi. Mă refer aici la descrierea celor cinci persoane. Celelalte exerciţii poţi să le faci şi mai târziu. Revino pentru a citi continuarea abia după ce ai terminat de scris calităţile ultimei persoane.

Îți mulțumesc că ai respectat cererea mea, pentru că ceea ce urmează să discutăm acum este cu adevărat important.

Fiecare persoană din viața ta reprezintă o oglindire a sufletului tău. Aceste persoane pe care tu le-ai ales, cu calitățile pe care tu le-ai descris, te reflectă de fapt pe tine. Dacă te-aș fi rugat să te descrii pe tine, cerându-ți să te descrii în cel mai frumos mod cu putință, nu ai fi găsit cuvinte atât de frumoase pentru tine. Pentru că am învățat să mă descopăr uitându-mă la ceilalți, am știut că aceasta este singura posibilitate prin care pot să îți arat cât ești de minunată. Calitățile lor sunt de fapt calitățile tale. Tu nu poți să vezi în ceilalți ceea ce nu vezi în tine. Doar ceea ce există în tine, vei vedea întotdeauna pe chipurile celorlalți.

De foarte multe ori am trăit o senzație ciudată, pentru că eu vedeam doar bine în orice situație, chiar și în oameni catalogați drept răi. La un moment dat, mama mea mi-a spus că eu nu reușesc să văd rău în nicio persoană. Ulterior, am găsit un fel propriu de a explica ce văd eu în ceilalți. Și vreau să ți-l prezint și ție acum.

Citind următoarele rânduri gândește-te la un copil nou-născut, pe care îl cunoști și pe care îl iubești. *Niciun copil nu se naște pentru a face rău altei persoane. Fiecare copil se naște cu un chip luminos și un zâmbet pe buze, dorind să ofere iubire. Singurul lucru pe care îl cere un copil este iubirea celor din jurul său. Fiecare copil are o inimă curată și multă lumină în suflet. Fiecare persoană ce interacționează cu acest copil va proiecta asupra copilului propriile frici și limitări. În funcție de copilăria pe care o are, copilul își va proteja inima și lumina din sufletul său. Câteodată construiește o adevărată baricadă, un zid în jurul inimii sale format din cele mai neobișnuite materiale. În inima sa, copilul are iubire și lumină. În exterior, tu vezi acel om rău care nu știe să iubească.* Eu văd acea inimă plină de iubire.

Tot ce ai de făcut este să dai jos zidul din jurul inimii tale și vei vedea cum lumina din sufletul tău va străluci în lumea din exteriorul tău. Iar tu, astăzi, ai descris calitățile din inima ta.

Tu strălucești și, începând de astăzi, vreau să fii conștientă de puritatea sufletului tău.

Exercițiile zilei 15:

□ De câte ori ai ocazia pe parcursul zilei repetă mantra Ho'oponopono: TE IUBESC. ÎMI PARE RĂU. IARTĂ-MĂ, TE ROG. MULȚUMESC.

□ Alege cinci persoane și scrie tot ce admiri, apreciezi la ele cu cât mai multe amănunte.

□ Amintește-ți că TU ai toate aceste calități! Te felicit și te invit să te feliciți în oglindă pentru că ești atât de minunată!

□ Scrie minimum 10 motive de recunoștință pentru partenerul tău și / sau 10 motive de recunoștință pentru persoane cu care ai interacționat astăzi sau în trecut.

□ Gândește-te la partenerul tău și scrie scenariul relației tale.

□ Alege o convingere negativă identificată în ziua 5 și, urmând unul din exemplele EFT prezentate, tapotează până când intensitatea convingerii scade sub nota 3.

□ Oferă-ți timp și contemplă cu bucurie faptele tale bune și ale celorlalți, conștientizând efectul în lanț generat de acțiunile tale.

Recitește intenția stabilită în prima zi pentru ca zilnic să îți amintești care e obiectivul pentru aceste 28 de zile; parcurge vizual listele de beneficii și dureri.

Provocarea zilei:

Scrie în jurnal ceea ce simți, gândindu-te la calitățile analizate astăzi. Ce ai descoperit despre tine?

Recomandarea zilei:

Videoul *Validation* - https://youtu.be/j-DxDnK6tMA este oglindirea perfectă a provocării de astăzi.

Afirmația zilei (tapotează fiecare punct al unei runde complete de EFT):

Oglindesc fericire în jurul meu

Ziua 16 - Oglindă, oglinjoară – mă iubesc!

Fiecare clipă de căutare este o clipă de regăsire.

Paulo Coelho

Când vrei să fii trist, e ceva specific ce trebuie să faci. Îți lași umerii în față și în jos, cobori colțurile buzelor, apleci capul și privirea spre pământ. E important să știi asta, pentru că atunci când te surprinzi într-o stare neplăcută vei ști exact ce să faci ca să te schimbi într-o secundă. Ridică-ți capul și privirea spre cer, trage aer adânc în piept, îndreaptă spatele și ridică umerii, astfel încât spatele să fie drept și impunător, poziția de Superman. Cu siguranță astăzi nu este o zi despre tristețe, dar dacă astăzi ți-am povestit despre o metodă rapidă de a te simți bine, la următoarea provocare îți vei aminti acest exercițiu și vei fi fericită să vezi cât este de eficace. Poți să încerci chiar acum. Prima dată ia postura descrisă pentru tristețe și fii atentă la tot ce s-a schimbat la tine, iar apoi fă opusul. Te încurajez să faci acest exercițiu în fața oglinzii pentru a studia cu ușurință schimbările fizice și pentru a observa transformările emoționale. La finalul exercițiului, cu siguranță te vei simți chiar mai bine decât în momentul în care ai luat cartea să citești.

Eu sunt încă emoționată după conștientizările zilei de ieri. Indiferent dacă ai intuit sau nu care era scopul exercițiului, sper că ți-a plăcut să te vezi într-o lumină atât de pozitivă, pentru că relația ta de iubire depinde de aprecierea ta pentru tine. Tu nu vei putea să vezi iubirea soțului tău pentru tine atâta timp cât tu pe tine nu te iubești. Dacă până acum ai căutat iubirea celorlalți, constatând, de cele mai multe ori, cu tristețe că ei nu te iubesc atât cât îi iubești tu pe ei, astăzi vei înțelege și mai bine de ce a fost așa.

Am primit această lecție de-a lungul copilăriei mele. M-a marcat atât de tare, încât mi-am dorit să descopăr o modalitate prin care să ajut oamenii să nu se mai confrunte cu această lipsă de percepție a tandreței. Așa cum am spus ieri, copiii vin pe lume cu iubire, dar ce nu am spus încă, este că un copil dorește să-și vadă părinții fericiți. Copilul face fiecare acțiune cu speranța că oferă o dovadă de dragoste părinților săi. Cu siguranță cunoști copii care fac cele mai năstrușnice năzbâtii și poți spune cu mâna pe inimă că ele doar dovezi de iubire nu reprezintă. Iată explicația acestor comportamente: *când un copil nu primește atenție pozitivă de la părinți, va căuta atenție negativă.* Faptul că părintele reacționează la ceea ce face copilul, îi dovedește acestuia că este iubit. Indiferent ce spune sau face părintele, copilul care a primit atenție va ști că este iubit. Dacă ești mamă și consideri că ai un copil care te enervează cu tot dinadinsul, încearcă să-i oferi copilului tău cinci minute de atenție exclusivă și vei observa cum brusc nu mai are nevoie de atenția ta.

Revenind la copilăria mea, dorința mea cea mai mare era să o văd pe mama mea fericită și să îi dovedesc că o iubesc. Pentru că pe tatăl meu nu l-am văzut niciodată trist, nu am simțit nevoia să fac ceva pentru fericirea lui; nu spun că nu era trist, doar că el nu mi-a arătat vreodată că ar suferi. În schimb, fericirea mamei mele era de foarte scurtă durată. Nu știam ce să fac în plus, pentru ca ea să rămână cu sentimentele de iubire, recunoștință și apreciere din partea mea. Mama mea a trăit pentru mine. Mi-a oferit atât de multă iubire, încât de multe ori mă sufoca. Nimic din iubirea ce o avea pentru mine nu era și pentru ea. De la mama mea am înțeles că, dacă nu ne iubim pe noi înșine toate dovezile de iubire sunt precum cuvintele scrise pe nisip la marginea unui ocean. Deși nu am aflat aceste lucruri la timp pentru a-i veni în ajutor mamei mele, îi sunt recunoscătoare, pentru că mulțumită ei am devenit atentă la relația mea cu mine.

Prima relație pe care o ai de construit este relația ta cu tine.

Singura persoană cu care ești în această viață, de la prima respirație și până la ultima respirație ești tu.

Singura persoana care trebuie să te iubească necondiționat ești TU.

În Biblie spune *"Să iubești pe aproapele tău ca pe tine însuți"*. Foarte mult m-am gândit la acest mesaj, să înțeleg ce vrea el să zică. Nu știu cât de mult ai cântărit tu acest verset, dar îți voi spune ce am înțeles eu. Dragostea pe care o ai față de ceilalți nu va fi niciodată mai mare decât iubirea față de sine. Nu poți să-i iubești pe alții mai mult decât te iubești pe tine, iar dacă pe tine nu te iubești, ceea ce le oferi celorlalți nu este iubire, oricât de mult îți spui că ai iubit din tot sufletul. Chiar dacă nu e menționat în acest verset, din experiența copilăriei mele, am înțeles că nu poți să percepi iubirea celorlalți dincolo de iubirea de sine. Dacă tu nu te iubești pe tine, nu vei vedea dovezile de dragoste pe care le primești de la ceilalți. Analizează acum comportamentul celor dragi, de câte ori ți-au oferit lucruri, timp, atenție, pentru ca mai târziu să îți spui că nu ți-au dovedit că te iubesc? Este posibil să îmi spui că te-ai simțit întotdeauna iubită, în acest caz eu sunt cea mai fericită să aud despre asta. Este ceea ce îmi doresc și motivul pentru care am scris această carte. Chiar dacă nu te regăsești în toate rândurile scrise de mine, eu îmi doresc ca, la final, această carte să îți aducă o stare mult mai bună decât cea pe care ai avut-o înainte, indiferent de nivelul unde erai înainte să începi această călătorie.

Acum, te invit să te duci la oglindă. Sper să ai o oglindă mare în casă, să te vezi din cap până în picioare. În cazul în care nu ai o astfel de oglindă, profită să faci o ieșire în oraș, într-un magazin sau un centru comercial unde știi că sunt oglinzi. Îți cer să te uiți la persoana din oglindă, uită-te precum la un străin, analizează fiecare părticică a corpului tău cu multă curiozitate, de parcă ar fi prima dată când te uiți la persoana din oglindă.

Notează în jurnal, pe o scală de la zero la zece, în care zero înseamnă deloc și zece din tot sufletul, cât de mult te iubești?

Apoi scrie și motivele pentru care ți-ai dat această notă.

Indiferent care este nota pe care ți-ai dat-o întreabă-te de ce ai ales acea notă și nu un punct mai jos. *Ce a făcut diferența?* Iar acum, ce ar trebui să fie diferit pentru a da un punct în plus?

Cum te-ai simți dacă ai fi așa cum îți dorești iubindu-te cu un punct mai mult? Ce s-ar întâmpla dacă ai decide să te iubești deja mai mult?

Uită-te în oglindă și îndrăgostește-te de tine! Tu femeia din oglindă ești cea mai bună versiune a ta! Tu ești cea mai minunată ființă din Univers și te poți admira acum. Te pregătești să faci o listă lungă cu toate defectele tale, explicând că e imposibil să te iubești uitându-te în oglindă?

Ce-ar fi să iubești aceste dovezi ale experiențelor prin care ai trecut? Vergeturile de pe sâni sunt urmele iubirii unei mame ce a alăptat, vergeturile de pe burtă sunt urmele iubirii unei femei ce a dat naștere unui copil, vergeturile pe alte părți ale corpului îți amintesc că ai pierdut kg. Petele de pe corp sunt semnătura ta unică, greutatea suplimentară îți arată zbuciumul emoțional prin care ai trecut, corpul pe care îl vezi în oglindă este corpul cu care ai fost binecuvântată să trăiești în această viață. Indiferent ce defect vezi tu în oglindă, eu văd o calitate! Vrei să știi de ce îți spun toate astea?

Dacă tu nu te iubești pe tine, de ce ar trebui să te iubească ceilalți? Dacă tu nu te iubești pe tine, cât crezi tu că percepi din iubirea primită din partea celorlalți? Dacă tu nu simți iubire pentru tine, cât de sigură ești că înțelegi iubirea pe care o primești de la iubitul tău?

Dacă tu vezi doar defecte: *ești prea grasă, prea slabă, prea scundă, prea înaltă, prea bătrână,* etc, vreau să îți răspunzi cu sinceritate: ***sunt aceste detalii cu adevărat importante***? Există cel puțin o persoană care are toate defectele tale, dar pe care o consideri fantastică? Dacă ea e fantastică, tu de ce nu ai fi? E momentul să îmbrățișezi toate schimbările prin care ai trecut, să îți analizezi din nou fiecare centimetru al corpului tău, de data aceasta cu acceptare și iubire! Acceptă tot și iubește-te! Iubește-te cu adevărat! *Stai în fața oglinzii și imaginează-ți că ieși din corpul tău și te îmbrățișezi, simte lacrimi de fericire și bucurie pentru cât ești de minunată!*

Ziua de astăzi conține multe întrebări. Să le iei în serios și să le analizezi pe fiecare în parte! Învață să te iubești azi mai mult decât ieri și promite să faci asta în fiecare zi de acum înainte. Surprinzător, vei vedea cum ceilalți te iubesc și îți dovedesc asta din ce în ce mai mult.

Pentru a te ajuta să simți practic iubirea de sine, astăzi este o zi în care îți recomand să cauți cât mai multe oglinzi. Setează o alarmă astfel încât, din oră în oră, să te duci în fața oglinzii și *să-ți zâmbești*; *spune-ți că te iubești* și *bucură-te de această zi minunată*.

În continuare doresc să îți destăinui una dintre cele mai comice amintiri. Când aveam paisprezece ani am fost într-o excursie prin Europa. În Franța descoperisem niște sandvișuri ce îmi plăceau foarte mult, dar în celelalte țări nu existau. În drum spre România, după multe ore de mers și foarte multă oboseală am făcut o pauză la o benzinărie. Căutând produsele expuse, nu îmi plăcea nimic. Îi spun prietenei mele să vină, pentru că mai sunt și alte produse expuse într-o altă încăpere. Mă duc grăbită spre ușă și observ că vine spre mine o fată. Mă dau în stânga, se dă și ea, mă dau în dreapta, se dă și ea. La un moment dat mă enervez și mă duc în ea. Am dat cu capul de oglindă. Mi-a mai luat câteva clipe să îmi dau seama că nu era o altă persoană, ci doar chipul meu în oglindă. Deși în povestea mea nu am văzut o persoană extraordinară, fiind doar adormită, pe tine te invit să te uiți la tine astfel încât să descoperi frumusețea pe care nu ai acceptat să o vezi niciodată până acum. Amintește-ți toate complimentele pe care le-ai primit de-a lungul timpului și acceptă că sunt adevărate. Doboară zidul format din autocritică și permite-ți să vezi frumusețea despre care ți-au vorbit iubitul tău, familia ta, prietenii tăi, până acum. E momentul să vezi și tu în oglindă ce au văzut ei și ți-au spus de multă vreme. **E momentul să te iubești!**

De astăzi, **iubeşte-te pe tine exact aşa cum eşti în fiecare clipă a vieţii tale, pentru că în fiecare clipă eşti cea mai bună versiune a ta!**

Exercițiile zilei 16:

☐ De câte ori ai ocazia pe parcursul zilei repetă mantra Ho'oponopono: TE IUBESC. ÎMI PARE RĂU. IARTĂ-MĂ, TE ROG. MULȚUMESC.

☐ Pune-ți o alarmă și din oră în oră du-te în fața oglinzii și zâmbește-ți, spune-ți că te iubești și bucură-te de această zi minunată.

☐ Programează următoarea întâlnire cu persoana pe care ți-ai propus să o susții.

☐ Scrie minimum 10 motive de recunoștință pentru partenerul tău și / sau 10 motive de recunoștință pentru persoane cu care ai interacționat astăzi sau în trecut.

☐ Gândește-te la partenerul tău și scrie scenariul relației tale.

☐ Alege o convingere negativă identificată în ziua 5 și, urmând unul din exemplele EFT prezentate, tapotează până când intensitatea convingerii scade sub nota 3.

☐ Oferă-ți timp și contemplă cu bucurie faptele tale bune și ale celorlalți, conștientizând efectul în lanț generat de acțiunile tale.

Recitește intenția stabilită în prima zi pentru ca zilnic să îți amintești care e obiectivul pentru aceste 28 de zile; parcurge vizual listele de beneficii și dureri.

Provocarea zilei:

Scrie în jurnal care este imaginea pe care o percepi acum, când te uiți în oglindă. Ce s-a schimbat față de azi dimineață când te-ai descris pentru prima dată?

Recomandarea zilei:

Filmul ***Shallow Hal - Ușuraticul (2001)*** oferă exemplul perfect despre ce reprezintă imaginea pe care o vedem atunci când ne uităm în oglindă.

Afirmația zilei în timp ce te privești în oglindă (tapotează fiecare punct al unei runde complete de EFT):

Mă iubesc, Te iubesc

Ziua 17 - Alimentația emoțională și relația ta

Fie ca hrana să-ți fie medicament și medicamentul hrană.

Hipocrate

Pentru ca o relație să fie perfectă, consider că totul trebuie să fie perfect. Poți spune oare că mâna dreaptă este mai importantă decât mâna stângă sau că renunți de bunăvoie la o mână sau un picior? Ne-am ocupat până acum de emoții, de convingeri și de iubirea de sine. Dar felul în care ne alimentăm completează armonia. Alimentația ta îți arată calitatea relațiilor tale, cu tine și cu ceilalți. Motivele pentru care relația cu alimentele suferă de-a lungul vieții sunt nenumărate. Încă din copilărie suntem învățați să primim confort în mâncare. Un copil primește un dulce dacă este cuminte. O aniversare se termină de regulă cu un tort plin de zahăr și ciocolată. Când ceva nu este bine învățăm din filme să ne refugiem într-o cutie de înghețată sau o tavă de prăjituri. Fiecare clipă de fericire este sărbătorită cu un dulce, fiecare moment de dezamăgire este urmat de un exces alimentar.

Deși am avut o luptă îndelungată cu mâncarea, îmi dau seama că am început destul de devreme să fac pași spre o rutină sănătoasă, în ciuda anilor în care am continuat să găsesc refugiu în mâncare. Zilele acestea mi-a ajuns la urechi o expresie pe care o știam demult, care trebuia notată acum, în acest capitol:

Dacă spui o minciună suficient de mult și suficient de des, oamenii vor ajunge să creadă că este adevărată.

Pe asta se bazează afirmațiile pozitive. Din păcate, este cel puțin la fel de puternică și pentru credințele limitative. Acum mai bine de trei ani, când am gândit pentru prima dată un program în pași zilnici pentru transformarea relației de cuplu aveam o alimentație departe de ideal. În realitate, alimentația mea necorespunzătoare a început din fragedă copilărie. Convingerile însușite despre ce este sănătos pentru corpul meu mă determinau să fac aceleași alegeri greșite în alimentație. Am avut o luptă continuă cu kilogramele și o neacceptare a corpului meu. Interesant este faptul că îmi doream un corp de manechin, dar în același timp mă gândeam că un corp frumos mă va face atrăgătoare și astfel îi va face pe băieți să mă dorească.

Pentru că îmi plăcea să învăț, băieții ar fi însemnat o distragere de la învățătură. În felul acesta continuam să lupt între dorința mea de a fi mai frumoasă, adică mai slabă, și dorința mea de a învăța. Pentru a ține băieții departe de mine, credeam că un strat în plus de grăsime este modalitatea optimă de reușită. În timp ce sufeream pentru că nu eram apreciată de băieți, continuam să mănânc prea mult, pentru a nu avea corpul la care visam. Cât de întortocheată este mintea. Dar cât de clar pot vedea acum gândirea pe care am avut-o în copilărie. Mă uit în urmă cu compasiune, înțelegând convingerile pe care le-am avut și bucurându-mă că, prin schimbarea convingerilor, am văzut schimbarea relației mele cu corpul meu și cu soțul meu.

Deși m-am considerat prea grasă de când mă știu, când mă uitam la pozele din trecut nu vedeam un corp de care m-aș simți complexată, dar când mă uitam în oglindă continuam să văd doar defecte. Am ajuns să fiu foarte atentă la relația mea cu mâncarea, ce alegeri făceam și ce conexiune exista între toate alegerile alimentare.

Te întrebi de ce îți povestesc toate acestea? Pentru că, văzând ce influență puternică are alimentația asupra corpului meu, doresc să te încurajez și pe tine să evaluezi alimentația ta și să descoperi ce legătură există între alegerile tale alimentare și starea ta generală.

Spre deosebire de ceea ce am citit în cărțile care vorbesc despre cum să te alimentezi corect, abordarea mea este diferită. În loc să te judeci pentru ceea ce mănânci, poți folosi această informație pentru a conștientiza unde te afli, ca stare de bine, folosind diverse metode pentru a obține o stare de bine superioară.

În urmă cu câțiva ani aveam o concepție diferită despre ce înseamnă îmbătrânirea. Deși citisem lucruri foarte interesante cu care am rezonat perfect, am adoptat convingerea soțului meu care spunea că odată cu vârsta te îngrași. Nu vei fi surprinsă să îți scriu că amândoi puneam kg peste kg, oarecum nemulțumiți de imaginea din oglindă, dar fără a căuta resurse pentru a schimba ceva în viața noastră.

În ziua în care m-am cântărit și am văzut că mă apropiam vertiginos de ceva ce nu aș fi suportat să citesc pe un cântar, mi-am dat seama că această convingere mă rănește. Deși îmi era foarte greu să fac schimbări: nu făceam sport, mâncam foarte multe dulciuri, mâncam foarte dezechilibrat; am făcut *primul pas*: *am luat această decizie de schimbare*, fără să știu ce voi schimba sau când voi avea rezultate.

Știi ce se întâmpla în acea perioadă? La fiecare kg pierdut mă recompensam cu o tabletă de ciocolată. Înțelegi cât de provocatoare a fost această călătorie pentru mine? Nu am ajuns la greutatea dorită într-o lună, nici în 3 și nici în 9. Chiar am pus pe mine mai multe kg, pentru că am între timp am avut doi copii. Totuși, schimbările începute în urma acelei decizii s-au făcut văzute tot mai mult, astfel încât cea de-a doua sarcină am început-o cu mai puține kg decât prima sarcină, chiar dacă sunt mai puțin de doi ani între copii și la 3 luni după a doua naștere aveam doar 6 kg peste greutatea ideală pentru înălțimea mea. În ideea în care în tinerețe aveam chiar greutatea pe care am obținut-o la trei luni după ce am născut cel de-al doilea copil, cred că e evident și pentru tine că schimbările începute au devenit vizibile.

Alimentele pe care le consumăm sunt în perfectă armonie

cu starea noastră generală. Prin alegerile pe care le facem, noi putem să ne ridicăm starea de sănătate sau să o coborâm.

Corpul nostru este format dintr-o comunitate de celule care vibrează și creează împreună o vibrație comună. Cu cât e mai joasă frecvența, cu atât suntem mai aproape de o stare apropiată de moarte. Cu cât e mai înaltă frecvența, cu atât suntem mai aproape de iubire. Fiecare aliment are propria lui vibrație, iar alegerea alimentelor pe care le consumăm nu este întâmplătoare. Alimentele pământului, în stare crudă, au o vibrație înaltă. De aceea se recomandă consumul de fructe și legume crude. Ele conțin tot ceea ce avem nevoie să trăim.

Corpul nostru reprezintă în medie 70% apă, astfel încât este recomandat consumul de apă. Sunt persoane care consumă foarte puțină apă și sunt foarte sănătoase, pentru că, de fapt, apa se poate consuma din alimentele bogate în apă. Din nou recomandarea se îndreaptă către fructe și legume bogate în apă pentru că absorbția de apă se face lent, astfel încât corpul este hidratat pe parcursul întregii zile. Sunt resurse științifice care îți pot confirma ceea ce spun aici, eu îți voi da rezumatul la ceea ce am găsit în căutările mele referitor la alimentația ideală.

Sunt multe persoane care consumă alimente crude (raw-vegane) și au o stare de bine extraordinară, făcând față activităților zilnice cât se poate de normal. Dacă ai o rezistență la ceea ce citești, analizează convingerile pe care le ai în legătură cu alimentația și evaluează dacă aceste convingeri te ajută în propria ta stare de sănătate.

La nivelul cel mai înalt de vibrație al corpului, deși personal nu am cunoscut încă pe nimeni, ne putem hrăni doar cu energia primită de la soare și apă.

Pe următorul nivel se află alimentația raw-vegană. În momentul în care mâncăm doar crud avem o stare de bine fantastică.

Pe următorul nivel alegem să mâncăm legume și fructe cu gătire ușoară, de exemplu, la aburi.

Apoi, pe următoarele trepte se află gătirea cu grăsimi și încep să fie incluse tot felul de alimente procesate.

Alimentele de origine animală ne rănesc, mai mult sau mai puțin. Pe de o parte, carnea are imprimată frica animalului omorât, care este transmisă persoanei ce o consumă, pe de altă parte, lactatele, deși suntem învățați că sunt sănătoase, conțin factori de creștere și hormoni ce creează dependență și probleme de sănătate. Ouăle reprezintă alimentul de bază al virușilor studiați în laborator, astfel încât, în momentul în care sunt consumate, ele creează un mediu propice pentru dezvoltarea virușilor și a bacteriilor nocive din corp.

Atenție! Sunt persoane care consumă produse de origine animală și au o alimentație mult mai sănătoasă decât persoanele vegane. Vegan nu înseamnă sănătos, de aceea și există o piramidă a alimentației. Vegan înseamnă a nu consuma produse de origine animală, dar o persoană vegană poate, de exemplu, să mănânce zilnic prăjituri pline de zahăr sau cartofi prăjiți de trei ori pe zi.

În momentul în care ești atentă la ceea ce mănânci poți să-ți dai seama cât de bine te simți tu în acel moment. Nu te critica! Bucură-te pentru că acum știi că poți face ceva diferit! Este ca și momentul meu de conștientizare, este decizia unei schimbări. Este un punct de pornire pentru o viață nouă, exact cum ai făcut primul pas în această călătorie.

Următorul lucru despre care vreau să-ți vorbesc este îmbătrânirea. De când suntem mici știm că după ce creștem îmbătrânim. *Te-ai întrebat vreodată de ce până la un punct te duci în sus pentru ca apoi să îmbătrânești? De ce te oprești din creștere? Când te oprești din creștere?* Ți-am spus că am aflat informații cu care rezonam perfect, dar rămăsese o informație într-un cotlon al minții mele. Această informație vine din culturile asiatice și spune așa: ***corpul tău are 7 ani***. Repet, ***corpul tău are 7 ani***, adică fiecare celulă a corpului tău este înlocuită cu o celulă nouă în maxim 7 ani. Unghiile și firele de păr sunt în realitate celulele moarte ce părăsesc corpul, exact la fel ca stratul de piele ce se înlocuiește zilnic. Dacă unghiile și părul știm că vor crește, dacă vedem cum se îndepărtează pielea moartă, nu suntem conștienți că, de fapt, acest proces de înlocuire este valabil pentru toate celulele corpului nostru.

Dintr-o perspectivă nouă și cu această informație la îndemână am început să caut în ce fel pot să integrez în viața mea testarea acestei teorii. Cu mult înainte să pun cap la cap ceea ce par piese de puzzle aveam convingeri puternice, pozitive: *la fiecare aniversare întineresc un an; pe măsură ce înaintez în vârstă, întineresc; sunt mai sănătoasă și mai frumoasă astăzi, decât ieri.* Cred că fiecare carte pe care am citit-o a venit să completeze informațiile pe care le cunoșteam până în acel moment. Cu siguranță, ceea ce spun acum vine prin prisma convingerilor mele din prezent.

Dacă eu mă uit în oglindă și văd un chip mai tânăr, mai frumos și mai fericit, nu ai vrea să ai și tu parte de aceeași evoluție? *Convingerea ta că îmbătrânești îți va îmbătrâni corpul.* Amintește-ți discuția noastră de zilele trecute, ***convingerile tale precedă realitatea****. Ele nu sunt consecința a ceea ce trăiești, ele determină viața pe care o trăiești.* Îmbătrânirea este legată de alimentație, întrucât felul în care îți hrănești corpul este primordial. Am mai spus-o și o repet - ***corpul tău este prietenul tău cel mai bun în această călătorie****.* Iubește-l, respectă-l. Corpul tău are nevoie de alimentație sănătoasă pentru a continua să te servească pentru tot restul vieții tale.

A ști că trebuie să te alimentezi sănătos e una, a înțelege de ce nu reușești e o cu totul altă poveste. Pentru asta, vreau să îți atrag atenția asupra ***alimentației emoționale***. Ți-am mărturisit mai sus cum sărbătoream eu fiecare victorie în lupta cu kg. Spun *luptă*, pentru că atunci era o luptă. Eu, cea care refuză să vadă viața ca o luptă, m-am luptat cu kg încă din copilărie. Nu știam atunci de ce aveam acea poftă incredibilă de ciocolată. Cumpărăturile mele începeau întotdeauna prin alegerea a 4-5 feluri de ciocolată pe care apoi o devoram.

Ciocolata era la îndemână și în momentele de bucurie, dar și în momentele de tristețe. Nici nu știu dacă invidiam sau aveam compasiune pentru cei care nu mâncau ciocolată. Când am aflat că unul dintre colegii mei de muncă nu putea să mănânce deloc ciocolată pentru că era alergic, m-am îngrozit la gândul că eu nu aș mai mânca vreodată ciocolată. Dar a fost unul dintre momentele în care am conștientizat că se poate trăi fără ceea ce iubeam eu cel mai mult pe lume, *ciocolata*. Aș putea scrie o carte întreagă despre ce înseamnă să te alimentezi emoțional sau, cum îmi place mie să spun, să-ți mănânci emoțiile.

Te invit chiar să revii asupra convingerilor tale legate de relații pentru că, împreună cu celelalte convingeri limitative pe care le ai, îți generează emoții neplăcute. Când te confrunți cu situații care trezesc aceste emoții la viață vei căuta alinare în alimente. Pot fi amintirile copilăriei, strigătele schimbării sau refuzul de acțiune. Indiferent care este factorul declanșator, vei mânca ceva ce corespunde cu emoția pe care o simți în acel moment.

Ideea pe care vreau eu să o subliniez aici este să urmărești ce mănânci, ce pofte ai și care sunt preferințele tale alimentare. Când le identifici vei putea schimba obiceiurile tale în cel mai natural mod cu putință, fără a simți că te privezi de plăceri.

De exemplu, de când eram mică am fost învățată să beau, în medie, doi litri de lapte pe zi. Deși părinții mei mâncau multe fructe și aveau un stil de viață relativ sănătos, cantitatea de lapte pe care o consumam, mă determina să resping fructele proaspete. Cu un pahar de lapte merge mult mai bine un biscuite, o felie de pâine, o porție de macaroane. Mama mea, fiind convinsă că laptele reprezintă cea mai bună sursă de calciu, mi-a transmis această convingere. Abia când l-am cunoscut pe soțul meu care devora câte o tavă de fructe în fiecare seară am început să privesc alimentația mea cu alți ochi. După cum vezi în mărturisirile mele, au fost foarte multe momente de conștientizare. Uitându-mă în urmă, le pot lega pe toate împreună, dar a fost un proces îndelungat să văd unde se potrivește fiecare piesă de puzzle.

Faptul că am știut care alegeri sunt mai sănătoase nu m-a determinat să-mi schimb alegerile alimentare. Chiar și când am luat anumite decizii, emoțional reveneam asupra deciziilor și lucrurile păreau în afara controlului meu.

În directă legătură cu alimentația emoțională este mâncatul compulsiv – atunci când nu poți să te oprești până nu termini un pachet sau o cutie dintr-un anumit aliment. Parcă atunci când îți promiți că nu vei mai face asta niciodată e, de fapt, mult mai rău decât înainte... pentru că vei mânca mult mai mult, crezând că e pentru ultima dată. În momentul în care apare un factor declanșator revii asupra deciziei și te încarci și cu foarte multe resentimente față de tine. *Mâncarea reprezintă prima dependență a omului.* Îi acuzăm pe cei care fumează, beau, se droghează, sunt dependenți de jocuri de noroc, se uită la filme sau lucrează prea mult. Dar ***dependența cea mai gravă***, pentru că nimeni nu o observă, ***este dependența de alimente***. O persoană care a băut prea mult este reperată imediat de către ceilalți. O persoană care a mâncat prea mult s-a ascuns să își plângă suferința. Este posibil ca ea să își controleze foarte bine obiceiurile alimentare în public, astfel încât nici cei mai apropiați prieteni să nu știe ce dependențe are. Nu te critica dacă ai realizat că nu ai cea mai bună alimentație, suntem doar în etapa de conștientizare.

Ce am împărtășit cu tine până acum are importanță, pentru că nu mai vreau să îți vezi corpul așa cum l-ai văzut până acum. Vreau să facem un reset la gândirea cea veche și să te privești, din nou, în oglindă, văzând frumusețea sufletului tău. Când sufletul tău se eliberează din acea temniță în care a fost închis pentru a fi protejat, tu vei străluci. Strălucirea ta pornește din interior, pentru ca, pas cu pas, să se vadă tot mai mult, atât în fizicul tău, cât și în energia pe care o degaji în jurul tău. *Permite ca alimentația ta să devină un barometru al punctului tău de plecare.* Astfel, vei putea spune stop când vei avea următorul impuls de a mânca ceva pe furiș. Vei fi atentă la emoțiile tale, te vei asculta tu pe tine și vei înțelege care sunt provocările prin care treci.

De exemplu, scrierea acestei cărți este o provocare foarte

mare pentru mine. Îmi doresc să fie cea mai bună carte pe care ai citit-o până acum pentru a te ajuta în relația de cuplu; dar mă consumă foarte mult la nivel emoțional. Caut resurse pentru a-ți oferi cele mai bune exemple, pentru a te încuraja în cel mai bun mod cu putință. Îmi deschid sufletul față de tine. Îmi este frică de critica celor ce nu vor înțelege de ce am ales să scriu ceea ce am scris. În mintea mea rulează gânduri cu privire la ceea ce se va întâmpla în ziua în care termini de citit această carte. Mă gândesc că vreau să mănânc, iar apoi îmi dau seama că nu îmi este foame, sunt doar emoțiile ce îmi vorbesc. Aleg să mă ascult și să mă bucur de conștientizări, decid să revin la calculator și să scriu mai departe ce am pregătit pentru tine.

Îți mărturisesc un secret: motivul pentru care nu merg să dau buzna la dulap este pentru că nu am ce să iau de acolo. *Schimbarea alimentației începe la cumpărături.* Dacă în trecut începeam cu alegerea ciocolatelor, acum umplu coșul de cumpărături cu fructe și legume proaspete. Nu cumpăr doar lucruri sănătoase, încă simțim nevoia de a satisface unele pofte de tipul *"amintiri din copilărie"*, cum îmi place să le numesc. Ce m-a ajutat pe mine foarte mult să renunț la dulciuri a fost tocmai decizia de a renunța la lactate și ouă. Dacă la început părea greu, mi-am dat seama că era, într-adevăr, o dependență, iar în momentul în care am trecut de perioada de sevraj, chiar puteam trăi foarte bine fără lactate, să nu mai spun că există unele preparate din nuci atât de gustoase, încât te întrebi de ce nu le-ai descoperit încă din copilărie. Pentru că majoritatea dulciurilor conțin fie lactate, fie ouă, după ce citesc etichetele le pun înapoi pe raft fericită. Chiar am un sentiment de stare de bine și mă bucur că nu mă privez de ceva, ci renunț la ceva ce nu doresc să consum. ***Decide o primă schimbare. Nu pune termene sau condiții. Dă-ți voie să te observi pas cu pas și să conștientizezi schimbările prin care treci.***

Am decis să scriu această carte abia după ce am învățat să folosesc tehnicile descrise aici. Eu îmi încep fiecare zi într-o rutină strictă ce îmi permite să am energia și dispoziția necesare pentru a fi alături de tine în această călătorie. Când mă uit în oglindă iubesc persoana din fața mea și știu că exemplul reușitei mele te va încuraja și pe tine până la final. Da, aș putea să cumpăr tot ce îmi face cu ochiul, dar când îmi vine gândul îmi trece și pofta. Așa simt eu că se petrec lucrurile când vindeci emoțiile și dispare alimentația emoțională.

Relația ta cu iubitul tău are legătură cu alimentația ta. Ce părere ai tu de expresia *"dragostea trece prin stomac"*? Cu siguranță trece atunci când simți *fluturi în stomac*! E singura legătură între cele două. Stomacul ne va spune dacă suntem sau nu suntem bine. Când recurgi la mâncare pentru problemele în dragoste înseamnă că ceva te deranjează. Pentru că nu vrei să asculți, astupi emoțiile, sperând că nu le mai auzi sau că vor trece. Tu ești o ființă vie - trăiești și iubești. Suferința nu este și nu trebuie să fie condiția vieții tale! Dă-ți voie să treci prin frică, peste frică, cu frică peste tot ceea ce te face acum să te îndrepți spre frigider. Will Smith spunea "dacă nu poți să o faci fără frică, fă-o cu frică". Iar eu completez ceea ce spune Will: acum ai și instrumentele necesare care te ajută la fiecare pas al reușitei tale.

Celulele din corpul tău lucrează în armonie sau cel puțin așa ar trebui. Prin faptele tale zilnice, tu îți ajuți sau îți încurci corpul. Fiecare alegere a ta îți face bine sau rău. Este valabil pentru toate alegerile tale, dar acum mă refer doar la partea de alimentație. Dă la o parte toate convingerile negative pe care le ai legate de alimentație și îmbătrânire. Pornind de la exemplul convingerilor mele, eu pot să îți confirm că nu toți oamenii sunt grași când îmbătrânesc. Sunt persoane care arată la 80 de ani mai bine decât au arătat la 50 de ani. Sunt persoane care au început să alerge în maratoane după 90 de ani. Sunt persoane pe al căror chip nu poți să citești vârsta. Sunt persoane tot mai sănătoase pe măsură ce îmbătrânesc.

De ce ar trebui să faci ceva pentru a te bucura de o viață sănătoasă? Pentru că sănătatea este doar o felie din roata fericirii tale!

Cu ce te ajută o alimentație sănătoasă în relația ta de cuplu? Când te hrănești sănătos gândești mult mai limpede. Încetezi să te încarci cu gânduri negative și te bucuri de viață cu tot ce îți rezervă ea. Prin alimentație tu poți să îți ridici vibrația, astfel încât să fii și la nivel fizic în rezonanță cu vibrația recunoștinței pe care ai început deja să o practici zilnic.

Practicând EFT în fiecare zi, ai observat că te-ai liniștit. Nivelul de adrenalină s-a diminuat, astfel încât multe schimbări pozitive, despre care eu nu am scris în carte, au apărut în viața ta. Deși consider că întregul conținut al cărții ar fi important de prezentat într-o singură zi, știu că ar fi prea mult de asimilat și de aceea le-am ordonat astfel încât și tu să îți aranjezi propriile piese de puzzle. EFT se integrează perfect și în abordarea alimentației tale.

Acum a venit momentul să aduc claritate asupra legăturii dintre alimentație și corpul tău. Adrenalina obligă sângele să-ți oxigeneze membrele pentru a fi pregătită de acțiune fizică, necesară în cazul în care un pericol apare în fața ta. Astfel, sângele nu merge cu prioritate nici la creier, nici la stomac (uite de ce nu gândim cu claritate și avem crampe și alte probleme de digestie). Atunci când mâncăm peste măsură sângele este direcționat spre abdomen pentru a ajuta procesul de digestie și astfel este împiedicată, din nou, oxigenarea creierului.

Ce înseamnă să mănânci peste măsură? Înseamnă să ai nevoie de ore suplimentare pentru digestie. A mânca nu se rezumă la a introduce mâncare în stomac. Este un proces care începe vizual, atunci când te uiți la alimente, le mănânci din priviri. Nu știi cum să faci să le devorezi mai repede. Începi să simți saliva care se pregătește să primească mâncarea respectivă care îți va bucura papilele gustative. După ce intră mâncarea în stomac începe un întreg proces de digestie. Fiecare aliment are nevoie de o anumită combinație de sucuri gastrice, pentru că, ulterior, alimentele transformate continuă tranzitul prin intestine. Întrucât procesul de digestie a alimentelor este diferit, amestecarea anumitor grupe de alimente este dăunătoare corpului. Este foarte provocator să iei decizii corecte în ziua de astăzi. Între militanții pentru alimentație vegetală și lobby-urile pentru consumul de produse de origine animală, pentru consumul de produse recomandate ca fiind baby-friendly (în realitate sunt pline de zahăr), adăugând și o cultură de țară sau de comunitate, unde se mănâncă într-un anume fel și nu se concep schimbări. Eu am ales să studiez informațiile primite, să analizez cum îmi influențează mie personal starea de sănătate.

Deși cred că în subconștient știm deja ce este mai bine pentru noi, e nevoie să ne scuturăm de convingeri și să ne eliberăm de emoții pentru a face schimbări la nivel de conștient. Fructele trebuie mâncate pe stomacul gol, pentru că ele trec foarte repede prin stomac, pentru a face schimbul de nutrienți în intestin. Dacă mănânci fructe ca desert, ele vor întâlni o barieră la nivelul stomacului, astfel încât vor începe procesul de fermentație în stomac. Așa apar gaze, crampe și balonări. Fructele conțin fructoză, care se transformă cu ușurință în glucoză, iar creierul nostru are nevoie de glucoză. Dependența de dulciuri nu este nevoia de glucoză pentru creier, întrucât dulciurile procesate nu oferă creierului glucoza de care are nevoie. *Dependența de dulciuri arată doar un dezechilibru emoțional.*

Deși în această carte nu îmi propun să parcurg toate categoriile de alimente, întrucât scopul acestei zile este doar de conștientizare, îmi doresc să îți vorbesc și despre timpul de digestie al cărnii. Unele tipuri de carne se digeră până la 72 de ore. Asta ar însemna să lași organismul timp de 72 de ore să termine digestia ultimei mese înainte să mănânci din nou. Pentru că suntem învățați să mâncăm mai multe mese pe zi, ar fi indicat să se consume carne maxim o dată pe zi, la masa de prânz, sau chiar la două-trei zile. Corpul tău are nevoie de pauză între mese pentru a face și altceva în afara digestiei. *Un corp ocupat cu frici constante și cu un exces de alimentație se îndreaptă cu pași repezi spre prăbușire.*

Când faci pauze mai mari între mese, când începi să mănânci mai multe crudități te trezești cu o primă senzație de foame. Dacă te-ai ocupat deja de emoțiile tale, vei înțelege cu ușurință că nu îți este foame, ci vei percepe senzațiile unui corp în care nu se petrece un proces permanent de digestie. Între mese ar trebui să te simți lejeră, să simți că ai stomacul gol, dar să știi că nu îți este foame. Când vei simți asta vei realiza că mintea ta este limpede și te poți gândi cu ușurință la ceea ce ai de făcut.

Pentru că eu am ales, după un proces îndelungat de tranziție și adaptare, să consum alimente de origine vegetală și sunt, în continuare, într-un proces de îmbunătățire a calității alimentației mele, nu îți voi da sfaturi cu privire la combinațiile de alimente optime pentru tine. Nu îmi doresc să pui la îndoială ceea ce spun și nici nu voi face reclamă vreunui regim sau stil de viață. Ceea ce am observat, în schimb, a fost cât de natural s-au schimbat gusturile persoanelor cu care am discutat după ce au făcut schimbări similare în viețile lor. Aceste persoane, la fel ca mine, au constatat că, renunțând la anumite alimente, au început să aibă preferințe alimentare tot mai naturale. Eu nu am renunțat la ceva ce îmi făcea bine, în schimb am descoperit un întreg univers de alimente de a căror existență nu știam sau pe care nu le foloseam și care mă ajută acum să am un corp mai sănătos decât în tinerețe.

Folosește ziua de astăzi pentru a evalua alimentația ta. Pe modelul convingerilor legate de relații, analizează convingerile tale cu privire la alimentație. Nu există răspunsuri greșite, există doar răspunsuri care te vor ajuta să te simți mai bine de azi înainte.

Dacă îți este ușor să urmărești schimbările alimentației tale de-a lungul timpului, verifică în diferite perioade care era starea ta de spirit și ce mâncai cu preponderență în acea perioadă. Pentru astăzi îți doresc să reții că starea ta de bine este în directă legătură cu alimentația ta. Cu cât alimentația este mai sănătoasă, cu atât mai înaltă este vibrația corpului tău. Las la latitudinea ta să descoperi care este alimentația sănătoasă pentru tine. De reținut: ***De fiecare dată când mănânci sau bei, îți hrănești fie sănătatea, fie boala!***

Exercițiile zilei 17:

☐ De câte ori ai ocazia pe parcursul zilei repetă mantra Ho'oponopono: TE IUBESC. ÎMI PARE RĂU. IARTĂ-MĂ, TE ROG. MULȚUMESC.

☐ Analizează-ți atent alimentația, poftele alimentare, alimentele fără de care simți că nu poți trăi. Fă o listă cu ele și verifică dacă ele îți fac bine sau îți acoperă emoțiile cu care nu ești pregătită să te confrunți.

☐ Scrie minimum 10 motive de recunoștință pentru partenerul tău și / sau 10 motive de recunoștință pentru persoane cu care ai interacționat astăzi sau în trecut.

☐ Gândește-te la partenerul tău și scrie scenariul relației tale.

☐ Alege o convingere negativă identificată în ziua 5 și, urmând unul dintre exemplele EFT prezentate, tapotează până când intensitatea convingerii scade sub nota 3.

☐ Oferă-ți timp și contemplă cu bucurie faptele tale bune și ale celorlalți, conștientizând efectul în lanț generat de acțiunile tale.

Recitește intenția stabilită în prima zi pentru ca zilnic să îți amintești care e obiectivul pentru aceste 28 de zile; parcurge vizual listele de beneficii și dureri.

Provocarea zilei:

Evaluează pe o scală de la 1 la 10 alimentația ta în acest moment. Ce poți face pentru a crește cu un punct calitatea alimentației tale în următoarea săptămână?

Recomandarea zilei:

Cartea ***Constant Craving - Mi-e poftă! Ce mă fac?***, de Doreen Virtue, aprofundează legătura între ceea ce mănânci și motivele pentru care le alegi. Dacă ai descoperit dependențe alimentare, vei înțelege cu ușurință care sunt provocările ce trebuie depășite în viața ta.

Afirmația zilei (tapotează fiecare punct al unei runde complete de EFT):

Mâncarea reprezintă sănătate

Ziua 18 - Corpul tău este mișcare

Oare ce pas mai potrivit poate urma după discuția noastră de ieri? Pentru că vorbeam despre mai multe felii dintr-un cerc, a venit momentul să completăm discuția noastră cu una dintre nevoile de bază ale corpului nostru: *mișcarea*. O consecință a faptului că suntem în viață este că avem un corp care are nevoie de mișcare. Știu că sportul reprezintă o altă temă plină de convingeri și prejudecăți și îmi doresc să vorbesc despre una bătătoare la ochi: *După 40 de ani nu mai dai jos ușor burtica.* Deși, aparent, este o convingere ce are legătură cu mâncarea, conștientizarea mea a fost legată de sport, întărită de exemple din viața mea și a prietenelor mele.

Vreau să ne îndreptăm privirea către copilărie. De când se ridică pe picioare, copiii aleargă fără astâmpăr. Vor mânca, unii doar atunci când sunt forțați de părinți, iar apoi își vor continua aventurile nestingheriți. Viața de copil înseamnă să alerge de dimineața până seara, zi de zi.

Asta se întâmplă până când se impun rutine noi. Pe parcursul anilor de școală sunt copii care continuă să facă sport sau să alerge în voie cu alți copii. Indiferent de calitatea meselor din familie, copiii elimină surplusul alimentar și alimentele nesănătoase prin activitățile fizice specifice copilăriei.

Când încep să lucreze, acei copii, care acum sunt adulți,

încep rutine noi, uită de joacă şi se concentrează pe probleme. Ei uită de uşurinţa cu care eliminau stresul înainte, pentru că ceea ce făceau era intuitiv, nu era o activitate conştientă. În loc să elimine stresul, ei vor acumula oboseală şi stres. Ei încep să experimenteze o alimentaţie emoţională.

Este ceea ce se întâmplă atunci când nu ştii cum să faci lucrurile diferit. Mâncarea sau factorii stresanţi care în copilărie erau eliminaţi cu uşurinţă după câteva minute de joacă acum vin să completeze colăcei pe corp sau să genereze probleme de sănătate.

Faptul că sunt persoane în formă maximă chiar şi după 50 de ani confirmă ideea că mâncarea nu trebuie să se depună pe corp după o anumită vârstă. Acest lucru este întărit şi de confirmarea ştiinţifică a faptului că toate celulele corpului sunt înlocuite la maximum 7 ani.

Şi iată cum a venit şi momentul meu de AHA, când am decis să am grijă de corpul meu. Mi-am dat seama că nu mă mulţumesc să am greutatea ideală, dacă imaginea din oglindă nu corespunde cu ceea ce îmi doresc să văd acolo. În urmă cu câţiva ani am avut deja kg pe care le am acum, dar aveam impresia că văd un schelet în oglindă. Prietenii îmi spuneau că sunt prea slabă, deşi eu eram supărată că mai aveam câteva kg care nu voiau să mă părăsească.

Pielea noastră ne ţine tot corpul împreună. Dacă în copilărie ne îngrijeam corpul intuitiv, fără să realizăm acest lucru, acum avem nevoie de un impuls pentru a începe să ne ocupăm de corpul nostru cu o atenţie conştientă. Nu îţi spun să mergi la sală în fiecare zi câte o oră, dimpotrivă, la fel ca şi ieri, astăzi este o zi pentru conştientizare.

Ce legătură este între relaţia cu iubitul tău şi corpul tău fizic? Te-am încurajat deja să te uiţi în oglindă, să te apreciezi exact aşa cum eşti. Ţi-am spus să-ţi iubeşti toate defectele şi, probabil, ai ajuns să accepţi şi să te bucuri că înveţi să te iubeşti. Cu siguranţă, a fost uşor să te gândeşti că nu ai nimic de schimbat.

Astăzi nu te îndrept spre autocritică, ci spre și mai multă apreciere față de tine însăți.

În momentul în care tu te iubești exact așa cum ești, soțul tău percepe dragostea ta pentru tine. Aceasta îl încurajează pe el să îți arate și mai mult că te iubește. Am citit într-o carte povestea unei femei care, după ani de zile de autocritică ce era cauzată de excesul ponderal, se uită în oglindă și își spune că e frumoasă. Soțul ei vine lângă ea, o îmbrățișează și îi spune: *"de ani de zile îți spun asta, mă bucur că, în sfârșit, vezi și tu ceea ce iubesc eu"*.

Ziua de astăzi este despre a-ți răsplăti corpul, prietenul tău cel mai bun. **Persoana pe care o vezi în oglindă este prietena ta cea mai bună**. Până acum ți-ai condus viața fără să te gândești că există cu adevărat o legătură între fiecare acțiune pe care o faci pe parcursul zilei. Aș spune că ți-ai condus viața pe pilot automat până în prezent. Imaginează-ți: *cum te vei simți peste un an de zile dacă începi să-i oferi mai multă mișcare corpului tău în fiecare zi?*

Când am văzut că prin alimentație am ajuns la kg pe care le doream, fără a fi suficient de încântată de imaginea pe care o vedeam în oglindă, a sosit momentul să trec la următoarea schimbare. Deși eram conștientă că este nevoie de o muncă îndelungată, mi-am dat seama că vreau o piele tonifiată și un corp întinerit. Vedeam atât de multe poze cu persoane de vârsta mea sau mult mai în vârstă care arată bine, încât mi-am spus că așa ceva este posibil și pentru mine.

Deși îmi doream rezultate rapide, nu mi-am impus un termen și m-am apucat să fac mișcare în fiecare zi. Primele antrenamente erau atât de scurte, doar câteva minute, încât mi se părea că nu e suficient ceea ce fac. Dar faptul că erau atât de ușoare m-a motivat să continui zi de zi. Când am început să văd primele progrese, în loc să mă opresc, mă admiram în oglindă și îmi imaginam cum va arăta după un an corpul meu. Un an mai târziu m-am uitat fericită în oglindă și mi-am spus: *dacă am făcut aceste progrese într-un an, oare cum va arăta corpul meu după încă un an?* Viaţa mea nu mai este despre a face sport până la greutatea ideală, deviza mea este: *"Azi ai mâncat? Atunci corpul tău are nevoie de mişcare!"*. Ceea ce spun eu nu este inventat de mine.

Deşi ştim cu toţii că avem o inimă ce pompează sângele şi încălzeşte corpul, avem plămânii ce aduc oxigenul în corp şi ne ajută să ne răcorim prin ventilaţie, este mai puţin cunoscută importanţa limfei în corp. Limfa nu are un organ care să o pompeze în corp aşa cum e inima pentru sânge şi plămânii pentru oxigen. Pentru a pune limfa în mişcare trebuie să activezi corpul, de preferat dimineaţa, după ce te-ai trezit. Poate îţi este mai cunoscut termenul de noduli limfatici care se inflamează când sunt probleme de sănătate. Îţi pomenesc despre ei, pentru că limfa prelucrează toxinele din corp, ajută la curăţarea organismului şi la menţinerea sănătăţii. Putem compara limfa cu apa: dacă nu o pui în mişcare, este precum o baltă de apă stătută în care se deversează deşeurile unui oraş. În momentul în care activezi limfa, deschizi de o parte şi de alta a bălţii canale de alimentare şi de evacuare, astfel încât balta devine cristalină.

Nu trebuie să faci sport de performanţă sau să ajungi la epuizare pentru a pune limfa în mişcare. După cum ţi-am spus, eu am început cu mai puţin de cinci minute de sport pe zi şi am fost atât de motivată, încât am continuat zi de zi, de mai bine de un an.

Probabil te aştepţi să te ghidez pas cu pas către sportul potrivit sau te gândeşti deja la toate motivele pentru care tu nu poţi face sport peste zi. *Nu căuta scuze în viaţa ta!* Şi eu am căutat astfel de scuze timp de mai bine de douăzeci de ani. *Caută acele 2 minute în care poţi să te bucuri de viaţa ta şi de corpul tău!* Pentru a pune limfa în mişcare este suficient să faci o alergare pe loc, cât poţi tu de intens, pentru un minut. E un prim pas pe care poţi să îl faci. Chiar şi simularea unei alergări, adică să te pui în poziţie de fugă cu braţele îndoite, mişcându-le în ritm alert înainte şi înapoi, va stimula limfa să pornească.

În funcţie de ceea ce îţi permite timpul şi locul unde eşti, îți voi lăsa câteva idei despre sporturile pe care le știu: *fitness, pilates, yoga, tenis, alergare, înot, dans, cățărare, kayak, mers scandinavic, plimbări lungi în natură, urcat și coborât de scări.* Cu siguranță sunt mult mai multe sporturi disponibile în zona în care locuiești.

Cât timp trebuie să faci sport pentru a avea corpul pe care îl dorești? Cinci minute pe zi peste senzația de confort. Continuă după ce ai obosit, acela e semnalul care îți confirmă că ceea ce faci în plus se va vedea mai repede. Nu te forța cu antrenamente grele și obositoare. Înainte să faci sport pune-te în *postura de Superman* descrisă în **ziua 16** și gândește-te la victoria pe care o obții după doar 5 minute de sport: *un corp superb în doar câteva luni!*

Până când trebuie să faci sport? Cât timp mănânci, corpul tău are nevoie să facă mișcare. Mișcă-ți corpul, te va recompensa prin sănătate și stare de bine.

Corpul tău este templul tău pentru Dumnezeu, este casa ta pe pământ. Este singura proprietate care este cu adevărat a ta în această viață și ultimul lucru care te va părăsi când îți vei da ultima suflare. Dacă vrei să te bucuri de viață până în ultima clipă, înseamnă că vrei un corp sănătos, care să te susțină, să te ajute în tot ceea ce faci. ***Ai grijă de corpul tău!***

Conștientizarea faptului că fiecare pas pe care îl faci este o activitate fizică te va motiva să faci un pas în plus. În realitate, tu te miști zilnic, dar vezi totul drept o povară, o obligație, o lipsă de plăcere. Trezește-te cu zâmbetul pe buze, fericită să pășești, să alergi, să te bucuri de viață. Înainte de a face ceva, gândește-te că e pasul ce îți aduce și mai multă sănătate. Ai grijă de corpul tău, dacă îți dorești să îți fie alături în tot ceea ce faci. Ține minte că în maximum 7 ani toate celulele corpului tău sunt celule noi! *Știi ce înseamnă asta?* Corpul tău nu îmbătrânește, corpul tău nu se îmbolnăvește. ***Convingerile tale îți îmbătrânesc corpul, convingerile tale și emoțiile negative aduc boala în viața ta!***

Deși ziua de astăzi este despre conștientizare, gândește-te

ce rutină de mişcare poţi să faci începând de astăzi! Fie că faci 10000 de paşi, fie că te înscrii la sala de sport, începi să practici înot, faci sport de două ori pe săptămână, începând de astăzi oferă atenţia cuvenită corpului tău! Avantajele nu vor fi doar în starea ta de bine! Aşa cum ai descoperit deja, toate exerciţiile sunt conectate: nu doar corpul îţi va mulţumi, ci şi tu vei începe să te iubeşti, din ce în ce mai mult!

Exercițiile zilei 18:

☐ De câte ori ai ocazia pe parcursul zilei repetă mantra Ho'oponopono: TE IUBESC. ÎMI PARE RĂU. IARTĂ-MĂ, TE ROG. MULȚUMESC.

☐ Programează timpul necesar pentru activitatea fizică aleasă și respectă cu sfințenie angajamentul luat!

☐ Scrie minimum 10 motive de recunoștință pentru partenerul tău și / sau 10 motive de recunoștință pentru persoane cu care ai interacționat astăzi sau în trecut.

☐ Gândește-te la partenerul tău și scrie scenariul relației tale.

☐ Alege o convingere negativă identificată în ziua 5 și, urmând unul din exemplele EFT prezentate, tapotează până când intensitatea convingerii scade sub nota.

☐ Oferă-ți timp și contemplă cu bucurie faptele tale bune și ale celorlalți, conștientizând efectul în lanț generat de acțiunile tale.

Recitește intenția stabilită în prima zi pentru ca zilnic să îți amintești care e obiectivul pentru aceste 28 de zile; parcurge vizual listele de beneficii și dureri.

Provocarea zilei:

Notează în jurnal decizia luată cu privire la activitatea fizică, frecvența cu care dorești să practici, starea ta de astăzi. Poți nota kg și măsurători și îți poți face o poză pentru a vedea evoluția ta în perioada următoare.

Recomandarea zilei:

Filmul ***Filmul The Game Changers – Cei care au revoluționat jocul (2018)*** este o combinație pentru temele discutate ieri și astăzi, despre importanța sportului și a alimentației în viața noastră.

Afirmația zilei (tapotează fiecare punct al unei runde complete de EFT):

Corpul meu se regenerează în sănătate

Ziua 19 - Privește în interior

Dacă porți bucurie în inima ta, poți vindeca orice moment.

Carlos Santana

Mă întreb dacă ai făcut acel pas spre energizarea de dimineață. Te întreb asta, pentru că eu îmi încep ziua cu exercițiile ce îi permit corpului meu să fie în formă maximă pentru ziua ce urmează. Eu am început să fac sport zilnic acasă în perioada de izolare și m-am întrebat dacă mă voi plictisi. Aveam obiceiul să mă plictisesc uneori chiar înainte să ajung la rezultatele dorite, dar simțeam că ceea ce fac acum este diferit. Treptat, întrebarea nu a mai fost dacă mă voi plictisi, ci cum pot eu să fiu sigură că voi avea acest timp pentru mine zi de zi pentru tot restul vieții. Când am început să fac sport eram șomeră, cu doi copii mici acasă și aveam o zi întreagă să mă organizez. În acea perioadă am aflat de existența în lume a unor oameni care se trezesc la 5 dimineața pentru a-și oferi prima oră din zi dezvoltării lor personale. Înainte de această descoperire eu stăteam seara cu jurnalul meu, după ce adormeau copiii. Câteodată mă prindea ora 2 dimineața la birou, așternându-mi gândurile.

Pentru a-ți arăta cât de alambicată este gândirea mea, eu sunt primul om care urăște rutina. Dacă îmi dai să fac o activitate monotonă, voi face tot posibilul să aduc ceva picant în ea, pentru a o putea duce până la capăt. Într-o carte motivațională am citit că rutina dă libertate. După ani de zile în care am creat pas cu pas o rutină, pot să confirm că este adevărat. *Libertatea nu există în lipsa unei rutine.*

În primul rând, în momentul în care nu ai o rutină trebuie să folosești foarte mult conștientul pentru a lua toate deciziile mărunte. Dacă, de exemplu, ai o rutină de dimineață, operațiunile se înlănțuie natural, pe pilot automat, fără să îți solicite conștientul. Nu trebuie să te gândești ce urmează. Dacă în ultima perioadă ai început ziua pe o notă pozitivă, cu zâmbet pe buze, afirmații pozitive, câteva notițe în jurnal, tu te-ai pregătit cu o energie superioară și te-ai simțit mai puternică în fiecare zi. Iar acum, în timp ce citești aceste rânduri, îmi dau seama că zâmbești, ți-ai luat o poziție protocolară și te gândești că este adevărat ceea ce citești. Dacă nu ai o rutină care să te bucure dimineața când te trezești, este posibil să pui ceasul să sune de mai multe ori, să te gândești la fiecare lucru pe care îl ai de făcut și să realizezi că nu ai deloc moralul pentru ziua care urmează. *Deși nu ai o rutină zilnică, ceea ce se întâmplă în viața ta este de fapt o înșiruire de zile monotone, zile care, de fapt, reprezintă o rutină plictisitoare.* Asta e ciudat - urăști rutina, fugi de ea, nu o dorești și totuși descoperi că viața ta este anostă și monotonă și totul se derulează într-o rutină îngrozitoare!

Mama m-a învățat că repetiția este mama învățăturii. Deși nu mă ajuta cu temele așa cum văd alți părinți că stau cu copiii lor, cred că mi-a insuflat o iubire de carte profundă și mi-a sădit bazele pentru a putea învăța orice. Când mă pregăteam pentru primele locuri de muncă eram atât de sigură pe mine, încât mă plăceau inclusiv angajatorii care nu mă selectau pentru posturile vacante. Le spuneam tuturor: *nu am experiență, dar orice este de făcut voi învăța mai repede decât oricine altcineva și voi fi cea mai bună.* De ce spuneam asta? Pentru că știam că pot învăța orice. Eram determinată să învăț și știam că pot învăța. Din acest motiv știu că și **tu poți să ai viața pe care o meriți, viața pe care o dorești!** Mai știu și că viața ta va fi mult mai frumoasă decât ai sperat tu că ar putea să fie. *Ce ai de făcut pentru asta?* Exercițiile pe care le propun în fiecare zi. Ele nu sunt alese întâmplător și, deși poți alege multe alte tipuri de programe, acesta este un program ce îți garantează reușita. Ce legătură are ceea ce am spus aici cu repetiția? O parte dintre exerciții se repetă zilnic. Dacă ai nevoie să faci duș zilnic pentru a avea un corp curat, dacă trebuie să te speli pe dinţi zilnic pentru a avea o dantură sănătoasă, dacă trebuie să mănânci zilnic pentru a avea energie, *tu ai nevoie să îţi oferi zilnic doza de energie pozitivă şi ridicarea vibraţiei personale.* **Pentru a te asigura că ai relaţia perfectă pe care o doreşti, trebuie să te asiguri că plantezi seminţele potrivite şi că le oferi condiţiile necesare pentru ca ele să înflorească.**

Nu în exterior trebuie să cauţi ceea ce nu funcţionează în relaţia ta. Răspunsurile sunt în interiorul tău. Când relaţia ta nu este perfectă, ea îţi atrage atenţia că ceva din interiorul tău trebuie să fie ajustat. Aşa cum spune Carl Jung *"Viziunea ta va deveni clară doar când te vei putea uita în propria inimă. Cine se uită în exterior visează, iar cine se uită în interiorul său se trezeşte".* Astăzi îţi cer să îţi îndrepţi atenţia către interior. Când ai armonie în interior, totul în exteriorul tău va oglindi această armonie. Cu cât mai mult te supără relaţia cu partenerul tău, cu atât mai mult ai de lucrat în interiorul tău.

Îţi reamintesc că scopul acestor rânduri nu este să găseşti vinovaţi, să acuzi sau să judeci. Conştientizarea cauzelor te ajută să mergi direct la rădăcina problemelor. Am întâlnit multe femei care au suferit în relaţii, considerându-se victime sau desconsiderându-şi valoarea. S-au gândit că au avut vreo plată grea din trecut, că e o cruce de dus sau au avut alte gânduri mai mult sau mai puţin asemănătoare. Eu nu privesc lucrurile din acest unghi. Cât timp energiile celor doi parteneri au vibrat pe o frecvenţă compatibilă, cei doi au fost împreună. Sincer, încă nu am întâlnit un cuplu în care unul dintre parteneri să fie cu adevărat fericit în timp ce celălalt suferă. Chiar dacă tipul de suferinţă este diferit, cuplul este în armonie; fiecare suferă în egală măsură. O prietenă psiholog îmi spunea că fiecare partener intră într-o relaţie de cuplu şchiop de un picior şi aşteaptă de la celălalt să fie piciorul de sprijin pentru el, fără a dori să reprezinte el însuşi piciorul de sprijin pentru partener. E trist să te gândeşti la o poveste de dragoste în care vezi doi şchiopi emoţionali ce nu ştiu să primească şi să ofere iubire necondiţionată.

Oricare ar fi stadiul relaţiei tale în acest moment: eşti *în căutarea unui iubit*, ai *o relație care atârnă de un fir de ață* sau ai *o relație armonioasă* cu iubitul tău, cred că e momentul să o faci din ce în ce mai frumoasă. Dacă nu ai încă o relație, cum te simți la ideea că următoarea relație pe care o începi o vei avea cu o persoană la fel de echilibrată emoțional ca și tine, vindecată de traume și dornică să construiască o relație de iubire sinceră și solidă? Știi de ce este posibil acest lucru? Pentru că vibrația ta este înaltă! Dacă ți-am spus că două persoane au rămas într-o relație toxică atât timp cât vibrațiile lor au fost pe aceeași frecvență, același raționament este valabil și pentru vibrațiile înalte. Tu vei întâlni și te vei simți atrasă doar de un bărbat ce vibrează pe aceeași frecvență cu tine. Dacă, în ultimul timp, relația ta nu a fost așa cum ți-ai dorit să fie, vei observa că soțul tău începe să se schimbe, se vindecă pe măsură ce experimentezi vindecarea rănilor tale. Dacă la început vei crede că s-a schimbat doar percepția ta despre soțul tău, în curând vor veni prietenele tale să te întrebe ce ai făcut pentru ca soțul tău să fie atât de diferit.

Ce se întâmplă când o relație este deja armonioasă? Îmi place să mă uit la relația mea, simțind nivelul maxim de fericire și să văd cum acest maxim crește mai mult în fiecare zi. Dacă universul este infinit, nu văd de ce ar trebui să existe un maxim de fericire într-o relație. Tu ce părere ai?

Întreaga călătorie pe care ți-o propun este o călătorie spre interior. Pentru ca realitatea pe care o percepi să se schimbe, atenția ta trebuie direcționată spre interior. *De câte ori ai încercat să îți schimbi partenerul? De câte ori ai avut succes?* Pe bună dreptate, de câte ori i-ai ascultat sfaturile când ți-a propus să te schimbi pentru binele relației voastre? Poate te-ai schimbat de dragul lui, mai mult pentru a-i putea demonstra că nu are dreptate. Relația voastră nu este un concurs între cine are dreptate și cine greșește mai mult. Relația voastră nu este un joc de șah în care fiecare trebuie să aibă cea mai bună strategie de câștig. Aș spune mai degrabă că poți să vezi relația ca pe un dans armonios în care două corpuri să se miște precum un singur corp, în care să existe grație și sincronizare permanentă, iar când unul greșește, celălalt să fie prezent pentru a continua dansul în ritmul muzicii. Nu spun că se ignoră greșeala. Eu spun că în momentul în care se continuă dansul repararea greșelii face parte din armonie. Este un motiv de bucurie pentru simbioza cuplului. Nu ne oprim să criticăm, continuăm să ne bucurăm pentru că suntem împreună. *Alege cea mai frumoasă melodie și începe să dansezi dansul vieții tale.*

Această introspecție m-a ajutat să văd relația cu soțul meu cu alți ochi, exact ca și când aș fi dat ochelarii de soare jos pentru a admira pentru prima dată în viață albul pur al zăpezii. E incredibil să trăiești o viață întreagă crezând ceva, pentru ca apoi totul să primească o claritate nouă, de neimaginat până atunci. Doresc să îți ofer un sprijin în propria introspecție. Deși în carte găsești combinate exerciții provenite de la cei mai buni traineri în diverse domenii de dezvoltare personală, cel care mi-a oferit mie ultimele piese de puzzle a fost *Geshe Michael Roach*. El a folosit învățături străvechi și le-a adaptat pe înțelesul nostru, pentru a putea soluționa orice problemă pe care o avem în viață. Când privești spre interior și îți asumi răspunderea pentru ceea ce ai creat în viață te bucuri de puterea pe care o ai de a crea exact ce îți dorești. În clipa în care accepți răspunderea pentru viața pe care o ai, primești puterea să creezi conștient ce îți dorești. A venit momentul să parcurgi din nou discuția noastră despre creion, să vizualizezi din nou conștientizarea că realitatea ta este forțată de semințele pe care le-ai plantat tu în trecut. Aceste semințe înfloresc în ceea ce învățăturile străvechi numesc *cele patru flori*.

Prima floare spune: *culegi ceea ce ai plantat*. Atunci când plantezi semințe de roșii în grădină te aștepți să culegi roșii câteva săptămâni mai târziu. Dacă vei vedea un dovleac între roșii, nu te vei gândi pentru nicio secundă că acel dovleac provine dintr-o sămânța de roșie. Gândește-te la fel și în privința semințelor plantate în mintea ta. Dacă nu îți place ceva în viața ta acum, acel lucru provine din semințe specifice plantate în trecut. Pentru că acum știi ce vrei în viața ta, plantează semințele pentru ceea ce îți dorești în viitor. În momentul în care plantezi ceea ce îți dorești, ajungi să uiți ce înseamnă frica de viitor. Tu nu mai mergi la vânătoare, tu plantezi și știi sigur că va rodi ceea ce îți dorești. Semințele pe care le plantezi acoperă fiecare aspect al vieții tale. Oricum plantezi semințe în fiecare secundă, alege să le plantezi conștient, iar viața ta va fi mult mai reușită decât îți imaginezi.

A doua floare spune: ***ceea ce faci devine un obicei***. Am spus în acest capitol că repetiția este mama învățăturii. Te-am încurajat să îți faci obiceiuri noi zilnice, te-am ajutat să rupi vechile obiceiuri și să spargi vechile tipare mentale. Poate ți-a fost greu la început să repeți mantra *"Te iubesc. Îmi pare rău. Iartă-mă, te rog. Mulțumesc."*, dar acum observi că îți vine în minte tot mai des pe parcursul zilei. Când faci un lucru, el devine repetitiv. Uită-te la vechile tale obiceiuri, analizează-le și hotărăște dacă dorești să le menții sau să le schimbi. Alege să plantezi zilnic semințe pozitive, iar ele vor crea noi obiceiuri zilnice. Eu mi-am creat un obicei din a mă trezi dimineața devreme pentru a practica o rutină ce îmi permite să am doar zile reușite. Asta nu înseamnă că zilele mele decurg conform unui plan în care bifez totul. Ceea ce vreau să spun este că mă adaptez la toate lucrurile neprevăzute și am mereu resurse, astfel încât să înțeleg că totul decurge perfect, așa cum este cel mai bine pentru mine și toate persoanele implicate.

Floarea a treia spune: ***ceea ce faci creează lumea și oamenii din jur***. Această floare explică de ce relația ta este așa în momentul de față. Poate nu este suficient să îți spun eu că trebuie să te uiți în interior. Dar dacă îți spun că tu ai plantat o sămânță în mintea ta care te forțează să percepi o astfel de realitate, vei fi mai atentă la ce ai făcut în trecut și ce faci în prezent. În momentul în care plantezi semințe pozitive și vezi că viața ta se schimbă, schimbările pe care le percepi nu sunt doar în interiorul tău. Cei din jurul tău vor fi în armonie cu tine, vei vedea că ei s-au schimbat la fel de mult ca tine. Fie cunoști persoane noi care vibrează pe o frecvență compatibilă cu tine, fie prietenii tăi au interese noi și devin deschiși la schimbările prin care treci. Nu există oameni răi în jurul tău. Există doar semințe care au fost plantate cu sau fără știință, care au rodit și te-au făcut să crezi că oamenii sunt răi. *Plantează acele semințe care te vor face să vezi oamenii pe care îi dorești în viața ta de acum înainte.* Poți să schimbi lumea care te înconjoară prin schimbarea semințelor pe care le plantezi și doar atât.

Floarea a patra spune: **ceea ce faci creează lumea în care vei păși.** În armonie cu ceea ce am spus mai sus, tu creezi viitorul, fie că faci asta conștient sau inconștient. Uitându-te la semințele pe care le plantezi, știi cu certitudine ce rod vei culege. Tu nu mergi niciodată într-un viitor nesigur, tu pășești în lumea creată de tine. Eu nu pot să îți promit că viitorul va fi cu o anumită persoană, pentru că ar însemna să forțezi liberul arbitru al altei persoane. Dar frumusețea grădinăritului mental îți spune că tu vei păși în lumea pe care o creezi alături de o persoană cu care ești în armonie perfectă. Privește în interiorul tău și asigură-te că tot ceea ce TU FACI corespunde cu ceea ce dorești să înflorească în realitatea ta. Amintește-ți că TU ești 100% responsabilă pentru tot ce există în viața ta. Spune *STOP!* rolului de victimă și preia conducerea navei vieții tale!

Exercițiile zilei 19:

☐ De câte ori ai ocazia pe parcursul zilei repetă mantra Ho'oponopono: TE IUBESC. ÎMI PARE RĂU. IARTĂ-MĂ, TE ROG. MULȚUMESC.

☐ Alege câte o întâmplare din viața ta pentru fiecare floare prezentată, cum te simți conștientizând că tu ești CREATORUL vieții tale?

☐ Scrie minimum 10 motive de recunoștință pentru partenerul tău și / sau 10 motive de recunoștință pentru persoane cu care ai interacționat astăzi sau în trecut.

☐ Gândește-te la partenerul tău și scrie scenariul relației tale.

☐ Alege o convingere negativă identificată în ziua 5 și, urmând unul din exemplele EFT prezentate, tapotează până când intensitatea convingerii scade sub nota 3.

☐ Oferă-ți timp și contemplă cu bucurie faptele tale bune și ale celorlalți, conștientizând efectul în lanț generat de acțiunile tale.

Recitește intenția stabilită în prima zi pentru ca zilnic să îți amintești care e obiectivul pentru aceste 28 de zile; parcurge vizual listele de beneficii și dureri.

Provocarea zilei:

Scrie în jurnal care sunt cele patru întâmplări alese de tine, urmate de conștientizările în urma introspecției de astăzi.

Recomandarea zilei:

Filmul *A Thousand words - O mie de cuvinte (2012)* este o poveste emoționantă despre ceea ce descoperi în momentul în care te oprești din vorbit și te întorci spre sufletul tău.

Afirmația zilei (tapotează fiecare punct al unei runde complete de EFT):

Simt fericire în fiecare celulă a corpului meu

Ziua 20 - Apreciază prin cuvinte

Cuvintele de apreciere sunt cea mai puternică forță a binelui pe pământ.

George W. Crane

Până astăzi construirea relației cu partenerul tău s-a concentrat pe tine, pe vindecarea rănilor tale, pe atenția față de tine. Dacă ieri ți-am vorbit despre doi șchiopi ce intră într-o relație, astăzi te invit să stai dreaptă, pe picioarele tale, fericită să intri în relația perfectă de iubire. Bineînțeles că mai avem de parcurs câteva aspecte importante cu privire la secretele unei relații perfecte, dar asta nu te împiedică pe tine astăzi să privești cu încredere spre viitor.

Ți-am mărturisit că am citit foarte multe cărți despre cum pot avea relația perfectă cu soțul meu, fiindcă simțeam că orice fac nu este suficient. Chiar dacă mi-a luat mult timp să înțeleg ce greșeam, în ciuda eforturilor mele, am conștientizat valoarea primită din fiecare carte studiată. Pentru că nu vreau să te trimit să citești și să petreci la fel de mult timp pentru a beneficia de aceleași conștientizări, am ales să îți ofer toate piesele importante aici și să te ajut să le pui împreună pentru a te bucura de imaginea de ansamblu, de relația perfectă.

Una dintre cărțile mele preferate este scrisă de Gary Chapman: *"Cele 5 limbaje ale iubirii"*. Am citit-o de două ori pentru a fi sigură că este corect ceea ce fac. Deși credeam că aplic tot ceea ce am învățat, tot nu aveam rezultatele promise de autorul acestei cărți. Pentru mine, iubirea este atât de importantă încât nu pot concepe o relație lipsită de iubire. Deși *știam* că soțul meu mă iubește, de foarte multe ori nu *simțeam* că mă iubește. Citind cartea lui Gary am învățat că există cinci limbaje de iubire, iar dacă cei doi soți nu vorbesc același limbaj, este ca și când o persoană îi vorbește în chineză unui vorbitor de engleză. Oricât de clar și răspicat vorbește prima persoană, cealaltă nu va înțelege nimic și oricât de clar ar vorbi cel de-al doilea în limba lui, nici primul nu va înțelege ce i se spune.

Începând de astăzi îți propun să explorăm limbajele de iubire descrise de Gary Chapman, pentru a înțelege cum poți să înveți limbajul de iubire al partenerului tău și cum poți să-l înveți pe el să se exprime în limbajul tău de iubire.

Ce părere ai despre afirmația că *dragostea adevărată durează trei ani* sau altele asemenea? În afară de a fi o convingere limitativă pe care, de altfel, o poți schimba prin exercițiile EFT prezentate în **ziua 10**, este o convingere care se bazează pe experiențele foarte multor oameni. O astfel de convingere te va forța să experimentezi așa ceva și în realitatea ta. Haide să aprofundăm înțelesul acestei convingeri și să descoperim ce se întâmplă de fapt.

Când două persoane se îndrăgostesc își oferă *totul*. Amândoi fac tot posibilul pentru a asigura fericirea deplină a celuilalt în relație. Dacă privim din perspectiva semințelor, atât el, cât și ea au plantat semințe pentru a fi împreună. Pentru că atunci când s-au întâlnit nu au știut ce înseamnă semințele mentale, ei s-au oprit din plantat semințe. În momentul în care cei doi s-au cunoscut, semințele care au rodit s-au terminat. Ele nu vor continua să dea rod nou. Când doi oameni se îndrăgostesc și petrec împreună tot timpul disponibil, ei consumă cu rapiditate toate semințele plantate în trecut pentru relația perfectă. Dacă ei nu știu ce au de făcut pentru a alimenta grădina mentală cu semințe noi, vor vedea cum povestea de iubire se transformă într-o amintire frumoasă, în cel mai fericit caz; în cel mai rău caz, ei nici nu își mai amintesc că au avut vreo etapă frumoasă a relației lor. Câte astfel de cupluri ți-au venit dintr-o dată în minte în acest moment?

În cartea sa, Chapman spune că la început cei doi parteneri își manifestă iubirea în toate limbajele de iubire. De aceea se și simt atât de bine împreună - pentru că, indiferent care ar fi limbajul de iubire al partenerului, acesta primește dovezi de iubire în propriul său limbaj. După o vreme, dovezile de iubire se restrâng preponderent către limbajul principal de iubire al fiecărui partener. Adică englezul vorbește engleză, iar chinezul vorbește chineză. Uite de ce, unele relații par să meargă în continuare ca pe roate, în timp ce altele se deteriorează, *aparent fără motiv*.

În primul caz, cei doi parteneri au același limbaj de iubire, ei vorbesc aceeași limbă. Aș adăuga un detaliu aici - abordarea sistemului semințelor mentale: ei au continuat să planteze semințe pentru această relație. *Nu trebuie să citești o carte pentru a învăța să plantezi semințe pentru relația perfectă.* Sunt persoane care fac acest lucru intuitiv. Tu știi deja foarte multe dintre informațiile pe care le-am împărtășit eu aici cu tine, o bună parte le-ai practicat deja conștient sau inconștient. Ceea ce se întâmplă acum este că aduci în atenție toate comportamentele care erau înainte pe pilot automat și faci alegeri conștiente. Decizi cum vrei să arate viitorul tău.

Pentru a te ajuta să înțelegi cum se face schimbul de iubire între parteneri, în continuare îți voi descrie viziunea prezentată de Chapman în cartea lui. El spune că fiecare persoană are un rezervor de iubire. Când cei doi parteneri și-au dovedit iubirea la începutul relației lor, prin toate limbajele de iubire, aceste rezervoare s-au umplut, dădeau chiar pe dinafară. Pe măsură ce fiecare dintre parteneri a început să își arate iubirea în propriul limbaj de comunicare, cele două rezervoare au început să se golească. Atunci când oferi iubire și consideri că nu primești vezi cum rezervorul afectiv se golește la fel ca o mașină ce nu este alimentată cu combustibil. În relație au rămas două persoane cu rezervoarele goale. Fiecare cere celuilalt să umple rezervorul, în timp ce consideră că este singurul care oferă iubire în relație.

În viață există realitatea mea, realitatea ta și adevărul. Când povestesc cu prietenele mele și ele îmi descriu implicarea lor în relație se vede cât de mult oferă partenerilor și cât de mult se simt neînțelese, neapreciate, neiubite. Pe de altă parte, când vorbesc cu partenerii lor observ aceleași lucruri în oglindă, pentru că ei consideră că fac totul pentru familie, dar nu sunt apreciați de partenere. De multe ori mă întreb cum continuă o astfel de relație în care ies la suprafață doar frustrări. Din propria mea experiență, pentru că și eu am crezut că sunt singura care oferea iubire în relație, în timp ce credeam că soțul meu nu mă mai iubește, cred că cei doi știu în adâncul inimii lor că sunt iubiți, doar că nu văd asta în comportamentul partenerului de cuplu. Chiar dacă englezul nu îl înțelege pe chinez, dacă e în dispoziție bună și are răbdare, vede bunăvoința de pe chipul lui și rămâne doar cu frustrarea că nu înțelege limbajul celuilalt.

Revin la firul poveștii din cartea de față, astfel încât, chiar dacă nu ești într-o relație în prezent, tu poți să evaluezi fostele relații sau relațiile cu familia și prietenii tăi. Descoperirea iubirii este importantă în absolut toate relațiile, iar cea mai importantă dintre ele este relația ta cu tine.

Oare tu ție îți oferi iubire în limbajul tău de iubire? Cel mai important este să te descoperi pe tine. *Cheia fericirii relației tale este la tine!* Abia atunci când știi ce vrei poți să ceri și să primești! Așa că, este important să descoperi ce îți place ție, ce îți sună ție cunoscut. Caută în amintiri cum te-au marcat cele mai importante momente din copilărie. *Ce te-a făcut cu adevărat fericită? Când te-ai simțit iubită, ce a făcut sau a spus persoana care te-a făcut să simți iubire? De asemenea, când ai suferit, ce a făcut sau a spus persoana care te-a rănit? Lauda te-a motivat să progresezi? Critica te-a împiedicat să progresezi? Critica a fost constructivă și te-a motivat să dai tot ce e mai bun, să dovedești că nu ești persoana descrisă în momentul în care ai fost criticată? Care sunt expresiile pozitive care te-au motivat în cele mai aprige provocări?*

Indiferent de situația ta amoroasă în momentul de față, este momentul să îți încarci rezervorul afectiv. Acesta poate fi încărcat oriunde! Așa cum nu alimentezi o mașină la o singură benzinărie, și tu te încarci acolo unde primești combustibil. Până acum ai crezut că este treaba partenerului tău să-ți încarce rezervorul (de existența căruia nici nu știai până acum), iar azi afli că tu singură îl încarci și te bucuri de cea mai frumoasă zi din viața ta. A-ți încărca rezervorul afectiv nu înseamnă să cauți atenția unei anumite persoane, ci să observi ce îți creează o stare de bine și să maximizezi rezultatele în mod conștient.

Dacă ești într-o relație, este momentul să urmărești ce se întâmplă în momentul în care îți arăți dragostea în limbajul de iubire al zilei. De asemenea, urmărește cum v-a afectat în trecut, pe tine și partenerul tău, folosirea acestui limbaj.

Astăzi este vorba despre cuvinte. Cum te afectează cuvintele? Poți să cerți, să faci cu ou și cu oțet o persoană care nu are acest limbaj de iubire, iar apoi aceasta îți va zâmbi și se va comporta ca și când nimic nu s-ar fi întâmplat. O persoană care are acest limbaj de iubire nu va înțelege cum poate cineva să treacă atât de ușor peste cuvinte care rănesc. Pur și simplu, prima persoană a rămas cu rezervorul de iubire intact. Eu personal mă întreb dacă nu văd toate limbajele de iubire la fel de importante pentru mine, întrucât, atunci când le evaluez simt plusuri și minusuri puternice la fiecare aspect. Îmi amintesc de certurile din copilărie. Mama mea mă certa pentru ceva ce eu nu consideram grav. Pentru că mama nu mă bătea, felul ei de a-mi arăta că am greșit era cearta verbală, deci folosea acest limbaj de iubire. Cearta ei era din dragoste și credea că prin ceea ce îmi spune, ea doar mă motivează să fac mai bine pe viitor. Ei bine, eu eram profund rănită de vorbele ei și îmi lua foarte mult timp să procesez iertarea. Mama mea nu era un om rău. Ea e exemplu de iubire și devotament. Felul în care îmi vorbea mă rănea. Îți poți imagina acum acest context în relația pe care o ai cu partenerul tău? Partenerul tău nu este un om rău. El folosește un limbaj de iubire care te rănește.

Pentru a aborda pe larg acest limbaj de iubire te îndrept

spre cartea originală unde promit că te vei regăsi în foarte multe dintre situațiile descrise în studiile de caz. Pentru ceea ce vreau eu să transmit în cartea de față, te încurajez să îți îndrepți atenția spre relația ta și felul cum a evoluat ea în trecut. *Cât este de important pentru tine să îți spună partenerul tău că te iubește? Cât de des trebuie să îți spună că te iubește? Îți dorești să îți comunice verbal aprecierile? Tu îi spui lui că îl apreciezi? Ești atentă la ceea ce face pentru a-l felicita? Folosiți tratamentul tăcerii pentru a vă impune punctul de vedere sau pentru a arăta că o ceartă nu s-a încheiat?*

Eu am crescut spunându-mi-se foarte des că sunt iubită. Pentru mine era ceva ce trebuia spus cel puțin zilnic. Când l-am cunoscut pe soțul meu, după ce mi-a spus că mă iubește, m-am gândit că va face parte din rutina zilnică - a ne reaminti zi de zi că ne iubim. Știi povestea aceea: *"Dragul meu, tu mă mai iubești? Auzi femeie, eu ți-am spus o dată că te iubesc. Când se schimbă, te anunț!"*. Așa este și soțul meu. Știam că mă iubește, dar pentru că el nu îmi spunea zilnic acest lucru, eu îl întrebam mereu dacă mă iubește. Rezervorul meu de iubire se golea pentru că eu nu auzeam *"Te iubesc"*.

Urmărește cum te afectează cuvintele din partea partenerului și din partea celorlalte persoane cu care interacționezi. Alege în mod conștient cuvinte pe care le simți potrivite pentru ridicarea vibrației tale și a persoanei către care le adresezi, cum ar fi încurajările și felicitările. Amintește-ți pe parcursul zilei de semințe și de creion. Tu plantezi semințe pentru ceea ce îți dorești în relație. Oferă celorlalți ceea ce îți dorești să primești. Chiar dacă aprecierile nu reprezintă limbajul tău principal de iubire, cu siguranță schimburile verbale cu blândețe și căldură vor ajuta la alimentarea rezervorului de iubire și creșterea armoniei în relația de cuplu.

Poate e doar perspectiva mea, de om care suferă din pricina cuvintelor, dar vorbele pot răni mai rău decât o palmă. Chiar dacă nu este un limbaj principal de iubire, aprecierile și cuvintele frumoase aștern o foaie albă, netedă și frumoasă pentru limbajul principal. Poate aprecierile nu reprezintă limbajul tău principal de iubire, dar oare, *auzind critică și nemulțumire zilnic, te ajută să îți încarci rezervorul de iubire*? Te invit să îți imaginezi că aprecierile reprezintă structura gramaticală a unei limbi. Cât de plăcut este să auzi pe cineva că se exprimă corect în limba pe care o vorbește?

Ca o ultimă încurajare pentru ziua de astăzi, îți cer să îți amintești de acum înainte că ***pentru un repros (spus sau gândit) trebuie să spui alte zece aprecieri***! Uite de ce, încă de la început am creat un cadru luminos prin ridicarea vibrației tale, repetând mantra "*Te iubesc. Îmi pare rău. Iartă-mă, te rog. Mulțumesc.*" și practicând recunoștința zilnică.

Creionul este în mâna ta, iar realitatea ta vine din semințele tale.

Plantează semințele care îți permit ca relația ta să fie de mii de ori mai frumoasă decât poți tu să ți-o imaginezi.

Exercițiile zilei 20:

□ De câte ori ai ocazia pe parcursul zilei repetă mantra Ho'oponopono: TE IUBESC. ÎMI PARE RĂU. IARTĂ-MĂ, TE ROG. MULȚUMESC.

□ Gândește-te cât de mult te afectează aprecierile respectiv reproșurile, ești motivată sau demotivată când ți se spun anumite lucruri?

□ Caută cât mai multe ocazii să îți apreciezi verbal partenerul, după 19 zile de recunoștință acest exercițiu ar trebui să devină natural.

□ E timpul pentru o nouă întâlnire cu prietenele tale, ai programat-o deja?

□ Scrie minimum 10 motive de recunoștință pentru partenerul tău și / sau 10 motive de recunoștință pentru persoane cu care ai interacționat astăzi sau în trecut.

□ Gândește-te la partenerul tău și scrie scenariul relației tale.

□ Alege o convingere negativă identificată în ziua 5 și, urmând unul din exemplele EFT prezentate, tapotează până când intensitatea convingerii scade sub nota 3.

□ Oferă-ți timp și contemplă cu bucurie faptele tale bune și ale celorlalți, conștientizând efectul în lanț generat de acțiunile tale.

Recitește intenția stabilită în prima zi pentru ca zilnic să îți amintești care e obiectivul pentru aceste 28 de zile; parcurge vizual listele de beneficii și dureri.

Provocarea zilei:

Notează în jurnal ce simți despre acest limbaj de iubire. Cât de mult te afectează felul în care ți se vorbește, ce fel de cuvinte folosești tu în relațiile cu ceilalți?

Recomandarea zilei:

Cartea *The 5 Love Languages - Cele 5 limbaje ale iubirii*, de Gary Chapman te ajută la înțelegerea în profunzime a limbajelor de iubire și a felului în care te ajută ele în relația ta.

Afirmația zilei (tapotează fiecare punct al unei runde complete de EFT):

Experimentez Iubirea oriunde merg

Ziua 21 - Timpul în doi

*Răbdarea și timpul îți aduc mai
multe decât puterea și pasiunea.*

La Fontaine

Îți mulțumesc pentru timpul pe care mi-l oferi în fiecare zi pentru a citi ceea ce scriu în această carte. Cum te simți știind că îți mulțumesc pentru timpul tău? Dacă te bucură această recunoștință, este posibil ca timpul petrecut cu persoanele care îți sunt dragi să fie important pentru tine. Cel de-al doilea limbaj de iubire despre care am ales să-ți vorbesc este timpul petrecut cu persoana iubită.

Timpul reprezintă singurul lucru din această lume ce nu poate fi răscumpărat sau răsplătit cu bani.

Ar fi minunat ca această zi să se potrivească cu activitățile tale, astfel încât să poți petrece timp cu persoane dragi ție. În cazul în care nu ești într-o relație, este posibil ca aplicarea acestui limbaj de iubire să pară o adevărată provocare pentru tine, dar amintește-ți că această carte este în realitate despre tine, despre relația ta cu tine. Timpul poți să ți-l oferi ție, nu doar celorlalți. Îmi amintesc de o perioadă în care fugeam atât de mult de mine, încât de dimineața până seara sunam prieteni și prietene să povestim. Cu siguranță era frumos să păstrez legătura cu acele persoane, dar în același timp mă întrebam de ce ei sau alții nu mă sună și ei pe mine mai des. Pentru că am realizat că merg prea mult spre oameni, am început un proces de introspecție și mi-am dat seama că evit să fiu singură cu mine. Când am început să petrec timp cu mine nu am mai avut nevoie să invadez timpul celorlalți. Ca urmare a faptului că am început să petrec timp de calitate cu mine, am simțit că s-a îmbunătățit calitatea relațiilor mele cu ceilalți, într-un mod similar cu cel prin care am văzut cum relația mea cu soțul meu a devenit mai armonioasă din momentul în care mi-am îndreptat privirea către mine și am încetat cu reproșurile către el.

Trăim o viață pe repede înainte. Este o fugă continuă spre un viitor ce nu se întâmplă niciodată. Când stau și analizez spre ce fugim, nu reușesc să găsesc un răspuns clar, iar persoanele care răspund au parte de aceeași neclaritate, indiferent cât de clare sunt răspunsurile lor, în aparență. Când te grăbești să ajungi în vârful unui munte, vizualizând doar momentul în care ajungi în vârf, ai redus întreaga aventură la o trudă lentă și obositoare. Gândul tău la momentul victoriei tale te ajută să înaintezi, dar când ai atins scopul îți dai seama că nu simți ceea ce te-ai așteptat să simți și să trăiești. Pe întregul parcurs ți-ai imaginat victoria și ceea ce vei trăi, dar apoi nu înțelegi de ce nu trăiești ceea ce ți-ai imaginat. *Care este frumusețea pe care o experimentezi când ajungi în vârful unui munte?* Și mă refer aici la o călătorie simbolică ce reprezintă în realitate orice obiectiv pe care ți-l propui în viață.

Când eram pe Camino de Santiago nu mă grăbeam, nu mă gândeam deloc să ajung la destinație. Da, era ținta spre care mergeam, dar eu căutam să trăiesc fiecare zi a călătoriei mele. Știam că acea călătorie se încheie în ziua în care ajung la destinație. Acea ultimă zi însemna să mă despart de toate persoanele întâlnite pe parcursul călătoriei, să închei definitiv un capitol din viața mea, iar cu majoritatea dintre cei pe care i-am cunoscut atunci să nu mă mai întâlnesc niciodată.

În ziua în care am ajuns la destinație am scris ultima pagină din cartea vechiului meu sine și am deschis o carte nouă, a vieții de după Camino.

În cazul în care m-aș fi gândit doar la ziua în care ajung la catedrala din Santiago de Compostela, imaginându-mi cum va fi când voi ajunge acolo, aș fi trăit timp de trei săptămâni imaginându-mi zi de zi un moment ce a durat câteva secunde. Pentru că am ales să mă bucur de fiecare clipă de pe traseu, eu am rămas cu experiențe și am descoperit emoții și trăiri care sunt greu de descris în cuvinte.

Un pelerinaj este o călătorie spirituală ce nu trebuie descrisă în cuvinte, este o călătorie ce trebuie experimentată, pentru că fiecare persoană are parte de miracole menite să îi transforme viața. A citi despre experiența cuiva inspiră și dă curaj. A trăi propria experiență se impregnează în fiecare celulă a corpului tău! Îți creează o ușă acolo unde înainte era perete.

Ai început să petreci timp cu tine și ai văzut cum părerea ta despre tine s-a schimbat zi de zi în bine. Poate acesta nu este limbajul tău principal de iubire, dar din momentul în care ți-ai oferit *timp* ai început să te iubești mai mult.

A venit momentul să-ți îndrepți atenția spre partenerul tău, spre fostele tale relații, spre relația cu părinții tăi și cu prietenii din copilărie. Era important pentru tine să petreci mult timp cu aceste persoane? Există în viața ta cel puțin o persoană cu care îți plăcea să stai, până și timpul petrecut în tăcere părea magic? O prietenă mi-a mărturisit că își iubește atât de mult soțul, încât simplul fapt de a fi lângă el îi umple inima de iubire și recunoștință. Îmi spunea că nu trebuia nici să vorbească, nici să-l atingă, doar să fie împreună.

Ți-am spus că mie îmi este greu să înțeleg care este limbajul meu principal de iubire. Timpul pe care îl petrec cu soțul meu este foarte important. Când ne-am cunoscut, petreceam timpul liber împreună făcând diverse activități: ieșiri în natură, plimbări îndelungate, vizite la obiective turistice, ieșiri la restaurant sau cinema, vacanțe spontane. Soțul meu a început să lucreze tot mai mult, astfel încât era tot mai obosit. Când timpul nostru împreună a scăzut și calitatea timpului petrecut împreună s-a redus nu m-am mai simțit iubită. Îți reamintesc că știam că sunt iubită, doar că eu nu mai simțeam și nu mai vedeam asta. I-am spus soțului meu că nu mă simt iubită pentru că nu mai petrecem timp de calitate împreună. Soțul meu are un limbaj de iubire diferit de acesta, astfel încât eu nu reușeam să înțeleg că el îşi arată iubirea într-un alt limbaj de iubire, pe care eu nu îl cunoşteam.

E posibil ca tu să te gândeşti acum că timpul tău este comprimat. Îţi spui că nu ai timp nici să respiri conştient. Unde să mai introduci şi timp de calitate cu partenerul tău? Suntem cu toţii maeştri în adăugarea de activităţi în fiecare secundă a zilei.

Reţine: *a fi ocupat nu înseamnă a fi productiv sau eficient!*

Una dintre modalităţile prin care poţi să ai grijă de tine este să dormi. În somn îi permiţi corpului tău să se regenereze, să se pregătească pentru o nouă zi. Dacă dimineaţa când te trezeşti te simţi obosită, este posibil ca tu să ignori nevoile corpului tău, să uiţi să asculţi care sunt limitele tale fizice actuale. *Când ţi-ai oferit ultima dată o după-amiază doar pentru tine? Cât de des îţi oferi timp de calitate: o dată pe lună, o dată pe săptămână?*

Şi întrebarea cheie: *cât de des oferi timp relaţiei tale?* Cum vezi tu necesitatea de a petrece timp împreună?

Evaluează relaţia ta de la început până în prezent.

Cât timp petreceaţi împreună la începutul relaţiei şi ce făceaţi când eraţi împreună? Când aţi redus timpul pe care vi l-aţi oferit unul celuilalt şi ce consecinţe au apărut în relaţia voastră? Ţi-ai fi dorit să petreci mai mult timp cu partenerul tău? El şi-ar fi dorit să petreacă mai mult timp cu tine? Care au fost factorii care v-au determinat să nu vă mai petreceţi timpul împreună? Care au fost noile priorităţi în vieţile voastre?

Ce crezi tu că s-ar schimba în relaţia voastră dacă aţi lua decizia (şi aţi aplica-o) să petreceţi cel puţin o oră pe săptămână în doi, făcând ceva plăcut pentru amândoi? Înainte să îmi spui că pasiunile voastre sunt atât de diferite, încât nu mai puteţi face nimic împreună, cum ar fi ca fiecare să cedeze într-atât încât să facă maximum o oră pe săptămână ceva pe placul partenerului? Sunt sigură că ţi-ar plăcea ca soţul tău să îţi fie alături într-o activitate care te pasionează, oare lui nu i-ar plăcea aceeaşi atenţie din partea ta? Haide să vedem cum poţi face paşi mici înspre o colaborare cu soțul tău. Nici tu, nici el, nu sunteți pregătiți să petreceți timp undeva unde nu vă face plăcere. *Ar fi posibil să vă arătați interesul pentru pasiunea celuilalt?*

Atunci când folosești cuvinte de apreciere, atunci când oferi câteva minute de atenție, atunci când te gândești să plantezi semințe pozitive cu o altă persoană câte o oră pe săptămână, tu creezi de fapt realitatea în care se materializează relația ta perfectă. Semințele mentale se plantează cu alte persoane. Ele reprezintă partea nevăzută a relației tale împlinite. Îmi place să le numesc *ingredientul magic* al relației tale perfecte. Pentru ca relația ta să devină așa cum o dorești, trebuie să pui *praful magic* în acțiune. Ce-ar fi să-i oferi soțului tău atenția ta pentru o oră pe săptămână? Datorită celorlalte activități pe care le-ai început și continuat în ultimele zile, știi deja cât de repede trece timpul, cât de ușor devine fiecare pas pe care l-ai făcut și l-ai transformat în obicei. Știind că tu plantezi deja semințe pozitive pentru relația ta, oare *cum te simți când te imaginezi împreună cu soțul tău, petrecând o oră împreună, timp în care este cu adevărat interesat de pasiunea ta sau tu de a lui?*

Nu pune piedici acestui proiect. Nu te gândi că propunerea mea pentru a petrece timp împreună cu persoana pe care o iubești te va sau îl va sufoca. Este doar o oră pe săptămână! Fă ca timpul petrecut împreună să fie de calitate. Oare dacă ai făcut toți pașii de până acum în această călătorie, nu merită să încerci și acest pas? Ești dispusă să faci tot ce-ți stă în putință pentru a avea relația perfectă cu partenerul tău? Timpul de calitate pe care ți-l propun nu se referă la discuții despre ultima voastră ceartă sau continuarea replicilor acide. Pune pe pauză tot ce este în sufletul tău și *imaginează-ți că petreceți timp împreună, voi, cei doi îndrăgostiți, la prima întâlnire romantică*, unde nu există nicio ceartă, nicio neînțelegere în trecut sau în viitor. Îmi doresc să înțelegi importanța *calității* în activitatea pe care o alegi pentru timpul petrecut împreună. *Timpul nu poate fi dat înapoi.*

Nicio întâlnire nu te va ajuta să călătorești în timp pentru a face să dispară toate greșelile sau neînțelegerile trecutului. Poți să repari greşelile, să ai grijă să nu le repeţi în viitor, dar *nu poţi da timpul înapoi pentru a şterge trecutul.*

O oră petrecută calitativ ***cu partenerul tău*** poate valora mai mult decât un an de zile irosit. ***O oră*** petrecută calitativ ***cu tine însăţi*** construieşte calitatea întregii tale vieţi.

Dacă este posibil, chiar astăzi, petrece timp cu iubitul tău. Fii atentă ca atenţia reciprocă să fie maximă. Chiar şi cinci minute oferite partenerului tău reprezintă un bun început pentru construirea unei relaţii noi alături de el. *Eu văd **o relaţie nouă cu partenerul tău**, pentru că, atunci când tu te schimbi atât de mult, ceea ce începe acum, nu mai continuă ceea ce a fost.*

În această călătorie faci pace cu trecutul şi îl laşi în urmă. Ţi-ai dat jos poverile de pe umeri, te simţi uşoară şi zveltă. Simţi cum ţi se întind aripile şi visezi că zbori deasupra norilor. Trăieşti o senzaţie atât de plăcută încât în mintea ta auzi doar melodia fericirii şi a iubirii. Ceea ce a fost în trecutul tău, cu bune şi cu rele, reprezintă baza pe care se construieşte prezentul.

Experienţele din trecut îţi permit ca azi să ai înţelepciune şi compasiune. Dacă tu ai decis să rămâi alături de un partener cu care aveai relaţie care nu te mulţumea pe deplin, în momentul în care ai început exerciţiile propuse în această carte, tu ai început să construieşti o relaţie nouă. Atât tu, cât şi el, v-aţi schimbat atât de mult încât sunteţi alţi oameni. Recunoşti corpul fizic de lângă tine, ai amintiri cu omul de lângă tine, dar *percepţia realităţii tale s-a schimbat atât de mult, încât tu nu mai poţi să îl acuzi pe el, fără să îţi asumi responsabilitatea deplină pentru faptele sale.*

El este alături de tine pentru că tu şi el aveţi seminţe comune care v-au creat relaţia. Felul în care percepi relaţia ta vine din seminţele tale. Depinde de tine să plantezi şi să uzi acele seminţe care vor transforma realitatea ta, pentru ca tu să experimentezi relaţia perfectă. Rodul seminţelor plantate de tine va fi vizibil în timp, aşa că te invit să plantezi timp de calitate pentru relaţia ta de cuplu.

Exercițiile zilei 21:

□ De câte ori ai ocazia pe parcursul zilei repetă mantra Ho'oponopono: TE IUBESC. ÎMI PARE RĂU. IARTĂ-MĂ, TE ROG. MULȚUMESC.

□ Astăzi oferiți-vă timp unul celuilalt, petreceți-vă timpul împreună, folosind cuvinte de apreciere, depănând amintiri fericite sau chiar creând proiecte pentru viitor.

□ Ai stabilit întâlnirea săptămânală cu persoana pe care ai decis să o ajuți?

□ Scrie minimum 10 motive de recunoștință pentru partenerul tău și / sau 10 motive de recunoștință pentru persoane cu care ai interacționat astăzi sau în trecut.

□ Gândește-te la partenerul tău și scrie scenariul relației tale.

□ Alege o convingere negativă identificată în ziua 5 și, urmând unul din exemplele EFT prezentate, tapotează până când intensitatea convingerii scade sub nota 3.

□ Oferă-ți timp și contemplă cu bucurie faptele tale bune și ale celorlalți, conștientizând efectul în lanț generat de acțiunile tale.

Recitește intenția stabilită în prima zi pentru ca zilnic să îți amintești care e obiectivul pentru aceste 28 de zile; parcurge vizual listele de beneficii și dureri.

Provocarea zilei:

Scrie în jurnal cum ți-ai petrecut ziua de azi, de una singură sau cu partenerul tău. Cum îți privești relația prin prisma limbajului de iubire descoperit astăzi? Ce ai învățat și ce vei aplica pe viitor?

Recomandarea zilei:

Filmul ***The time traveler's wife - Soția călătorului în timp (2009)*** este o poveste despre iubire și curgerea timpului.

Afirmația zilei (tapotează fiecare punct al unei runde complete de EFT):

Mă joc și mă bucur de viață

Ziua 22 - Daruri

Unicul cadou este o bucăţică din tine.

Ralph Waldo Emerson

Înainte să povestim despre limbajul de iubire de astăzi vreau să îţi amintesc că au trecut trei săptămâni de când ai început această călătorie. Sunt atât de entuziasmată de ceea ce trăieşti! Ţi-am spus că şi eu călătoresc zi de zi, în ritmul tău. Deşi mă bucuram de evoluţia vieţii mele înainte să scriu această carte, observ cum starea mea se schimbă zi de zi în şi mai mult bine. Eu mă şlefuiesc în fiecare zi în care mă gândesc la ceea ce pot să-ţi ofer ţie. Această carte este cadoul meu pentru tine. În acelaşi timp, această carte este cadoul pentru relaţia mea. Deşi nu ştiu povestea vieţii tale înainte de a începe să citeşti această carte, pot să îmi imaginez ce s-a schimbat în viaţa ta. Îmi este uşor să îmi imaginez, pentru că fiecare persoană cu care am pornit într-o astfel de călătorie mi-a făcut mărturisiri similare.

Viaţa ta nu trebuie să se schimbe pentru ca tu să fii fericită, în schimb, în momentul în care ai început să fii fericită, ceva s-a schimbat în viaţa ta.

Una dintre prietenele mele de suflet mi-a fost colegă la unul din fostele mele locuri de muncă. De fapt, acolo ne-am cunoscut. Ea îmi mărturisise că este o fire foarte închisă, este rece faţă de necunoscuţi şi îi ia mult timp să se apropie de oameni. Deşi ştiam că este adevărat, relaţia noastră a început diferit, pentru că din ziua în care ne-am cunoscut am simţit că suntem prietene foarte bune şi părea că ne ştim de o viaţă. Nu acesta este motivul pentru care îţi povestesc despre această prietenă. Îţi povestesc despre ea, pentru că, după ce eu am plecat de la respectivul loc de muncă, noi am continuat să ne vedem cât de des ne sincronizam timpul liber. Ceea ce m-a surprins atunci au fost mărturisirile ei de fiecare dată când ne întâlneam: ziua următoare după ce ne întâlneam, colegii ei îi spuneau că s-a întâlnit cu mine.

Prin prisma acestei experiențe și datorită faptului că tu continui să citești această carte, eu știu că astăzi chipul tău este mai strălucitor și că prietenii tăi te întreabă ce faci diferit, ce s-a schimbat în viața ta. O clientă mi-a mărturisit, după câteva ședințe, că partenerul ei se simte atât de bine în preajma ei, încât își dorește să o știe mereu aproape, chiar dacă ea lucrează în camera alăturată. I-a spus că nu știe ce se întâmplă, dar este atât de plăcută, încât simpla ei prezență îi înseninează ziua. Dacă tu ai luat în serios exercițiile de până acum, aceste transformări reprezintă cadoul meu pentru tine.

Dacă zilele trecute ți-am spus despre sentimentul că toate limbajele de iubire sunt importante pentru mine, îți mărturisesc că acest limbaj este foarte provocator pentru mine. Îmi dau seama cât de important este să înțelegi acest limbaj de iubire, pentru că, atât o persoană care dorește să primească sau să ofere cadouri, cât și o persoană care nu apreciază cadourile trebuie să înțeleagă ceea ce este în sufletul celuilalt.

Să luăm exemplul unui cuplu în care limbajul de iubire principal al bărbatului este reprezentat de cadouri, dar acesta nu reprezintă limbajul principal de iubire al femeii. Bărbatul vine acasă cu flori cel puțin o dată pe săptămână, îi cumpără poșete, haine, bijuterii de aur, poate chiar și diamante. Femeia vede tot ce primește și devine din ce în ce mai furioasă. Îi spune că nu este iubită și îi vine să arunce tot ce a primit de la soțul ei. Simte că el o plătește, se simte cumpărată sau folosită. El îi arată sincer că o iubește. Nu petrece foarte mult timp cu ea, pentru că nu are nevoie de asta, el o iubește chiar dacă o vede cinci minute seara și zece minute dimineața; el nu are nevoie să petreacă mai mult timp împreună. Ea îl bănuiește, se îndoiește de tot ce face el, pentru că, orice cadou ar primi, nu îi atinge sufletul. Ea nu se simte iubită când primește cadouri. Ca să avem imaginea completă a acestui tablou, el vede privirea ei glacială de fiecare dată când primește un cadou. Se simte respins la fiecare cadou pe care îl face, motiv pentru care își dă silința tot mai mult pentru a găsi cadoul perfect. Pe de o parte, ea nu primește cu entuziasm declarațiile sale de dragoste, pe de altă parte, ea nu îi arată că îl iubește. Ea nu îi cumpără niciodată nimic. *Cât timp mai sunt ei dispuși să trăiască într-o relație în care nu sunt iubiți?* **Dar ei se iubesc!** Doar că nu se înțeleg, ei nu vorbesc aceeași limbă.

Am citit o poveste foarte frumoasă despre cadouri. Când faci un cadou trebuie să te bucuri de ceea ce oferi *tu*. A oferi un cadou înseamnă *să te gândești la ceea ce vrei să oferi, să petreci timp alegând* ceea ce consideri tu a fi *cadoul perfect, a te gândi ce își dorește persoana* căreia îi oferi cadoul, *a-l împacheta* într-un mod care să-i facă plăcere să-l descopere, iar apoi îți imaginezi bucuria pe care o vei citi pe chipul său când descoperă cadoul. Este posibil ca persoana să nu aprecieze cadoul primit, caz în care poți suferi cumplit, *mai ales dacă acesta este limbajul tău de iubire*.

Când oferi cuiva un cadou, trăiește bucuria pregătirilor tale. Dacă un cadou nu este primit așa cum ți-ai fi dorit, alege să înveți din experiență să faci alegeri mai înțelepte pe viitor. Dacă persoana căreia i-ai oferit cadoul nu are ca limbaj principal de iubire darurile, sunt slabe șanse să obții entuziasmul pe care îl dorești, indiferent de cât de reușit este cadoul pregătit.

O persoană care primește un cadou, înainte de a-și arăta dezamăgirea pentru cadoul primit, trebuie să se gândească la tot ce a reprezentat oferirea acelui cadou. Când te gândești la persoana care ți l-a pregătit, recunoștința este față de investiția și dedicația ei. Dacă ți-a oferit cadoul potrivit, este doar cireașa de pe tort. În cazul în care nu ți-a nimerit gusturile, apreciază bunele sale intenții. Gândurile de apreciere sunt gratuite și fac bine pentru buna dispoziție.

Cadoul este reprezentat de *atenția și grija persoanei* care ți-l oferă. Chiar dacă limbajul de iubire *daruri* nu este important pentru tine sau pentru partenerul tău, când te gândești la gest, punându-te în pielea celuilalt, vei descoperi iubirea și vei aprecia cu adevărat intenția. Dacă observi că partenerul tău nu simte că este iubit când primește daruri din partea ta, poți să îți îndrepți atenția spre nevoile lui, să descoperi ce anume îi luminează chipul și să pui accentul pe respectivul limbaj. Pe de altă parte, dacă tu ești cea care nu apreciază cadourile, poți să îți ghidezi partenerul spre propriul tău limbaj de iubire. Dacă el îți face cadouri, poți să îl apreciezi mai mult, pentru că acum știi că este felul lui de a-și exprima iubirea și poți să îi explici, cu blândețe, că te mulțumești cu mai puține dovezi de afecțiune reprezentate de cadouri. Dacă el nu îți face cadouri, iar tu ți-ai dori mai multe, trebuie să înțelegi că faptul că îi faci tu lui cadouri nu îi va transmite un mesaj prin care să înțeleagă că trebuie să facă și el același lucru pentru tine. Nu te aștepta ca el să înțeleagă gândurile tale. Fie vorbiți aceeași limbă și vă înțelegeți, fie vorbiți cu pereții.

Darurile pe care vi le faceți nu au un etalon de preț. Un bilețel de iubire este un cadou ce poate fi apreciat în egală măsură cu un lănțișor de aur, o poșetă de marcă, o înghețată sau un parfum. Cadourile pot fi scrisori zilnice de dragoste sau un buchet de flori în fiecare săptămână.

Ceea ce consider eu important și îmi doresc să insist pe acest aspect, este faptul că ***manifestarea pozitivă a iubirii, prin intermediul fiecărui limbaj de iubire, va contribui la încărcarea rezervorului de iubire propriu și al partenerului***. În momentul în care primești dovezi de iubire într-un limbaj cu care nu rezonezi caută să apreciezi intenția partenerului tău, exprimând clar și bland că percepi gestul făcut din iubire, dar și dorința ca dovada iubirii să-ți fie oferită sub alte forme. Când oferi dovezi de iubire într-un limbaj străin partenerului tău, pentru că este ceea ce ți-ai dori ca el să îți ofere, încearcă să reduci presiunea pusă pe partener și explică-i că, de fapt, ți-ai dori ca el să îți arate iubirea în acest mod.

Este în regulă să îți exprimi iubirea în limbajul tău principal de iubire, dar nu îți sufoca partenerul, pentru că el nu se va simți iubit dacă nu este și limbajul lui principal.

Dacă adaugi dovezi de iubire în limbajul său principal, el va aprecia dovezile de iubire din propriul tău limbaj și va deveni mai atent la nevoile tale, pentru că tu ai început să alimentezi rezervorul lui de iubire.

Ca să îți dai seama de importanța acestui limbaj de iubire pentru tine, te invit să te gândești atent la momentul în care decizi să faci un cadou și la momentul în care îl oferi. *Cum te simți? Ce trăiri ai? Este un moment de fericire și/ sau entuziasm sau mai degrabă o corvoadă?* Urmărește și reacția partenerului tău când primește cadouri. Lui îi plac cadourile? Se emoționează? Este rece, indiferent, poate chiar se simte agasat? În loc să permiți sentimentelor de nemulțumire să te pătrundă, permite-ți să te simți ușurată, pentru că acum știi că acest limbaj de iubire nu corespunde unuia dintre voi.

Dacă pentru tine sau pentru partenerul tău este un limbaj important de manifestare a iubirii, te sfătuiesc să aduceți acest subiect în discuție, astfel încât să priviți împreună cadourile drept un limbaj de manifestare a iubirii și să cădeți de acord cum puteți să vă simțiți amândoi iubiți prin schimbul de daruri.

Vreau să îți atrag acum atenția la importanța acestor discuții. Una dintre prietenele mele a avut o clientă foarte supărată pe soțul ei. Întrebată fiind de motivul supărării sale, a mărturisit că soțul ei nu i-a făcut niciun cadou de ziua ei. Soțul ei a întrebat-o ce să îi dăruiască de ziua ei, iar ea a răspuns - *nimic.* Bărbatul s-a conformat dorinței soției sale și nu i-a luat niciun cadou. În ciuda faptului că el a făcut exact ce a spus soția lui, ea era furioasă, pentru că în realitate ea și-ar fi dorit ca el să o surprindă cu darul perfect.

Dă-i voie partenerului tău să te surprindă plăcut de acum înainte! Încurajează-l și apreciază ceea ce face pentru a-ți arăta că te iubește.

Exercițiile zilei 22:

☐ De câte ori ai ocazia pe parcursul zilei repetă mantra Ho'oponopono: TE IUBESC. ÎMI PARE RĂU. IARTĂ-MĂ, TE ROG. MULȚUMESC.

☐ Alege un cadou pentru iubitul tău. Chiar dacă trebuie comandat pe internet, astăzi pregătește un cadou pentru partenerul tău!

☐ Scrie minimum 10 motive de recunoștință pentru partenerul tău și / sau 10 motive de recunoștință pentru persoane cu care ai interacționat astăzi sau în trecut.

☐ Gândește-te la partenerul tău și scrie scenariul relației tale.

☐ Alege o convingere negativă identificată în ziua 5 și, urmând unul dintre exemplele EFT prezentate, tapotează până când intensitatea convingerii scade sub nota 3.

☐ Oferă-ți timp și contemplă cu bucurie faptele tale bune și ale celorlalți, conștientizând efectul în lanț generat de acțiunile tale.

Recitește intenția stabilită în prima zi pentru ca zilnic să îți amintești care e obiectivul pentru aceste 28 de zile; parcurge vizual listele de beneficii și dureri.

Provocarea zilei:

Descrie în jurnal pregătirea cadoului, ce ai simțit, bucuria cu care ai pregătit, care crezi că va fi reacția iubitului tău când va primi cadoul, împăcată fiind cu posibilitatea ca reacția lui să fie diferită de așteptarea ta. Evaluează dacă acesta este limbajul tău principal de iubire.

Recomandarea zilei:

Cartea ***His Needs, Her Needs - Nevoile lui, Nevoile ei***, de Willard F. Harley completează perfect descrierile limbajelor de iubire. În această carte vei descoperi o altfel de descriere a modului în care poate fi încărcat rezervorul de iubire. Spre deosebire de Chapman care vorbește despre un rezervor de iubire, Harley prezintă oamenii ca având niște "bănci" la care se deschid conturi de iubire. Fiecare persoană cu care interacționezi deschide un cont în banca ta. Conturile sunt alimentate cu iubire sau sunt debitate de iubire, ajungând chiar pe minus în cazul în care simți că oferi mai mult decât primești. În această abordare, fiecare persoană din viața ta îți poate influența relația și explică de ce repararea unei relații este dificilă la început. Când îți îndrepți atenția către conturile deschise la banca ta de fiecare persoană în parte, poți să iei măsurile necesare pentru ca un cont să fie mai bine alimentat, în timp ce altul să nu mai fie alimentat cu iubire. Conștientizând funcționarea acestor conturi, înțelegi de ce trece câteodată o perioadă îndelungată pentru ca încrederea să fie recâștigată, de ce la început sentimentele de iubire nu sunt suficiente pentru ca relația să aibă o nouă șansă pentru viitor.

Afirmația zilei (tapotează fiecare punct al unei runde complete de EFT):

Inima mea este încărcată cu iubire

Ziua 23 - Servicii

Succesul nu se referă la câți bani câștigi; este vorba despre diferența pe care o faci în viața oamenilor.

Michelle Obama

Sper să te regăsesc cu entuziasmul pe care încă îl resimți ca urmare a pregătirii primului cadou pe care l-ai achiziționat acum, înțelegând că el reprezintă o dovadă de iubire pentru partenerul tău. Vreau să continuăm cu același optimism în descoperirea unui alt limbaj de iubire. Întrucât studiem cinci limbaje, azi e rândul celui de-al patrulea. Dacă nimic din ce am descris până acum nu te încântă în mod deosebit, este posibil ca tu să apreciezi serviciile pe care le primești și să îți arăți iubirea prin serviciile pe care le oferi. Sau este posibil ca serviciile să îți pară cel mai banal lucru, să te deranjeze când alții îți atrag atenția la tot ce au făcut *pentru tine*.

Când am descoperit eu că există un limbaj de iubire al serviciilor am avut un moment de "Aha!" pentru că am înțeles în acel moment că acesta era limbajul principal de iubire folosit de către mama mea. Oare știi și tu femei care se mândresc cu tot ceea ce fac pentru familiile lor: spală vase, petrec ore întregi în bucătărie pentru a pregăti bucate ce vor fi mâncate în câteva minute, spală haine, fac cumpărăturile pentru toată familia, se ocupă singure de curățenie, fac multi-tasking pentru a duce la bun sfârșit toate activitățile stabilite pentru fiecare zi, duc copiii la activități aproape zilnic, fac teme cu copiii, duc mașina la service, se ocupă de plata taxelor, iar lista poate continua cu multe alte activități pe care o femeie și le asumă, din dorința de a arăta cât de mult își iubește familia. Dezamăgirea acestei femei vine în momentul în care solicită serviciile celorlalți și nu este întâmpinată cu acelaşi entuziasm. Şi-a dovedit atât de mult şi fidel iubirea, pentru a fi confruntată din nou şi din nou cu lipsa de afecţiune din partea soţului ei. Oare de ce nu o iubeşte soţul ei? El îi cere toată ziua să stea împreună. Oare el nu vede cât de multe sunt de făcut? Dacă ar pune mâna să facă şi el câte ceva, poate că ea s-ar simţi iubită şi ar sta cu el măcar cinci minute. Ce evidente sunt limbajele de iubire ale celor doi în acest cuplu!

Într-un alt cuplu, iar acest caz este comun şi larg răspândit în ţările ce împărtăşesc o cultură europeană şi americană, femeia care se ocupă de treburile casnice îşi arată iubirea faţă de soţul ei prin tot ceea ce face. Când acesta se întoarce de la muncă, totul străluceşte, mâncarea este la temperatura potrivită, astfel încât el se poate aşeza la masă, copiii sunt curaţi şi liniştiţi. Ea a lucrat toată ziua pentru ca el să vină acasă şi să găsească armonie. Când el vine obosit de la muncă, încărcat de probleme, poate îngrijorat pentru perioada următoare, pare că nu vede nimic din ceea ce face soţia lui. El crede că ea nu a făcut nimic peste zi, pentru că de fiecare dată când vine acasă, găseşte totul impecabil. Ea suferă şi se destăinuie prietenelor ei. Le spune că soţul nu o mai iubeşte, pentru că nu apreciază nimic din ceea ce face pentru el; când încearcă să-i atragă atenţia cu tot ce face pentru familie îi spune că el nu îi cere să facă nimic din toate acestea, ba chiar i-a spus în repetate rânduri să angajeze pe cineva să o ajute, pentru că va plăti el pentru tot. În acel moment această femeie a primit o dovadă puternică de lipsă de iubire. Cum poate el să îi spună că plăteşte pe altcineva, adică ea nu este suficient de bună? Chiar dacă limbajul lui de iubire este reprezentat de servicii, în mintea lui fiind logic că îi face soţiei sale un serviciu în momentul în care plăteşte pentru ajutoare, femeia nu percepe oferta soţului drept serviciu. *Când se oferă să plătească el îşi arată dragostea şi aprecierea pentru soţia lui, dorind să o menajeze, să o ajute să aibă mai mult timp pentru ea, să îşi îndrepte atenţia şi către el şi relaţia lor.* El nu ştie că ceea ce face soţia lui zi de zi reprezintă *dovada ultimă de iubire.* Când soţul simte că nu mai poate continua cu reproşuri din partea soţiei se descarcă şi, surprinzător, el este cel care nu se simte iubit. Lucrează zi de zi pentru familie, într-un mediu plin de provocări, iar el țintește tot mai sus pentru a aduce confort familiei sale. Ea nu vrea să audă despre problemele lui, nu vrea să se oprească din hărnicia ei și continuă să își vadă de treburi când vine el acasă, pentru a-l evita. Când primește bani de la soțul ei îi aruncă o privire ce îl străfulgeră, arătându-i că ea nu are nevoie de banii lui și că nu poate fi cumpărată cu bani. Unde s-a dus iubirea dintre ei? Era atât de bine la început! *Amândoi se iubesc, se iubesc atât de mult și amândoi își arată iubirea zi de zi, cu speranța ca într-o zi să fie văzuți, înțeleși și apreciați.*

Indiferent care este limbajul tău de iubire, când înțelegi că partenerul tău îți arată iubirea folosind un limbaj diferit de al tău îl apreciezi cu sinceritate și începi să îi arăți în limbajul lui preferat că și tu îl iubești. Nu face eforturi, pentru că eforturile te epuizează și îți lasă impresia unei bătălii, te seacă de puteri și vei înceta să mai lupți. Fă mici gesturi ce corespund limbajului de iubire al partenerului tău. *Încarcă-i rezervorul iubirii și vei vedea cum devine mai atent la limbajul tău de iubire.* Nu trebuie să dai paginile înapoi pentru a verifica dacă nu am spus deja lucrul acesta. Îți confirm eu că am repetat, pentru că este suficient de important încât să insist să-l reții și să îl aplici.

Dacă soțul tău spală vasele, apreciază-l, chiar dacă nu ai nevoie să facă asta sau dacă nu le spală așa cum ai fi făcut-o tu. Este felul lui de a-ți arăta că te iubește. Când soțul tău tunde iarba din grădină, îmbrățișează-l și șoptește-i ceva frumos la ureche. Va fi atât de fericit, încât se va apuca de ceea ce a promis să facă acum trei ani, dar nu și-a făcut timp niciodată să termine, până acum. Când el refuză să facă ceva ce tu consideri că este treaba lui să facă ai **două opțiuni**: prima este **să te superi**, să reproșezi, să te cerți, să începi războiul, în speranța că se va da bătut și va face lucrul respectiv. Chiar dacă va face ceea ce îți dorești, va fi opusul unei dovezi de iubire, se va simți umilit și fără putere. El nu a făcut acel lucru din proprie inițiativă, iar faptul că ți-a urmat cererea îl frustrează, pentru că nu se simte capul familiei. Cea de-a doua opțiune este **să faci tu cu bucurie** sau să plătești pe cineva să facă. În momentul în care îi oferi libertatea de decizie iubitului tău, ai transformat bătălia în dans. Ați început un nou dans în care căutați echilibru și armonie.

Toți plecăm din familia copilăriei cu exemple de limbaje de iubire și frustrări legate de neînțelegerea mesajelor de iubire. Eu mărturisesc că am plecat cu un bagaj mare de convingeri care mai de care mai nocive. Avem tendința să decidem, ca urmare a comportamentelor părinților noștri, fie să fim exact ca ei, fie, de cele mai multe ori, să fim opusul părinților noștri. Cu o astfel de gândire am plecat și eu de acasă cu privire la ce are de făcut soțul în casă. Pentru că mama mea nu îl lăsa pe tatăl meu să spele vase, eu am decis că voi avea un soț care va spăla vasele. Eram decisă să găsesc un bărbat care spală întotdeauna vasele, era o condiție de îndeplinit de eventualul pretendent. Ai parcurs cartea până acum, ți-am arătat tot ce am făcut și m-a ajutat pe mine. Ei bine, soțul meu nu spală vase! Să știi că nu asta e problema mea acum. Ca să fiu sinceră, ani de zile i-am reproșat că nu spală vasele, pentru că eu trebuia să am un soț care bifează această linie în lista de dovezi de iubire. Eu nu m-am simțit iubită pentru că el refuza să facă acest serviciu banal, care pentru mine reprezenta o dovadă puternică de iubire. Această nemulțumire a creat un cerc vicios, nemulțumiri care deveneau cauze pentru noi discuții, antrenând la tot mai puține motive de aprecieri și conducând o distanțare tot mai mare în relația de cuplu. *De ce nu reprezintă spălatul vaselor problema în sine?* După lupte fără de sfârșit am realizat că îmi place să spăl vase. Cu siguranță m-aș bucura să am o mașină de spălat vase pentru a economisi timp, dar, în lipsa ei, îmi imaginez că îmi curăț corpul la fiecare farfurie spălată, paharele îmi curăță privirea, oalele curăță sistemele corpului. Uite cum, ceea ce a fost motiv întemeiat de dispută a devenit timp pentru meditație sau pentru a asculta materiale motivaționale în fiecare zi. Consideri că soțul meu mă iubește chiar dacă refuză să spele vasele? Dacă ai răspuns afirmativ, atunci îndreaptă-ți atenția spre propria ta relație și pune-ți aceeași întrebare în legătură cu ceea ce face sau nu face soțul tău.

Crezi că limbajul de iubire al serviciilor te reprezintă? Dar pe partenerul tău? Ce conștientizări ai când realizezi că pregătirea cafelei de dimineață poate fi o dovadă de iubire? Sau faptul că spală mașina în fiecare săptămână (deși este curată) este o dovadă că te iubește?! Simplul fapt că pune vasele în chiuvetă, chiar dacă nu le spală, îți arată că te apreciază și vrea să te ajute.

Când te uiți cu recunoștință spre fiecare lucru pe care îl face și nu spre ceea ce ai fi vrut să facă vei găsi tot mai multe motive de recunoștință, apreciere și dovezi de iubire.

Pentru a evalua acest limbaj de iubire, urmărește astăzi ceea ce simți când cineva îți face un serviciu și caută să-i faci un serviciu partenerului tău. Urmărește reacția lui, pentru el contează ce ai făcut? Pregătește micul dejun, pregătește o masă specială la prânz, cumpără băutura lui preferată, du-te să plătești facturile, spală mașina (chiar dacă a spălat-o el acum câteva zile și e curată), pune un mirositor nou când speli hainele, etc.

Amintește-ți de toate limbajele de iubire, pentru că dovezile pozitive de iubire ale fiecărui limbaj construiesc relația perfectă pe care o dorești.

Exercițiile zilei 23:

☐ De câte ori ai ocazia pe parcursul zilei repetă mantra Ho'oponopono: TE IUBESC. ÎMI PARE RĂU. IARTĂ-MĂ, TE ROG. MULȚUMESC.

☐ Alege un serviciu pe care îl poți face astăzi pentru partenerul tău, iar folosind primul limbaj de iubire, cuvinte blânde și aprecieri, adu-i la cunoștință ceea ce ai făcut.

☐ Scrie minimum 10 motive de recunoștință pentru partenerul tău și / sau 10 motive de recunoștință pentru persoane cu care ai interacționat astăzi sau în trecut.

☐ Gândește-te la partenerul tău și scrie scenariul relației tale.

☐ Alege o convingere negativă identificată în ziua 5 și, urmând unul dintre exemplele EFT prezentate, tapotează până când intensitatea convingerii scade sub nota 3.

☐ Oferă-ți timp și contemplă cu bucurie faptele tale bune și ale celorlalți, conștientizând efectul în lanț generat de acțiunile tale.

Recitește intenția stabilită în prima zi pentru ca zilnic să îți amintești care e obiectivul pentru aceste 28 de zile; parcurge vizual listele de beneficii și dureri.

Provocarea zilei:

Scrie în jurnal ce servicii faci pentru ceilalți, dacă ai nevoie să fii apreciată pentru ceea ce faci. Ai nevoie ca ceilalți să facă lucruri pentru a te simți iubită?

Recomandarea zilei:

Filmul *A walk to remember - O iubire de neuitat (2002)*, unul dintre filmele mele preferate, propune o poveste de dragoste în care iubirea este oferită prin servicii.

Afirmația zilei (tapotează fiecare punct al unei runde complete de EFT):

Aleg să trăiesc așa cum îmi dictează inima

Ziua 24 - De mână

Se spune că avem două urechi și o gură pentru că trebuie să ascultăm mai mult decât să vorbim. Se spune asta și pentru că, atunci când vorbim, noi repetăm o informație pe care o cunoaștem deja, iar atunci când ascultăm avem ocazia să învățăm lucruri noi. Cu toate că am citit despre limbajele iubirii de trei ori (ți-am spus că am citit de două ori cartea *Cele cinci limbaje ale iubirii*, dar am citit și o dată cartea *Cele cinci limbaje de iubire ale copiilor*), abia acum, scriind aceste rânduri, simt că am ascultat și înțeles cum funcționează aceste limbaje în realitate.

Gândindu-mă că eu nu am un limbaj principal de iubire, m-am focusat în trecut pe ceea ce mă rănea în fiecare limbaj. Ce este diferit acum pentru mine? *Mă uit la un creion pe care îl am mereu lângă mine, și înțeleg că realitatea mea vine din semințe mentale pe care eu le-am plantat în trecut prin gânduri, vorbe și fapte.* **A te uita cu regret la trecut nu va aduce schimbări pozitive pentru prezent și viitor.** *A-ți asuma responsabilitatea pentru trecutul tău îți dă puterea să decizi ceea ce dorești să vezi în prezentul și viitorul tău.* Când ai acceptat provocarea de a porni în această călătorie ți-ai dat voie să creezi relația perfectă pentru tine și iubitul tău.

Perfecțiunea relației tale îți aparține ție și iubitului tău. Nu există o altă persoană care poate judeca această perfecțiune, pentru că fiecare persoană vede această relație prin prisma propriilor semințe. Asta explică și de ce vedem frumusețea atât de diferit - *frumusețea este relativă, la fel ca orice altceva din această lume.*

Îți îndrepți privirea către partenerul tău și îți dai seama că ești mai blândă, mai caldă. Ceva s-a schimbat, dar încă nu știi ce. Știi doar că începi să îți dorești să-l vezi mai des și să îl surprinzi plăcut. Cât este de interesant: în urmă cu trei săptămâni te irita tot ceea ce făcea, dar mai ales ceea ce nu făcea, iar azi te întrebi cum de a fost posibil să se schimbe atât de mult, întrucât tu ești singura care citește această carte. Chiar așa, *de ce s-a schimbat atât de mult soțul tău?* Cred că deja fluturi creionul prin fața cărții, spunându-mi că ai plantat semințe pentru ca relația ta să fie așa cum o dorești!

A venit momentul să vedem care este ultimul limbaj de iubire, cel despre care vorbim astăzi. Cu siguranță îl bănuiești, în ciuda titlului ales pentru a prelungi misterul. Am decis să scriu despre acest limbaj de iubire la final, pentru a-ți permite să evaluezi fiecare limbaj de iubire în parte, în speranța ca acum să îți dorești să-l explorezi pe acesta.

În eventualitatea în care nu ești într-o relație în prezent, este posibil să nu-l apreciezi la fel de mult în acest moment. Dar, citind despre el, s-ar putea să ai conștientizări în ceea ce privește relațiile tale anterioare și să te pregătești pentru relația pe care o creezi acum.

Denumirea originală a acestui limbaj de iubire este de fapt contactul fizic. Am ales să pun un titlu diferit pentru că el reprezintă altceva decât prima idee ce ne vine în minte când spunem *contact fizic.* Am văzut în multe situații cum această nevoie de contact fizic a fost prost interpretată fie de un partener, fie de celălalt. Se întâmplă, de multe ori, ca el sau ea să-și dorească să-și atingă partenerul. Cel care nu are acest limbaj de iubire se simte invadat în spațiul personal și crede că este văzut ca un obiect ce trebuie să satisfacă nevoile sexuale ale partenerului. Sunt persoane care au nevoie de spațiu fizic personal inclusiv în relația de cuplu. *Respingerea fizică a partenerului nu echivalează cu lipsa de iubire.*

Eu am crescut cu foarte multă iubire, iar unul dintre modurile în care se exprima cel mai des iubirea era să fiu îmbrățișată și pupată. O altă modalitate de a te exprima prin intermediul acestui limbaj de iubire, este dansul. Dansul în doi presupune contact fizic, indiferent de tipul melodiei sau sentimentele dansatorilor unul pentru celălalt. Mi-a plăcut dansul de când am fost mică. Pot spune că evadam din realitate când mă transpuneam în stările corespunzătoare fiecărei melodii. În familia mea, o doză zilnică de iubire era primită și oferită prin îmbrățișări și exprimarea iubirii prin simplul "Te iubesc".

Când l-am cunoscut pe soțul meu care a crescut într-un mediu complet diferit, nevoia mea de a primi dovezi de iubire prin atingeri, îmbrățișări și cuvinte de iubire a fost neîmplinită. Știam și vedeam că mă iubește, dar nu îmi arăta acest lucru în limbajele de iubire pe care le înțelegeam eu. Întrucât nici eu nu știam să mă exprim în limbajele lui de iubire, el nu înțelegea de ce trebuie să irosească atât de mult timp în fiecare zi, făcând lucruri atât de banale și lipsite de importanță, din punctul lui de vedere, precum îmbrățișări, săruturi sau declarații de dragoste.

Când eu am înțeles aceste limbaje de iubire mi-am orientat atenția spre ceea ce făcea soțul meu pentru mine și am înțeles cât de mult mă iubește. Am conștientizat și cât de neînțeles s-a simțit el în relația noastră, pentru că eu mă concentram strict pe nevoile mele. Pentru că am început să îi arăt iubirea prin limbajele lui de iubire, cele pe care el le înțelegea, a început să îmi ofere dovezile de iubire de care aveam eu nevoie. Simt că am creat o relație nouă, cu un om pe care îl cunosc dintotdeauna și în care am încredere deplină. Asta se întâmplă când înțelegi limbajele de iubire și felul în care ne ghidează ele calitatea relației.

Dacă până acum nu am vorbit despre sex, atunci ce înseamnă contactul fizic? Ceea ce spun în titlu, ceea ce am primit încă din copilărie și toate gesturile mărunte ce par nesemnificative: să mergi pe stradă ținând de mână pe cineva, să stai într-o îmbrățișare în liniște, să îți săruți iubitul înainte de culcare sau dimineața înainte de a pleca la muncă, să faci un masaj de relaxare, să faci lupte corp la corp (este modul în care este exprimat acest limbaj de copii în relația cu părinții lor). Cel mai pașnic mod de a oferi o dovadă de iubire, fără a cere nimic în schimb, este să-l mângâi pe umăr sau să-l îmbrățișezi când este cu spatele la tine (el nu trebuie să întoarcă îmbrățișarea) sau să pui o mână pe genunchi.

Bineînțeles că sexul face parte din acest limbaj de iubire! Fie vorba între noi, cred că *sexul vine să încununeze armonia manifestării iubirii prin toate cele cinci limbaje*: prin cuvinte potrivite pregătești terenul, oferind timp celuilalt vă puteți bucura împreună, făcând un masaj poți oferi relaxare (serviciul pe care îl oferi celuilalt), iar plăcerea trăită este cadoul reciproc.

Am citit în trecut că într-o relație în care sexul nu este satisfăcător în cuplu, el reprezintă 95% din importanță în cadrul motivelor pentru care relația nu este împlinită, pe de altă parte, atunci când sexul este perfect, el reprezintă doar 5% din importanță în stabilirea calității relației.

Continuând pe explicația acestei judecăți, eu mi-am dat seama că nu îmi doresc o împărțire a importanței diferitelor aspecte în relație. Am decis că fiecare limbaj de iubire este în egală măsură important și îmi doresc să le duc pe toate spre perfecțiune. Aud exprimări de genul "Este atât de bine când îl văd că…, dar mă scoate din sărite pentru că…". În această situație, persoana care face astfel de afirmații se privează de o relație ce are un potențial infinit de perfecțiune. Tu vrei relația în care ai bifat toate punctele pe care le-ai stabilit la începutul călătoriei sau, dacă sunt unele aspecte pe care nu le bifezi, ai realizat că, de fapt, ele nu erau atât de importante în relația care s-a conturat acum.

Chiar dacă anterior am avut o zi destinată divinității, vreau să analizezi sexul dintr-o lumină nouă. Deși sper că ai gândit deja în acest fel, este posibil să fie o noutate pentru tine.

Religiile au la bază trinitatea, fie că este descrisă de Tatăl - Fiul - Duhul Sfânt, sau de mama și de tata care concep copilul. Simbolul Treimii este prezent inclusiv în poveștile copilăriei. În

Conversații cu Dumnezeu, Neale Donald Walsch spune că Dumnezeu a dorit să se perceapă pe sine întru totul, astfel, a creat Universul cu tot ceea ce conține acesta.

Când două persoane care se iubesc fac dragoste, ele se unesc în cea mai înaltă vibrație a iubirii. În acele momente de plăcere, sexul este exprimarea cea mai pură a iubirii. Dumnezeu este prezent, se creează o treime ce se unește într-un tot unitar. Te-ai gândit până acum că te apropii de Dumnezeu de fiecare dată când faci dragoste cu soțul tău? Plăcerea pe care o experimentezi este dovada supremă a iubirii. În ziua căsătoriei tale, două părți de Divinitate se reunesc în iubire, sub binecuvântarea primită în biserică. Trăiește relația pe care ai fost menită să o trăiești cu partenerul tău!

Oricât de frumos este acest limbaj de iubire, el poate fi interpretat în moduri diferite de parteneri. Când cei doi nu au aceleași nevoi în privința contactului fizic amândoi suferă în egală măsură. Cel care are nevoie să simtă atingerea celuilalt va înțelege că este respins de către persoana pe care o iubește, iar cel care nu are acest limbaj de iubire se simte sufocat de către partener. Când nu ai o nevoie de contact fizic, te gândești că *nimeni* nu poate să-și dorească așa ceva. Viața ne-a învățat de atâtea ori că lucrurile nu stau chiar așa.

Cum s-ar schimba viața ta dacă astăzi decizi să fii atentă la nevoile de atingere fizică ale tale și ale partenerului tău?

Ai putea să privești cu mai multă compasiune, înțelegere și iubire relația dintre voi?

Ce schimbări ești dispusă să faci astăzi pentru a experimenta relația pe un nivel nou, cel în care cele cinci limbaje de iubire fuzionează pentru crearea relației perfecte?

Exercițiile zilei 24:

☐ De câte ori ai ocazia pe parcursul zilei repetă mantra Ho'oponopono: TE IUBESC. ÎMI PARE RĂU. IARTĂ-MĂ, TE ROG. MULȚUMESC.

☐ Găsește cât mai multe momente în care să-ți surprinzi partenerul prin diverse modalități de contact fizic și observă cum reacționați fiecare dintre voi.

☐ Scrie minimum 10 motive de recunoștință pentru partenerul tău și / sau 10 motive de recunoștință pentru persoane cu care ai interacționat astăzi sau în trecut.

☐ Gândește-te la partenerul tău și scrie scenariul relației tale.

☐ Alege o convingere negativă identificată în ziua 5 și, urmând unul dintre exemplele EFT prezentate, tapotează până când intensitatea convingerii scade sub nota 3.

☐ Oferă-ți timp și contemplează cu bucurie faptele tale bune și ale celorlalți, conștientizând efectul în lanț generat de acțiunile tale.

Recitește intenția stabilită în prima zi pentru ca zilnic să îți amintești care e obiectivul pentru aceste 28 de zile; parcurge vizual listele de beneficii și dureri.

Provocarea zilei:

Scrie în jurnal conștientizările tale în privința acestui limbaj de iubire. Notează ponderea fiecărui limbaj de iubire pentru tine și partenerul tău, astfel încât să identifici modalitățile în care vă puteți exprima iubirea pentru a vă face înțeleși. Chiar dacă ar trebui să identifici un limbaj predominant, dă-ți voie să le dai notele pe care le simți, astfel încât ele să îți corespundă cu adevărat ție. Amintește-ți că nu există răspunsuri greșite.

Recomandarea zilei:

Filmul *The 40-Year-Old Virgin - Virgin la 40 de ani (2005)* este o dovadă superbă a acestui limbaj de iubire.

Afirmația zilei (tapotează fiecare punct al unei runde complete de EFT):

Știu că totul va fi bine

Ziua 25 - Dor de tine

*M-am născut cu o necesitate
enormă de a primi afecțiune și de a
o dărui*

Audrey Hepburn

Mă uit în urmă la ultimele zile și mă cuprinde un sentiment de entuziasm și fericire. Aș putea spune că munca mea e încheiată. Întrucât călătoria noastră nu s-a încheiat încă, am considerat că mai sunt câteva lucruri importante de adăugat.

E momentul să recapitulăm ceea ce am făcut până acum împreună. Când suntem într-o călătorie mai lungă este bine să evaluăm de unde am pornit, unde suntem și ce mai rămâne de făcut. Am citit recent un citat ce mi s-a întipărit în minte. Într-o cursă de 10 km, ultimul km reprezintă jumătatea drumului. Eu îți reamintesc la sfârșitul fiecărui capitol să iei jurnalul, să parcurgi începutul lui, să recitești motivația (destinația acestei călătorii) în fiecare zi. Deși sunt convinsă că acest obicei nu este neplăcut, vreau să-ți împărtășesc cât de important este el pentru fiecare persoană care a urmat deja acest parcurs.

Când citești o carte pe care o apreciezi te bucuri de ceea ce ai învățat, o bifezi într-un jurnal sau într-o aplicație și treci la următoarea. Când citești o carte care îți dă sarcini de făcut, iar tu decizi să le pui în practică observi cum viața ta se schimbă pentru totdeauna. A mai rămas foarte puțin din parcursul nostru împreună, dar eu vreau să mă asigur că tot ceea ce ai primit în această carte rămâne cu tine și îți va fi de folos de acum înainte.

Poți să participi la cursuri de mii de euro, dacă nu folosești ceea ce înveți, ai cheltuit banii degeaba. De ce o parte dintre participanții la un curs are succes, iar majoritatea nu are? Pentru că o mică parte se angajează complet să aplice ceea ce învață. Ei vor asculta, vor învăța, vor pune întrebări, vor aplica și vor continua până au rezultatele promise de către orator. Dacă toți participanții ar avea același nivel de implicare, toți ar avea reușite mai mici sau mai mari, care acum știi că vin din semințele lor. Ceea ce este sigur, însă, este că toți ar avea rezultate și o evoluție pozitivă! Acest lucru este valabil indiferent de tematică.

Eu sunt atât de perseverentă și consecventă în ceea ce fac, încât, așa cum m-a descris un client, aș fi în stare să mă târăsc prin tranșee și să merg înainte. Când știi ceea ce vrei, eșecul nu există. Nu știi când ajungi la succes, dar știi sigur că se îndeplinește. Când am decis să scriu această carte mi-am promis să scriu în fiecare zi cel puțin o pagină. Am scris mai mult, pentru că am vrut să fie gata cât mai repede pentru tine.

Fiecare zi din această carte este importantă. Fiecare zi îți aduce un element care să te ajute pe tine. Dacă ai luat în considerare exercițiile propuse și ți-ai oferit timp în fiecare zi, astăzi te văd alături de mine pe terasă, cu zâmbetul până la urechi, spunându-mi că încă nu îți vine să crezi cât de multe s-au schimbat în viața ta. Îmi imaginez asta pentru că s-a întâmplat din nou și din nou cu persoanele cu care am lucrat deja în ședințe individuale sau de grup.

Valoarea acestei cărți este egală cu cantitatea de suflet pe care o pui tu în aplicarea exercițiilor. Ceea ce am făcut eu pentru tine în această carte a fost să iau tot ce este mai bun, să exprim totul într-o formă care să corespundă vibrației tale, astfel încât să îți facă plăcere să citești și să pui în practică fiecare exercițiu.

Ți-am mai spus că această călătorie este despre tine. Dacă tu ai venit spre mine prin faptul că citești această carte, înseamnă că *tu*, de una singură, *poți să îți creezi relația perfectă*. Nici eu, nici tu nu trebuie să îi spunem partenerului tău ce să facă sau ce să nu facă. Cu alte cuvinte, am învârtit obiectivul în jurul tău, pentru a te ajuta să vezi diferite perspective și posibilități de creație conștientă a realității. Pentru că scopul acestei cărți este ca tu să ai relația perfectă, ne-am îndreptat privirea către cuplu, pentru a înțelege mai bine diferitele limbaje de iubire. În acest fel, perspectiva este completată în mod armonios. După un tur complet și perspective multiple, astăzi revenim cu atenția spre tine. Scena de dans este a ta. Zilele precedente te-au dus spre analiza cuplului, a partenerului tău, ți-au permis să-i oferi lui semnale puternice că te schimbi, că relația voastră se schimbă. Pentru că amândouă suntem femei, știu un lucru important: ***tu ca femeie uiți cât ești de importantă în viața ta!*** Această carte este scrisă pentru ca tu să te iubești, așa cum ești acum, chiar dacă vei continua să te transformi și *decizi să fii în fiecare zi cea mai bună versiune a ta.* Oare am repetat de suficient de multe ori acest lucru?

Nu aștepta să te iubească ceilalți! Iubește-te tu pe tine, iar iubirea lor va confirma ceea ce simți și trăiești deja. Pe de o parte, am prezentat limbajele de iubire în cuplu și ți-am atras atenția să faci introspecție la fiecare dintre ele. Pe de altă parte, am urmărit să te încurajez să îți oferi ție aceeași atenție pe care ți-am sugerat să i-o oferi partenerului.

Vreau să fii sinceră cu tine! *Când ți-ai oferit ție ceea ce ți-ai dorit?* Cu siguranță îți satisfaci mici sau mari plăceri, dar unde este limita? Limitele sunt diferite pentru fiecare persoană care citește această carte. Nu voi presupune ce îți dorești, ci îți cer ție să iei jurnalul și să faci o listă cu tot ce îți dorești. Nu te limita din cauza banilor sau a timpului.

Dacă ai avea tot timpul din lume, toți banii, toate condițiile prielnice, ***ce îți dorești***? Te rog să introduci plăceri mici și mari în egală măsură, pune pe listă și lucruri pe care le faci deja, dar nu suficient de des. De exemplu: *mers la coafor, ieșiri la cinema, la restaurant, plimbări în natură, timp pentru a citi o carte bună, manichiură, ieșiri în oraș cu prietenele, vacanțe în țări exotice, vacanțe la munte, o pereche de schiuri, reînnoirea garderobei, o mașină nouă, o pereche de pantofi, o poșetă, o ședință de masaj, o casă la marginea unui lac, o cabană la munte, un telefon nou, o colecție de cărți, un curs de specializare, redecorarea casei,* etc.

Unele lucruri pot fi pentru familie, altele doar pentru tine.

Nu lăsa ca acele lucruri care nu rezonează cu tine să te împiedice să îți faci propria ta listă. Unele femei nu își beau cafeaua dimineața din cauza treburilor și a copiilor care le țin în priză cât e ziua de lungă. Altele sunt dependente de muncă și uită de micile bucurii ale vieții. Unele femei, deși aparent au totul, simt că le lipsește ceva, ce uneori pare imposibil de identificat.

Bucuria începe cu lucrurile mărunte.

Este suficient să plantezi o sămânță pentru a obține rezultate extraordinare. Dintr-o ghindă de câteva grame crește un stejar de câteva tone. Fiecare zâmbet, fiecare gest mic va aduce fericirea adevărată. O doamnă căreia i-am spus despre practicarea recunoștinței m-a întrebat ce să scrie. Ea se gândea că nu are suficiente lucruri mărețe făcute pe parcursul zilei. Când i-am spus că sunt gesturi mărunte, precum un zâmbet de recunoștință, timpul oferit de o persoană ocupată, s-a uitat cu uimire la mine și mi-a spus: *"Aaaa... dar dumneavoastră vă bucurați pentru mărunțișurile astea?" "Da!"* **Fiecare respirație este în egală măsură un motiv de recunoștință, de bucurie și un succes pentru ziua respectivă!**

Cu cât mai mult îți amintești să te bucuri de tot ceea ce trăiești, cu atât mai multe motive de bucurie vei găsi în fiecare zi.

După ce ai făcut o listă cu tot ce îți dorești, taie de pe listă toate lucrurile pe care ți le oferi deja suficient de des. De exemplu, dacă mergi la coafor o dată pe lună sau o dată pe săptămână și este exact ce îți dorești, înseamnă că aceste nevoi îți sunt îndeplinite și îți aduc satisfacție de fiecare dată când le faci.

Acum este momentul să te uiți pe listă și să bifezi toate lucrurile pe care ai putea să le faci, dar nu le faci. Ele necesită timp sau bani, dar îți permiți să le realizezi. De exemplu: *să faci o baie în cadă, să stai în liniște, să citești o carte, să bei o cafea dimineața, să îți cumperi o bijuterie, să te întâlnești cu o prietenă timp de o oră.* Dintr-un motiv sau altul, sunt lucruri la care visezi, dar i-ai pus pe ceilalți înainte pe lista ta de priorități și ai renunțat la nevoile tale. Neîmplinirea acestor dorințe este frustrantă. Dacă în fiecare zi te gândești că îți dorești să stai singură cinci minute dimineața, dar copiii tăi se trezesc deodată cu tine, ajungi să simți o presiune constantă, precum o oală ce gătește sub presiune.

În urmă cu mai bine de douăzeci de ani am văzut un articol despre un cuplu de vedete. Căsnicia lor era un model, iar jurnalistul a întrebat care e secretul căsniciei lor. Femeia a spus că lista ei de priorități este astfel: *ea este prima pe listă, apoi relația de cuplu, apoi copiii și abia apoi ceilalți.* Pe atunci nu înțelegeam de ce erau toate în această ordine.

Citind cărți și articole, lucrurile au început să capete contur și să înțeleg mai bine raționamentul. Copiii vin în cuib, dar după ce cresc trebuie să-i lăsăm să-și întindă aripile și să zboare. De aceea, relația de cuplu este mai importantă. Asta nu înseamnă că nu oferim atenție copiilor, dimpotrivă, când relația de cuplu este solidă, copiii primesc mult mai multă atenție și afecțiune.

Acest lucru este confirmat în astfel de cupluri, pentru că în momentul în care cuplul este solid nu se pierde timp inutil cu certuri, explicații, suferință. Cei doi parteneri au rezervorul alimentat cu iubire, astfel încât au energie pentru întreaga zi, pentru toate celelalte treburi.

Te întrebi de ce nu este relația de cuplu pe primul loc? Iar eu te întreb: **care este singura relație pe care o ai de la naștere până la moarte?** A ta cu tine. Când tu îți oferi fericire, ceilalți primesc cu bucurie o felie din preaplinul fericirii tale. Când fericirea ta nu este dependentă de evoluția cuplului, toate deciziile devin puternice, conștiente și impregnate de iubire și compasiune.

Când tu ești bine, cuplul e bine, copiii sunt bine. Iar restul va continua pe aceeași undă de bine. Nu vreau să crezi acum că nu te mai poți supăra niciodată. Unele cărți spun că, de fapt, cuplurile în care sunt certuri sunt cuplurile cu adevărat fericite. Nu pot să le dau pe deplin dreptate, întrucât în prezentarea creionului am înțeles că reproșurile soțului reprezintă rodul semințelor plantate de mine, atunci când și eu am reproșat unei alte persoane ceva. Având şi această viziune asupra relaţiei tale, în momentul în care relaţia ta este într-o perioadă agitată, te concentrezi pe exerciţiile învăţate şi îţi asumi răspunderea pentru partea ta de contribuţie în situaţia creată. În loc să se scufunde corăbiile fericirii, strălucesc ochii datorită conştientizărilor şi bucuriei că de acum înainte deţii controlul asupra ceea ce urmează să se întâmple.

Când am făcut pasul spre căsătorie i-am spus soţului meu că aştept până când este pregătit, dar, când va fi pregătit, vreau să avem doi copii de vârstă apropiată. Ştiam că va fi greu - a fost o provocare extraordinară, ne-a scuturat relaţia de cuplu din temelie, pentru a ne permite reconstruirea ei de la zero. Fundaţia a fost solidă şi cred că este ceea ce ne-a permis să o transformăm armonios. Singuri, fără ajutoare, cu un soţ ce lucra zi de zi, de dimineaţa până seara, schimbări hormonale şi neînţelegerea realităţii aşa cum am prezentat-o în această carte... toate acestea au determinat acumularea multor frustrări. Chiar şi când nu îl înţelegeam, soţul meu era colacul meu de salvare. Soţului meu nu îi place să se certe. Când eu aveam chef de discuţii pe care el le considera inutile mă trimitea să stau singură, cu alte cuvinte îmi spunea să mă cert singură. Eu îmi spuneam că nu mă iubeşte. Dar îl ascultam, mă retrăgeam în sala de baie cu o carte bună, iar după ce îmi lăsam apă în cadă, mă relaxam şi mă simţeam ca pasărea Phoenix. Parcă renaşteam din propria-mi cenuşă.

Când am văzut starea de bine pe care o aveam de fiecare dată când petreceam timp cu mine, am realizat că e unul dintre cele mai frumoase cadouri pe care soţul meu putea să mi le ofere, iar faptul că îl acceptam era cel mai frumos cadou pe care mi-l ofeream eu mie. Cadourile sunt de foarte multe feluri, ele sunt şi prieteniile pe care le avem. Adaug la ceea ce am spus mai sus faptul că stăteam la ţară, departe de prietenii noştri. Cu toate că eram departe de ei, aveam prieteni care ne vizitau des. De fiecare dată când ne întâlneam simţeam o reîncărcare a rezervorului meu de energie. *Cadourile nu sunt limbajul meu de iubire, dar timpul petrecut cu cei dragi reprezintă pentru mine cel mai frumos cadou.*

Înainte de a trece la exercițiul pregătit pentru astăzi te rog să te uiți la dorințele din lista pe care ai completat-o în jurnalul de astăzi, care nu sunt nici tăiate, nici bifate. Ele nu trebuie să reprezinte o presiune pentru tine. Nu te concentra cu emoții negative pe o casă pe care ți-o dorești, dar pe care nu ți-o permiți acum. Gândindu-te cu regret că nu ai ceea ce îți dorești nu grăbești lucrurile pentru ca ea să facă parte din realitatea ta mai repede.

Dacă ai o astfel de dorință, poți să te gândești cu bucurie la momentul în care visul tău devine realitate. Îți imaginezi cum savurezi momentul, faci vizita detaliată a casei, înregistrezi toate amănuntele, dă-ți voie să auzi ciripit de păsări, jocuri de copii în depărtare, poate chiar și un pârâu în spatele casei. Închide ochii și dă-ți voie să simți fericirea și împlinirea ce te cuprind în momentul în care ești *acasă*. După ce stai suficient în această stare de fericire poți să te întorci pas cu pas spre momentul prezent, realizând ce a însemnat fiecare pas în parte.

Continuând pe exemplul acestei case, **ultimul pas** ar fi putut să fie montatul mobilei. Pasul anterior a fost să fie terminate lucrările de construcție. Mergând încă un pas înapoi a fost cumpărarea casei sau terenului. Pentru ca acea casă să fie cumpărată, pasul anterior l-a reprezentat procurarea creditului sau banilor cu care s-a făcut respectiva achiziție, vizitele de case și terenuri, banii puși deoparte, etc. Continuând această introspecție în sens invers, vei ajunge în prezent și îți vei da seama care este **primul pas** pe care poți să îl faci acum, pentru ca acea casă din vis să devină casa din realitatea ta.

Acesta este un exercițiu pe care îl poți repeta pentru fiecare dorință scrisă pe lista ta, schimbând imaginea pe care o vizualizezi, sunetele pe care le auzi, trăirile pe care le ai și pașii în sens invers pe care trebuie să-i parcurgi pentru a-ți îndeplini dorința. Astfel, dorințele tale se transformă din frustrări în factori motivatori, idei de acțiuni concrete și multe motive de bucurie.

Pentru că astăzi este despre tine, revenim la toate dorințele din listă pe care le-ai bifat. Insist să îți reamintesc: *tu eşti cea mai importantă persoană din viaţa ta*. Alege ceea ce-ți doreşti cel mai mult dintre lucrurile pe care le-ai bifat în listă şi oferă-ți astăzi acel cadou. *Doar după ce îţi îndeplineşti dorinţa te apuci de alte treburi!* Pentru ca totul să fie şi mai armonios, ocupă-te şi de celelalte dorinţe bifate în listă, cel puţin câte una în fiecare zi!

Exercițiile zilei 25:

☐ De câte ori ai ocazia pe parcursul zilei repetă mantra Ho'oponopono: TE IUBESC. ÎMI PARE RĂU. IARTĂ-MĂ, TE ROG. MULȚUMESC.

☐ Scrie în jurnal o listă cu dorințele tale. Alege una pe care ți-o poți îndeplini astăzi. Astăzi este despre tine!

☐ Scrie minimum 10 motive de recunoștință pentru partenerul tău și / sau 10 motive de recunoștință pentru persoane cu care ai interacționat astăzi sau în trecut.

☐ Gândește-te la partenerul tău și scrie scenariul relației tale.

☐ Alege o convingere negativă identificată în ziua 5 și, urmând unul dintre exemplele EFT prezentate, tapotează până când intensitatea convingerii scade sub nota 3.

☐ Oferă-ți timp și contemplă cu bucurie faptele tale bune și ale celorlalți, conștientizând efectul în lanț generat de acțiunile tale.

Recitește intenția stabilită în prima zi pentru ca zilnic să îți amintești care e obiectivul pentru aceste 28 de zile; parcurge vizual listele de beneficii și dureri.

Provocarea zilei:

După ce ți-ai satisfăcut prima dorință notează în jurnal cum ai trăit această experiență, cum a fost să îți îndeplinești o dorință oricât de mică.

Recomandarea zilei:

Filmul **Up - Deasupra tuturor (2009)** spune povestea unui băiat ce pornește într-o călătorie fantastică alături de un bătrân. Nu aștepta îndeplinirea dorințelor imposibile pentru a trăi. Începe să trăiești astăzi!

Afirmația zilei (tapotează fiecare punct al unei runde complete de EFT):

Inima mea este fericită

Ziua 26 - Reflexia din exterior

Dacă nu e nimic în interior, nu e nimic în exterior.

Pera Novacovici

Relația ta cu partenerul tău reflectă relația ta cu tine. Această carte este despre tine, pentru că atunci când relația ta cu tine este așa cum meriți, relația ta cu *el* devine perfectă. După toate indiciile plantate de-a lungul călătoriei astăzi doresc să pun accentul pe un aspect descris foarte pe scurt până acum. Când te-ai gândit că sunt superficială, pentru că nu intru în profunzimea unui subiect, eu știam că am spus exact atât cât era nevoie la acel moment. Ziua de astăzi este strâns legată de **ziua 19 - Privește în interior**. Am ales să scriu prima parte atunci, continuarea acum, pentru a te invita azi să revii la capitolele precedente. Cu fiecare pas pe care îl faci înainte eu te încurajez să reiei parcursul de la început până în prezent. Cu cât sunt mai multe piese disponibile, cu atât e mai clară imaginea de ansamblu. Dacă eu am considerat că este mai practic să îți prezint secretele unei relații perfecte pe parcursul mai multor zile, după ce le ai pe toate la dispoziția ta, îți recomand să le folosești împreună pe cele cu care rezonezi și care îți sunt de folos. A vedea un film pe sărite sau a vedea doar sfârșitul filmului nu îți arată tot conținutul. A vedea din nou și din nou un film care ți-a plăcut, te va face să descoperi tot mai multe detalii pe care nu le-ai remarcat dățile precedente când l-ai urmărit.

Schimbarea vieții tale pornește doar de la schimbarea din interior. Dar între interior și exterior există o legătură puternică, iar când spun asta aș merge mai departe, susținând că ele sunt unul și același lucru. Sunt multe expresii care transmit același mesaj: ochii sunt oglinda sufletului, mă doare sufletul când văd, "*Ce se află în spatele nostru și în fața noastră contează mult mai puțin decât ceea ce se află în noi înșine"* – Ralph Waldo Emerson.

Doi bătrâni, la intrarea într-o cetate, priveau împreună trecătorii. Se apropie de ei un tânăr, le dă binețe și îl întreabă pe unul dintre ei cum sunt oamenii din această cetate. Bătrânul îl întreabă cum erau oamenii în locul de unde vine. Tânărul a spus că erau hoți, răi și fără cuvânt. Bătrânul i-a răspuns că așa sunt și aici. A doua zi, cei doi bătrâni stăteau din nou și priveau pe trecători. În această zi a venit un alt tânăr către ei și l-a întrebat pe bătrân cum sunt oamenii locului. Bătrânul a pus aceeași întrebare: cum sunt oamenii de unde vii? Tânărul a spus că erau foarte buni, se ajutau și se susțineau, era o plăcere să locuiască acolo. Bătrânul i-a spus că așa sunt și oamenii de aici. Când cel de-al doilea bătrân a văzut că, la aceeași întrebare, primul bătrân a dat răspunsuri contradictorii, a vrut să înțeleagă raționamentul. **Bătrânul i-a spus că, oriunde mergem, găsim doar ceea ce avem în sufletul nostru.**

O relație ne reflectă fidel sufletul nostru. Persoanele pe care le cunoaștem ne oglindesc interiorul. Când nu îți place de cineva primești cel mai frumos cadou, pentru că acea persoană vine în viața ta să îți atragă atenția să te uiți în interiorul tău. Iar din momentul în care începi să cureți în interior, vei vedea curățenia la exterior.

Dacă în ***ziua 15*** ți-am spus să alegi cinci persoane pe care le admiri, pentru a pune accentul pe aspectele pozitive din interiorul tău, astăzi accentuez imaginea completă: ***tot ceea ce vezi în exterior vine din interiorul tău.*** După cum ai observat pe parcursul cărții, acest lucru nu este susținut doar de mine, sunt tehnici folosite în întreaga lume care susțin aceeași idee:

➢ **Ho'oponopono** - poți vindeca pe ceilalți, vindecând părți din tine.

➢ **Recunoștința** - ai văzut cum sentimentele negative își pierd puterea și lasă loc sentimentelor pozitive

➢ **Convingerile** - te forțează să vezi realitatea. Deși înainte credeai că realitatea îți determină convingerile, acum ai văzut că legătura este în sens invers.

➢ **Grădinăritul mental** - creionul - realitatea ta exterioară este creată din semințele plantate de tine în interior.

Sunt și alte tehnici care descriu această legătură între interior și exterior, chiar și Biblia spune *"precum în ceruri, așa și pe pământ"*.

Cu excepția cazului în care ești pe o insulă pustie, caz în care nu cred că ai citi această carte, trăiești înconjurată de oameni. Acești oameni cu care interacționezi sunt văzuți diferit de celelalte persoane din jurul tău. Dacă alegi o persoană pe care să o descrii cu cât mai multe amănunte, vei constata că va fi descrisă foarte diferit de către părinții ei, de prieteni apropiați, de persoane cu care are diferențe de opinie. Când vorbim despre o singură persoană este ciudat să vedem descrieri care se bat cap în cap. Este ciudat doar dacă nu înțelegem de ce se întâmplă acest lucru. Fiecare persoană descrie ceea ce vede și ceea ce se reflectă din sufletul ei.

Fie că văd ceea ce îmi place sau ceea ce nu îmi place, eu văd ceva ce are legătură cu sufletul meu. *Doi călători mergeau către o mănăstire și văd pe marginea drumului un câine mort. Primul călător spune plin de compasiune: bietul câine, cine știe în ce condiții a fost omorât. Al doilea călător spune: dar ai văzut ce dinți frumoși avea?*

Ți-am spus că eu văd o parte luminoasă și în cele mai întunecate situații. Viața mea nu a fost roz. Am avut chiar multe provocări de-a lungul timpului. Dar am făcut o alegere.

Puteam să aleg să fiu nemulțumită sau să aleg să mă bucur.

Am ales să consider că fiecare experiență îmi aduce lumină. Cu acest gând în minte mi-am continuat căutările pentru a descoperi dacă sunt și alții care gândesc ca mine. Aceste căutări m-au dus la descoperirea faptului că felul în care aleg să văd lumea va crea exact lumea pe care îmi doresc să o văd.

Am avut parte de un sentiment de împlinire profundă când am văzut schimbarea percepției la unul dintre clienții mei. Considera că o femeie reprezenta o influență proastă pentru soția lui. Cu foarte multă răbdare, a aplicat tehnicile redate în această carte. După câteva săptămâni mi-a spus că înțelege perspectiva ei și dreptatea așa cum o percepea ea. Ea nu se schimbase cu nimic, dar el a vindecat ceea ce îl forța, din interior, să vadă lucrurile diferit.

Cu cât e mai îndelungat procesul de autocunoaștere și vindecare, cu atât mai mult se vor schimba persoanele din jurul tău. Singura schimbare care trebuie făcută este în interiorul tău. Uită-te sincer la tine și răspunde:

Cât de sincere sunt schimbările tale când sunt alții care ți le solicită?

Cât de cald primești o remarcă din partea soțului sau părinților când îți spun că TREBUIE SĂ TE SCHIMBI?

Crezi că poți să-i schimbi pe ceilalți?

Bineînțeles că poți, dar **ceea ce ai de făcut este să te schimbi DOAR pe tine**.

Doresc să completez abordările de oglindire prezentate până acum cu interpretarea lui Gregg Braden despre oglinzile eseniene. El spune că oglindirea se face pe 7 niveluri, cu alte cuvinte sunt șapte oglinzi eseniene. Înainte de a parcurge împreună aceste oglinzi pe care îți recomand să le parcurgi pe larg în scrierile lui Braden, revin asupra sufletului tău.

Este foarte important să îți reamintești mereu de puritatea sufletelor, de ceea ce se găsește dincolo de toate straturile de protecție. Căutând acea lumină, cu încredere și perseverență, o vei găsi. Toate sufletele împreună sunt în realitate un tot unitar care este Dumnezeu. Se spune că Dumnezeu a creat lumea pentru a se putea privi în oglindă. Fără această creație el nu s-ar fi putut percepe pe sine. Creând universul în toate formele, El și-a permis să se perceapă pe sine în toate oglindirile posibile.

Nu ştiu ce este dincolo de viaţă, nu ştiu ce este departe în univers, dar am ales să văd acest Dumnezeu care este în fiecare dintre noi. Când priveşti în jurul tău şi alegi să vezi totul ca fiind o oglindire a lui Dumnezeu, alegi să vezi totul cu iubire.

Gândeşte-te că nu există nicio persoană care să nu fie conectată cu tine. Gândeşte-te la seminţe şi creion: persoanele pe care tu le critici vin din seminţe mentale pe care tu le-ai plantat. Acest lucru este confirmat şi în oglinzile eseniene. În momentul în care priveşti lumea exterioară ca o hartă a minţii tale, a ceea ce este în interiorul tău, ai cheia succesului în orice doreşti să faci. Oglinzile eseniene te vor ajuta să înţelegi ce oglindesc persoanele cu care interacţionezi. Ele încetează să fie persoane care te irită şi devin persoane care îţi arată ce ai de lucrat în sufletul tău.

Oglinda 1: Ceea ce suntem în acest moment

Este oglinda care îţi reflectă adevărata ta personalitate, ea îţi arată cine eşti cu adevărat. Când o persoană face lucruri care te deranjează, este bine să-ţi îndrepţi atenţia spre tine şi să te întrebi: **Oare fac şi eu aceste lucruri?** Dacă răspunsul este afirmativ, atunci este bine să-ţi revizuieşti propriul tău comportament.

Când admiri o persoană care face ceva ce consideri că tu nu poţi face, faptul că îi vezi talentul, îţi atrage atenţia asupra faptului că şi tu poţi face aceleaşi lucruri.

Este interesant să observi că în momentul în care conştientizezi această oglindă pentru ceva negativ, nu mai vezi comportamentul care te deranjează. Nu spun că el nu mai există, doar că tu nu îl mai vezi. L-ai văzut şi te deranjează doar atât timp cât tu nu ai acceptat că te oglindeşte pe tine. Vei fi deranjată de furia unei persoane doar dacă şi tu eşti o persoană furioasă. Am cunoscut un bărbat care spunea că nu suportă să vadă oameni beţi pe stradă. Era un om plăcut şi inteligent. Cu toate acestea, era alcoolic.

Oglinda nu îţi arată doar dependenţe identice. Când te uiţi cu atenţie, îţi este uşor să înţelegi imaginea oglindită. Uitându-te la persoanele din anturajul tău, observă dacă aceştia sunt nesinceri, au secrete, mânioşi sau dimpotrivă sinceri sau bucuroşi. Aceştia îţi arată cum eşti la nivel de subconştient.

Oglinda 2: Ceea ce judecăm în acest moment

Este oglinda care îţi arată ceea ce nu ai iertat, ceea ce nu ai înţeles şi ceea ce nu ai acceptat. La întrebarea pusă mai sus: *Oare fac şi eu aceste lucruri?* Răspunsul poate fi negativ.

În acest caz survine o altă întrebare: ***Îi judec eu pe cei care fac aceste lucruri?*** Nu te pripi să răspunzi negativ, faptul că întâlneşti persoane care te dezamăgesc oglindeşte ceva din sufletul tău. De exemplu, eu îi desconsideram pe cei care cereau fără să dea înapoi sau furau de la alţii. Asta m-a făcut să întâlnesc astfel de persoane periodic.

Când am înţeles că sentimentele mele faţă de aceste persoane erau departe de iubire sau acceptare, am început să aplic tehnicile din această carte, să îmi schimb percepţia şi să accept că şi ei sunt o oglindire a lui Dumnezeu. Nu mai aveam nevoie să îi judec, nu este treaba mea să îi judec.

Un prieten mi-a cerut un împrumut pentru câteva zile. Doi ani mai târziu nu îmi rambursase nimic. Deşi nu avea cum să îşi achite datoria faţă de mine, a făcut eforturi supraomeneşti, a început să dea dovadă de bune intenţii şi mi-a plătit în fiecare lună puţin câte puţin. Mi-am dat seama că îi este foarte greu şi că efortul lui este demn de apreciat. În loc să îi cer toţi banii, i-am spus să nu-mi mai dea nimic şi l-am învăţat toate tehnicile despre care ştiam că îl vor ajuta să iasă din impasul în care se afla. Judecata sau critica mea nu i-ar fi rezolvat lui problemele. Nu ştiu dacă el a fost cel care a ieşit în câştig în urma ajutorului primit de la mine, pentru că, după ce l-am ajutat pe el, în viaţa mea au apărut tot mai multe persoane care m-au ajutat cu ceea ce aveam nevoie. Datoria prietenului meu a fost rambursată în mod multiplicat prin alte persoane, din momentul în care am încetat să pretind de la cel care îmi fusese dator.

Dacă în viața ta revin mereu același gen de evenimente și același gen de oameni pe care îi învinuiești pentru neîmplinirile tale, înseamnă că tu în continuare judeci și condamni. Nu lua această oglindă drept o critică la adresa ta. Fiecare oglindă eseniană este descrisă pentru a te ajuta pe tine să înțelegi ce cadou îți oferă fiecare persoană din viața ta. Fiecare conștientizare îți permite să dărâmi un strat nou de protecție în drumul spre inima ta.

Oglinda 3: Ceea ce am pierdut, oferit, cedat la un moment dat

Această oglindă îți vorbește despre un trecut foarte îndepărtat. Dacă răspunsul la primele două întrebări este negativ, e timpul **să cauți mai adânc în sufletul tău**. Poți întâlni persoane care îți amintesc ceea ce tu ai cedat în trecut. Această oglindă este ușor diferită, pentru că îți arată persoanele care îți plac, pentru că în aceste persoane **regăsești ceva ce ai pierdut sau ți-a fost luat în trecut**. De exemplu, dacă îți doreai să ai o anumită carieră, vei întâlni o persoană care face cu pasiune exact ceea ce ți-ai fi dorit și tu să faci.

Dacă erai o fire blândă, dar ți s-a impus să ai un comportament cu care nu te-ai simțit confortabil, l-ai adoptat, a devenit al tău, dar, în ziua în care întâlnești o persoană ce îți oglindește firea ta naturală, te trezești. Această oglindă te ajută să-ți recâștigi adevărata identitate de ființă spirituală.

Oglinda 4: Cea mai uitată dragoste pierdută (sau mare frică) pe care am avut-o la un moment dat...

Oglinda care se duce **profund în iubire**, fie că este vorba de relație pierdută sau neterminată sau un mod de a trăi. Sunt experiențe care lasă imprimate, în egală măsură, emoții pozitive precum iubirea, cât și emoții negative, frici. Sunt iubiri care s-au terminat, sunt experiențe care se repetă ulterior. Ele revin în viața ta până când ajungi la concluzia corectă și dobândești înțelepciune.

În acel moment înțelegi că fericirea nu a venit din exterior, ci din propriile tale concluzii greșite. Dintr-un nivel superior de conștiență vei aborda matur, echilibrat și cu iubire aceste experiențe.

Oglinda 5: A mamei, a tatălui și a Creatorului

Această oglindă te pune **față în față cu părinții tăi**, pentru a conștientiza adevărurile și modul în care te-ai atașat de valorile și personalitatea părinților tăi.

Ai ales un partener sau te-ai căsătorit cu o persoană ce reflectă personalitatea unuia dintre părinți? De ce?

Ți-ai judecat părinții, iar acum le repeți greșelile?

Sunt programe moștenite în mod subconștient și inconștient din neam. Această oglindă îți permite să vindeci rănile moștenite pe neam, provenite din programe ale unui destin aparent fatal. Această oglindă abordează și relația cu divinitatea.

Relația cu părinții tăi este o reflecție a relației tale cu Dumnezeu - Mama și Tatăl Ceresc. Această oglindă te obligă să acționezi și să intri pe linia destinului tău personal.

Oglinda 6: A "cuceririi nopții întunecate a sufletului"

Această oglindă te forțează **să sapi adânc în interiorul tău**, pentru a descoperi esența ta. Este o oglindă ce accesează cele mai profunde spaime ale tale, te pune față în față cu toate neînțelegerile. Acțiunea te duce la înțelegerea sursei, tot ea îți amintește cine ești cu adevărat: o ființă nemuritoare în plan spiritual. Părțile reprimate ale sinelui pe care le-ai condamnat se vor reflecta prin oameni sau situații care apar în viața ta. Înțelegerea aspectelor reprimate legate de acești oameni sau experiențe vor începe procesul de vindecare.

Scopul acestei oglinzi este să te vezi pe tine ca un întreg. Braden descrie o experiență pe care a avut-o în timpul meditației, când a înțeles că de fapt "cel rău" era în același timp "cel bun". În acel moment de conștientizare, frica s-a disipat și a simțit perfecțiunea divină.

Oglinda 7: A modului în care ne percepem pe noi înșine

Această ultimă oglindă reflectă **ceea ce crezi cu adevărat despre tine**. Această oglindă te pune față în față cu acea parte din tine care te înalță sau te coboară, în funcție de ceea ce simți și crezi despre tine însăți. Vei vedea cum ceilalți te văd așa cum te vezi tu la nivel conștient și subconștient.

Când tu nu ai o relație armonioasă cu tine însăți vei întâlni persoane care îți vor arăta felul în care te porți tu cu tine. Când îți schimbi percepția față de tine începi să schimbi întreaga lume!

Este timpul să fii plină de bunătate, iubire și compasiune față de tine și față de ceilalți. Dacă tu consideri că sunt oameni care nu te valorizează, înseamnă că tu nu te tratezi la adevărata ta valoare. Ei doar îți arată că trebuie să schimbi ceva în interiorul tău.

Există un proces de parcurs pentru eliberare.

Primul pas este cel de conștientizare sau de acceptare. Ai înțeles și accepți oglindirea.

Al doilea pas este să vindeci rănile care au rămas captive. De foarte multe ori am iertat la nivel conștient, dar subconștientul rămâne cu încărcătura emoțională și continuă să creeze un dezechilibru în corp.

Cel de-al treilea pas este cel de eliberare.

După ce vindecăm nu mai avem nevoie să păstrăm în corp energiile trecutului. Eliberările sunt atât de frumoase, încât de foarte multe ori persoanele au impresia că au dat jos la propriu câteva kilograme.

Oglinzile sunt de multe feluri. Oprește-te și savurează

viața, descoperă ce îți spune fiecare oglindă din exterior. Vindecă în interior și observă din nou exteriorul. Oferă-ți acest timp de introspecție.

Acum, la final de capitol, dă-ți voie să parcurgi din nou fiecare oglindă și identifică persoane care îți oglindesc respectivele oglinzi. Caută înțelepciunea ce se ascunde în fiecare experiență și eliberează-te de povara judecății și a suferinței. Privește cu bucurie fiecare oglindire, înțelegând acum că nu există bun sau rău.

În lume există doar oglindirea sufletului tău.

Exercițiile zilei 26:

□ De câte ori ai ocazia pe parcursul zilei repetă mantra Ho'oponopono: TE IUBESC. ÎMI PARE RĂU. IARTĂ-MĂ, TE ROG. MULȚUMESC.

□ Gândește-te la partenerul tău, la ceea ce judeci, critici, nu suporți, iar apoi uită-te la tine să vezi care dintre oglinzi se manifestă și începe procesul de acceptare – vindecare - eliberare.

□ Scrie minimum 10 motive de recunoștință pentru partenerul tău și / sau 10 motive de recunoștință pentru persoane cu care ai interacționat astăzi sau în trecut.

□ Gândește-te la partenerul tău și scrie scenariul relației tale.

□ Alege o convingere negativă identificată în ziua 5 și, urmând unul dintre exemplele EFT prezentate, tapotează până când intensitatea convingerii scade sub nota 3.

□ Oferă-ți timp și contemplă cu bucurie faptele tale bune și ale celorlalți, conștientizând efectul în lanț generat de acțiunile tale.

Recitește intenția stabilită în prima zi pentru ca zilnic să îți amintești care e obiectivul pentru aceste 28 de zile; parcurge vizual listele de beneficii și dureri.

Provocarea zilei:

Scrie în jurnal ce oglinzi ai identificat în acest moment în viața ta. Cum se va schimba viața ta prin integrarea conștientizării acestor oglinzi?

Recomandarea zilei:

Filmul *The Seven Essene Mirrors - Cele 7 oglinzi eseniene –* Gregg Braden, îți recomand să vezi oglinzile eseniene descrise de către inițiatorul acestei metode de vindecare. Fiecare înțelegere a oglindirilor din exterior te ajută în procesul de vindecare în interior.

Afirmația zilei (tapotează fiecare punct al unei runde complete de EFT):

Îmi recunosc propria valoare

Ziua 27 - "Vrei?" sau "Poți?"

La vârsta de zece ani am început să învăț limba engleză. După vreo opt ani de studiu eram convinsă că nu o stăpânesc la un nivel acceptabil. Abia când am trecut un test cu profesoara mea din copilărie am aflat, cu stupoare, că nivelul meu de engleză era foarte bun. Îți povestesc despre limba engleză, pentru că îmi permite să evidențiez subtilități în exprimare care sunt imperceptibile în limba română, datorită limbajului folosit în mod uzual. La orele de engleză am aflat pentru prima dată că a întreba pe cineva dacă poate să facă ceva se poate face într-un mod care este apreciat sau într-un mod care deranjează. Să văd lucrurile într-o perspectivă diferită m-a pus pe gânduri.

Cum puteam eu să-mi schimb obiceiurile verbale? Când un elev dorea să iasă din clasă în timpul orei, acesta întreba *"Pot să merg…?"*, dar în engleză întrebarea era exprimată diferit: *"May I go…?"*. Traducerea în română este tot *"Pot să…?"*, doar că există o diferență de nuanță. *"A putea"* este verbul *"can"* și verifică dacă fizic poți sau nu poți să faci ceva. Poți să te ridici din pat, doar dacă vrei. Poți să citești, doar dacă îți oferi timpul necesar. Poți să ieși în oraș, dacă ai dispoziția necesară. Poți să faci o baie, dacă ai apă caldă. Exemplul cel mai tranșant pentru a face diferența acestei subtilități a fost în exprimarea cererii de căsătorie. Viitorul soț nu întreabă *"Poți să te căsătorești cu mine?"* (*"Can you marry me?"*), el întreabă ***"Vrei să te căsătorești cu mine?"*** (*"**Will you marry me?**"*).

Primele frustrări care apar într-o relaţie vin din subtilităţi de comunicare. Bărbaţii sunt reprezentaţi de verbul *a face*, femeile sunt reprezentate de verbul *a fi*. Bărbaţii pot face orice, este verbul care îi reprezintă, este natura lor. Când îl întrebi pe un bărbat dacă poate să facă ceva, îl răneşti în orgoliu. *Bineînţeles că poate să facă. Va face* ceea ce îi ceri? Poate da, poate nu. Întrebarea pe care să i-o adresezi este: *"Vrei să faci...?"*. Când schimbi verbul din întrebare el îţi poate răspunde afirmativ sau negativ. Vizualizez discuţiile din cupluri când ea spune: "Ai spus că poţi să faci şi de trei săptămâni nu ai făcut nimic!". Chiar dacă bărbatul nu dă replică, în realitate el a răspuns doar că *poate să facă*. El nu i-a confirmat iubitei sale că vrea să facă treaba respectivă. Pe o notă mai nostimă: când un bărbat spune că face ceva, va face; nu e nevoie să-i reaminteşti din şase în şase luni că trebuie să facă.

Dacă revii la limbajul de iubire prin aprecieri şi încurajări îţi dai seama că se extinde în toate aspectele comunicării în relaţie. Fiecare cuvânt rostit poate ridica sau reduce nivelul armoniei în cuplu. Crezi că doar bărbaţii sunt afectaţi de aceste detalii în exprimare? Tu, ca femeie, cum te simţi când eşti întrebată pe tonul nepotrivit? Sunt exprimări care te fac să te simţi mai mult criticată decât apreciată?

Te invit să scrii în jurnal expresiile pe care le foloseşti cele mai des. Priveşte-le cu atenţie. Sunt ele pozitive sau negative? Îţi las câteva exemple, dar tu completează şi cu ale tale. Pot fi cuvinte pe care ţi le adresezi ţie sau celorlalţi: *sunt deşteaptă, sunt proastă, nu sunt deşteaptă, nu eşti proastă, e un fraier, nu ştie să facă nimic, întotdeauna ne strică planurile, aşa sunt eu, am ghinion,* etc. Da, ai intuit bine, sunt convingeri, dar mai mult decât atât, le repeţi cu voce tare pe parcursul zilei, în diverse situaţii. Realitatea pe care o percepi corespunde convingerilor tale. Am cunoscut un bărbat care nu accepta să facă un compliment pozitiv. În loc să aprecieze, lauda lui suna aşa *"Măi, dar tu nu eşti deloc proastă!"*. Ustură rău să auzi o astfel de remarcă, iar el nu dorea să folosească deloc cuvintele *deşteaptă* sau *inteligentă*. Ia lista pe care ai completat-o acum şi barează fiecare afirmaţie negativă, apoi notează în locul ei afirmația pozitivă. **Te provoc să găsești un mod pozitiv de a reacționa în fața fiecărei situații.**

Revenim la relația ta și felul de a comunica cu partenerul tău. De câte ori discuțiile au degenerat în certuri din cauza folosirii unui mod de exprimare care a fost reinterpretat de către interlocutor? Dacă e să rămâi cu un singur lucru din această carte, *este suficient să fii atentă cum îți formulezi întrebările către ceilalți, pentru că, sincer, acest lucru este important în toate relațiile tale, nu doar în relația de cuplu.* El poate, potențialul există și îți confirmă că este posibil. Dacă vrei o confirmare a ceea ce este posibil, atunci întrebarea *"Poți?"* este perfectă. Pe de altă parte, dacă vrei să știi dacă soțul tău va face ceea ce dorești să facă, atunci întrebarea va începe cu *"Vrei să...?"*. Formularea acestei întrebări nu înseamnă că el va face ceea ce îi ceri, dar îl va împuternici pe el să își asume responsabilitatea.

E momentul să integrez semințele în discuția noastră referitoare la ceea ce dorești să facă partenerul tău pentru tine. *Dacă tu ai plantat semințe pentru ca el să răspundă favorabil cererilor tale, cu siguranță el va fi dornic să te ajute de fiecare dată când îi ceri ajutorul.*

Cum poți să știi dacă ai plantat semințele potrivite? Pe de o parte, prin prisma sprijinului pe care îl primești de la partenerul tău. Pe de altă parte, poți să fii atentă la semințele pe care le plantezi. Cum faci acest lucru? Urmărești persoanele care au nevoie de ajutor și te oferi cu bucurie să le ajuți. Aplici cei patru pași descriși în **ziua 9 - Dă mai departe**, amintindu-ți în special de cel de-al patrulea pas, *bucuria pentru faptele tale bune*. Dă voie magiei să prindă viață: plantează semințele și fă acțiunile potrivite, vei vedea cu stupoare cum partenerul tău **este** partenerul pe care l-ai dorit dintotdeauna.

Suntem aproape de final și e momentul să îți spun de ce am scris această carte, sau mai bine zis, una dintre componentele care m-au motivat. E posibil să fi parcurs această carte până astăzi, pentru că mă oglindești pe mine. Parcursul meu se întrepătrunde cu al tău. Nu e întâmplător faptul că îți place ce citești și că simți că această carte te reprezintă întru totul. La fel ca mine, ți-ai asumat răspunderea pentru toată viața ta. Și când spun tot, mă refer la tot, ți-ai luat toate rolurile în spate, până la epuizare și frustrare pentru că el nu te susține și nu este alături de tine așa cum îți dorești tu. Trăim într-o societate în care se vorbește foarte mult despre feminitate și despre egalitatea drepturilor între bărbați și femei.

***Din sete de audiență*, feminitatea *s-a transformat în* feminism, *iar* egalitatea *s-a transformat într-o* cursă pentru putere, *câștigată de femei cu prețul pierderii feminității*.**

Când tu, femeie, îi iei totul bărbatului tău, ai devenit masculul alfa în cuplu. Pentru că bărbatul își dorește armonie în cuplu, el nu va lupta pentru putere. Ți-o cedează ție, pentru că te iubește.

În momentul în care ai devenit învingătoare, ai pierdut totul! Pentru că tu, de fapt, erai în căutarea acelui bărbat ce își va asuma responsabilitatea pentru tot, iar el a dispărut, lăsând doar o umbră a ceea ce a părut că este. E momentul să spui STOP la tot ce a fost până acum. Indiferent de ce joc de putere aveți în casă, în momentul în care femeia este feminină, iar bărbatul își primește propria putere, flacăra iubirii reînvie.

Ca să-ți fie mai ușor să-ți evaluezi relația și propriul comportament, întoarce-ți privirea spre copilăria ta. Cum se comunica în familie? Au fost părinții tăi un exemplu pozitiv sau negativ în privința armoniei în cuplu? Ce tipare observi în viața ta de adult, tipare care au legătură cu exemplele văzute în copilărie?

Mie îmi place să spun că în momentul în care folosim cuvintele potrivite folosim, de fapt, formule magice. Exact cum această călătorie s-a desfășurat pas cu pas, comunicarea cu partenerul tău se îmbunătățește pas cu pas. Ai răbdare și clădește câte o cărămidă în fiecare zi pentru a construi un pod ce leagă prăpastia creată între voi. Nu te supăra când o cărămidă nu se potrivește sau este distrusă, pentru că depozitul de cărămizi e plin, indiferent de cât de multe cărămizi folosești.

Îți mai ofer câteva secrete în ce privește exprimarea. Să recapitulăm ce am scris deja: folosește cu precădere întrebarea "*Vrei?*" în loc de "*Poți?*", dar nu te aștepta întotdeauna la un răspuns afirmativ. Lasă-i partenerului tău dreptul la alegere, iar el te va surprinde prin acceptarea tot mai multor solicitări, apoi chiar prin faptul că va avea inițiative proprii. *Folosește exprimări pozitive* fie pentru a cere, fie pentru a lăuda; *caută partea pozitivă în orice situație.*

Un alt obicei verbal românesc este începerea întrebării prin negație: "*Nu vrei tu să...?*". Interlocutorul aude *nu* la începutul întrebării tale, astfel că primul impuls este să preia negația și răspunsul dat să fie un refuz. Când vrei să îl implici pe partenerul tău, ajută-l să fie receptiv la mesajul tău. *Pune întrebarea într-o formă pozitivă.*

Următoarea provocare o reprezintă cuvântul *TREBUIE*. De mici copii am auzit tot ce *trebuie* sau *nu trebuie* să facem. Sunt persoane care, la auzul cuvântului *trebuie*, ignoră conversația. Își pierd complet interesul, indiferent de cât de important este mesajul. Provocarea pentru tine este să înlocuiești cuvântul *trebuie* cu alte exprimări care să trezească interesul partenerului tău pentru mesaj. Să luăm exemplul în care ni s-a terminat butelia la aragaz. În loc să-i spun soțului meu "Vezi că s-a terminat butelia, *trebuie* să o schimbi", eu am ales să-i spun "Să știi că s-a terminat butelia, când vrei, te rog să o schimbi". Pentru că nu era ceva urgent, i-am lăsat libertatea deplină pentru când să facă acțiunea și i-am permis să se simtă împuternicit. El va fi bărbatul care vine în ajutorul meu și nu omul care primește un ordin. "*Trebuie*" vine dintr-o energie exterioară, iar cele mai multe persoane vor crea rezistență la această energie.

Cum percepi evoluția relației tale prin prisma cuvintelor folosite în comunicare? Care este primul pas pe care îl poți face acum pentru a pune astăzi prima cărămidă a relației tale folosind un nou stil de comunicare?

Exercițiile zilei 27:

◻ De câte ori ai ocazia pe parcursul zilei repetă mantra Ho'oponopono: TE IUBESC. ÎMI PARE RĂU. IARTĂ-MĂ, TE ROG. MULȚUMESC.

◻ Analizează-ți exprimarea folosită în relație, aplică în mod conștient schimbările menționate astăzi, în comunicarea cu partenerul tău.

◻ Scrie în jurnal expresiile pe care le folosești cel mai des în comunicare. Notează o alternativă pozitivă pentru fiecare expresie.

◻ E timpul pentru o nouă întâlnire cu prietenele tale, ai programat-o deja?

◻ Scrie minimum 10 motive de recunoștință pentru partenerul tău și / sau 10 motive de recunoștință pentru persoane cu care ai interacționat astăzi sau în trecut.

◻ Gândește-te la partenerul tău și scrie scenariul relației tale.

◻ Alege o convingere negativă identificată în ziua 5 și, urmând unul dintre exemplele EFT prezentate, tapotează până când intensitatea convingerii scade sub nota 3.

◻ Oferă-ți timp și contemplează cu bucurie faptele tale bune și ale celorlalți, conștientizând efectul în lanț generat de acțiunile tale.

Recitește intenția stabilită în prima zi pentru ca zilnic să îți amintești care e obiectivul pentru aceste 28 de zile; parcurge vizual listele de beneficii și dureri.

Provocarea zilei:

Scrie în jurnal ce dorești să schimbi în comunicarea cu partenerul tău începând de astăzi. Care sunt expresiile pe care dorești să le folosești preponderent? Notează-le pentru a le regăsi când simți că îți pot fi utile.

Recomandarea zilei:

Filmul ***The Croods - Familia Crood (2013)*** este un film de desene animate în care am găsit un curs întreg despre importanța formulării corecte a întrebărilor şi acceptarea greşelilor proprii sau ale celorlalţi.

Afirmaţia zilei (tapotează fiecare punct al unei runde complete de EFT):

Fiecare zi este un nou început

Ziua 28 - Femeia își va respecta bărbatul

Dacă ai alături de tine cutia cu şerveţele, vreau să ştii că aşa sunt şi eu, doar că nu sunt lacrimi de tristeţe, ci sunt lacrimi de bucurie. Te văd cum străluceşti acum când vezi transformările relaţiei tale sau posibilitatea existenţei relaţiei pe care o doreşti. Eşti pregătită pentru tot ce poate fi mai bun în viaţă, iar aceste schimbări sunt valabile atât pentru tine, cât şi pentru ceilalţi. Să nu ne grăbim totuşi cu lacrimile şi bucuria, pentru că ziua de astăzi este la fel de importantă, de altfel, ca fiecare zi din această călătorie.

Mă întreb dacă ar fi trebuit să scriu acest capitol în prima zi a călătoriei.

Vindecarea emoţională are loc strat după strat, precum se dau jos foile de ceapă. Cu fiecare foaie îndepărtată descoperi un nou strat, până ajungi la inimă. Când ai terminat de înlăturat toate foile de ceapă, vei observa că rămâne doar mijlocul. Poate la o ceapă nu poţi să percepi o astfel de finalitate ca fiind ceva deosebit de frumos, dar eu în carte am descris cum văd eu frumuseţea fiecărui om. Toţi ne naştem cu o inimă curată, luminoasă şi plină de dragoste. Dincolo de toate straturile de protecţie se află un suflet pur şi curat care a venit pe pământ atunci când s-a născut. Nu ştiu dacă tu ai ajuns deja la inima ta, dincolo de toate straturile de protecţie, dar ştiu că ai dărâmat ziduri întregi și începi să simți cu adevărat puritatea inimii tale.

Această carte a fost scrisă pentru ca tu să ai *relația perfectă* cu *partenerul potrivit ție*. Fiecare pas a fost gândit, astfel încât să te iubești mai mult pe tine și pe el. Indiferent dacă el este deja prezent în viața ta sau ai parcurs această călătorie pentru a-l întâlni la destinație, acum ești pregătită să iubești și să fii iubită. Oare există ceva mai important decât iubirea într-o relație?

În *ziua 14 - Time Out* am scris că *iubirea este o decizie pe care o iei când alegi să îți petreci viața cu cineva*. Dincolo de iubire, cred că bărbatul are nevoie de ceva în plus. Am decis să las pentru acest sfârșit de călătorie o altă carte de căpătâi pentru relațiile de cuplu. Când eu am citit-o am dat din cap la fiecare capitol, am considerat că tot ceea ce scrie în carte este ridicol. Abia când am terminat de citit am văzut imaginea de ansamblu și am înțeles cât de importante au fost toate informațiile primite. Este vorba de celebra *Bărbații sunt de pe Marte, Femeile sunt de pe Venus*, scrisă de John Gray.

Pentru mine cea mai importantă informație cu care am mers mai departe este: ***Bărbații au nevoie să fie respectați!*** Când tu devii cocoș în casă, un cocoș care cântă, comandă, dictează, oricât de mult îți iubești soțul, îi arăți că nu îl respecți! El s-a retras și te-a lăsat să conduci. Cât timp tu stai pe tronul regelui în casă, dar plângi pe ascuns sau pe față că nu ești înțeleasă și iubită, el suferă în tăcere, fără lacrimi - pentru că e bărbat, tocmai pentru că nu poate fi bărbat în relația cu tine. El are nevoie să știe că tu îl respecți. El trebuie să fie cuceritorul tău. El te-a cucerit și vrea să te iubească, dar pentru asta trebuie să fie respectat și apreciat. Când tu uiți să îl respecți și să îl apreciezi el se refugiază în lucruri care compensează lipsa de respect din partea ta. Acestea diferă de la un bărbat la altul, pentru că revine la ceea ce îl făcea să se simtă bine în copilărie: poate câștigă campionate de FIFA sau jocuri despre război, bea alcool sau fumează, iese cu prietenii sau stă singur prea mult, nu se implică în viața de familie, se refugiază în muncă sau în hobby-uri sau pur și simplu aterizează pe canapea și dispare din realitate în fața televizorului, cu privirea pierdută în zare. Îţi este greu să apreciezi un astfel de bărbat. El este opusul a tot ce ţi-ai dorit vreodată şi îţi vine să fugi în lume când te gândeşti cât de lungă e lista cu tot ce urăşti la el. A fost el *exact* aşa când l-ai cunoscut? Cu siguranţă nu, el a fost exact bărbatul pe care l-ai dorit. Doar el s-a schimbat în rău de când v-aţi cunoscut? Practicând exerciţiile din aceste 28 de zile ai descoperit noi motive pentru care să-l apreciezi şi să-l respecţi, îţi aminteşti acum că, într-adevăr, l-ai iubit, l-ai apreciat, dar mai ales l-ai respectat când l-ai cunoscut. Crezi că el nu te mai iubeşte pe tine? Tu eşti cea care ai citit această carte, ai descoperit ce poţi să faci pas cu pas pentru ca tu să te îndrăgosteşti de el, iar el se va îndrăgosti de tine. ***Ultimul pas pe care îl ai de făcut în această călătorie este să îl respecţi.***

Ce se întâmplă când îţi respecţi bărbatul? Se simte valorizat şi îşi doreşte să te vadă fericită. Face tot posibilul pentru ca tu să te simţi iubită.

Când preotul oficiază căsnicia în biserică el spune că femeia îşi va respecta bărbatul. Nu trebuie să cazi în extremă, înţelegând că este singurul lucru de care este nevoie într-o căsnicie: femeia îşi respectă bărbatul, lucru care nu trebuie să fie reciproc. ***Femeia îşi va respecta bărbatul pentru că prin respect îi dovedeşte că îl iubeşte.*** Sunt frumoase cele cinci limbaje ale iubirii, dar ele se întrepătrund în multiple feluri.

În ce priveşte femeia... De ce anume are ea nevoie? ***O femeie are nevoie să fie iubită!*** Înseamnă că o femeie nu va fi respectată? Nici vorbă! Dimpotrivă, ***respectul îi este arătat prin iubire!***

Bărbatul are nevoie să se simtă respectat pentru a putea oferi iubire soţiei sale, iar femeia are nevoie să fie iubită pentru a-şi respecta soţul.

Ce e de făcut într-un cuplu în care femeia nu îi arată respect bărbatului, iar bărbatul nu îi arată iubire femeii?

Cel care citeşte această carte aplică pas cu pas fiecare exerciţiu şi începe să-i arate partenerului iubire şi respect. Dacă rezervorul de iubire este gol, deși sper că astăzi știi ce ai de făcut pentru a-l reîncărca în permanență, e dificil să privești înainte cu optimism.

Când îți îndrepți privirea către creion plantezi semințele mentale pentru ceea ce îți dorești, practici tehnicile din această carte și ai răbdare ca semințele plantate să rodească. Realitatea ta se va schimba corespunzător cu semințele mentale plantate de tine. ***Schimbarea începe de la primul pas***, un pas de furnică pentru relația perfectă pe care o dorești.

În urmă cu câțiva ani, la o petrecere, un prieten a dorit să mă încolțească, încercând să arate că bărbații sunt superiori femeilor. Era foarte mândru pentru că a găsit argumentul perfect prin care să mă lase fără replică: *"La biserică, pe cine întreabă preotul prima dată dacă vrea să se căsătorească, pe bărbat sau pe femeie?"*. Răspunsul meu a fost simplu: *"Bineînțeles că îl întreabă pe bărbat primul, pentru că **femeia are ultimul cuvânt!**"*

Exercițiile zilei 28:

□ De câte ori ai ocazia pe parcursul zilei repetă mantra Ho'oponopono: TE IUBESC. ÎMI PARE RĂU. IARTĂ-MĂ, TE ROG. MULȚUMESC.

□ Astăzi îndeplinește-ți rolul de femeie și oferă-i partenerului tău ceea ce EL are nevoie – acea iubire pe limba LUI (respect vs iubire).

□ Ai stabilit întâlnirea săptămânală cu persoana pe care ai decis să o ajuți?

□ Scrie minimum 10 motive de recunoștință pentru partenerul tău și / sau 10 motive de recunoștință pentru persoane cu care ai interacționat astăzi sau în trecut.

□ Gândește-te la partenerul tău și scrie scenariul relației tale.

□ Alege o convingere negativă identificată în ziua 5 și, urmând unul dintre exemplele EFT prezentate, tapotează până când intensitatea convingerii scade sub nota 3.

□ Oferă-ți timp și contemplă cu bucurie faptele tale bune și ale celorlalți, conștientizând efectul în lanț generat de acțiunile tale.

Recitește intenția stabilită în prima zi pentru ca zilnic să îți amintești care e obiectivul pentru aceste 28 de zile; parcurge vizual listele de beneficii și dureri.

Provocarea zilei:

Scrie în jurnal cum te vezi tu astăzi, ceea ce simți, cum percepi relația ta și viitorul vostru împreună. Notează cum este partenerul tău acum, exact așa cum îl vezi, iar apoi spune și ce s-a schimbat în aceste 28 de zile.

Recomandarea zilei:

Cartea *Men Are from Mars, Women Are from Venus - Bărbații sunt de pe Marte, Femeile sunt de pe Venus*, de John Gray, este, cu siguranță, un clasic în relațiile de cuplu, oferind o înțelegere profundă a diferențelor de gândire și de percepție între bărbați și femei. Da, suntem diferiți și da, înțelegând aceste diferențe, ne apreciem și ne iubim.

Afirmația zilei (tapotează fiecare punct al unei runde complete de EFT):

Respect sufletul pe care îl am

Evaluarea călătoriei tale

Ieri am fost inteligent, așa că am vrut să schimb lumea. Astăzi sunt înțelept, așa că mă schimb pe mine însumi.

Rumi

Am ajuns la final și astăzi vreau să te felicit! Mi-ai oferit 28 de zile din viața ta, având încredere că ea se va schimba! Îmi doresc, de asemenea, să îți mulțumesc pentru implicarea și dedicarea ta în efectuarea exercițiilor propuse. Nu a fost ușor, a fost o adevărată provocare. Acum îți permiți să fii sinceră cu mine, nu ai crezut (aproape) deloc în visele promise la început de drum. În această zi de sfârșit de călătorie e momentul să facem o evaluare a tot ce s-a întâmplat. Pentru că nu aveam cum să vorbesc cu tine înainte de a scrie această carte, nu am știut care sunt toate nevoile tale. Ți-am propus o călătorie care te ajută să vezi o lume mai frumoasă, dar este posibil să nu fi răspuns tuturor întrebărilor tale. Vreau să te ajut să faci cele mai bune alegeri la răscrucea de drum la care te afli acum când trebuie să mergi mai departe.

Primul caz, cel mai fericit, este acela în care fie relația ta a fost frumoasă înainte să parcurgi această carte, fie părea imposibilă, dar aceste zile au fost suficiente pentru ca flacăra iubirii să se aprindă. Voi vă simțiți mult mai împliniți decât în primii ani de relație și simțiți roadele fundației puternice a relației voastre. Această carte a reprezentat ingredientul lipsă pentru ca relația voastră să atingă acest nivel, iar de acum lucrurile vor decurge cu și mai multă armonie.

Lucrul acesta nu va fi valabil pentru fiecare cititoare.

Al doilea caz este cel în care relaţia s-a răcit şi mai tare. Eşti chiar debusolată. Ai făcut tot ce am scris, drept dovadă ai ajuns să citeşti şi această pagină de încheiere, iar el a rămas la fel de rece în faţa tuturor schimbărilor tale. *Această carte este despre iubirea perfectă şi relaţia perfectă, dar ele sunt cu partenerul perfect.* O prietenă mi-a spus că există doar două feluri de relaţii: **relaţii bazate pe frică** şi **relaţii bazate pe iubire.** Alege întotdeauna iubirea. Am fost într-o relaţia bazată pe frică şi îmi era greu să accept acest lucru. Încercam să mă conving că e o relaţie bazată pe iubire. Problema era că, de fiecare dată, în preajma acelei persoane, eu nu mai eram eu însămi. Când am ascultat strigătele din inima mea am putut să las frâiele fricii şi să dau drumul relaţiei. Răsplata a fost să întâlnesc iubirea adevărată.

Al treilea caz, unul la fel de frumos ca primul, este acela în care ai început această călătorie singură, iar pe parcurs l-ai întâlnit pe el, cel descris de tine la începutul jurnalului. De fiecare dată când ai luat jurnalul şi ai citit descrierea lui şi a relaţiei voastre erai uimită să vezi că este exact cum l-ai descris! Iar eu scriu acum despre tine, pentru a te asigura că nu trebuie să se termine! E doar începutul poveştii voastre împreună!

Cel de-al patrulea caz - ai fost singură şi eşti singură. Ai urmat sfaturile mele şi uite, citeşti şi acest ultim capitol, dar tot singură eşti. Ce să faci?

Răspunsul este valabil pentru voi, toate patru: *continui ceea ce ai început*. Călătoria noastră împreună nu se termină aici. De fapt, nu se termină niciodată! Dacă îţi place relaţia ta acum, dacă vrei să ai relaţia pe care ai descris-o, continui să plantezi seminţele şi să te bucuri de fiecare zi petrecută în mod conştient pentru a avea exact viaţa pe care o doreşti.

Tu alegi felul în care continui călătoria ta. Poţi să reiei lectura acestei cărţi. În acest caz începi un jurnal nou în care stabileşti o nouă intenţie, cu această claritate dobândită în ultimele 28 de zile. Listele tale vor conţine multe lucruri noi care te motivează cu adevărat acum, după ce ai dat 28 de foi de ceapă la o parte. Este posibil să realizezi că intenţiile de la începutul acestei cărţi nu mai sunt valabile, fie pentru că s-au îndeplinit şi vrei mai mult, fie pentru că ţi-ai clarificat imaginea relaţiei pe care o doreşti, iar ceea ce credeai că vrei acum 28 de zile nu mai corespunde cu persoana care ai devenit astăzi. Aşa cum ai făcut-o deja, continuă zi de zi să faci exerciţiile propuse de mine.

O altă variantă este să îţi alegi exerciţiile din carte cu care ai rezonat şi să continui să le practici în fiecare zi. Aminteşte-ţi că seminţele de roşii trebuie plantate în fiecare an ca să dea rod. O ghindă este plantată o singură dată pentru ca un stejar să înflorească în fiecare an. Rezultatul pozitiv în viaţa ta nu trebuie comparat cu înflorirea anuală a stejarului. Rodul seminţei plantate este echivalentul stejarului pentru întreaga sa viaţă. O ghindă a dat rod unui singur stejar, ea nu va putea să dea rod altor stejari în anii următori. Înflorirea anuală a stejarului este asemenea udării seminţelor pe care o faci în fiecare seară în care te bucuri pentru faptele tale bune şi ale celorlalţi. Începând de astăzi nu mai lăsa gândirea de tip reacţie să te împiedice să decizi tu seminţele pe care vrei să le plantezi.

Indiferent de cum s-a schimbat viaţa ta în aceste 28 de zile, eu îţi doresc să te bucuri de iubirea adevărată şi relaţia perfectă cu iubitul tău de acum înainte.

Ca temă de final, pentru a ne despărţi pe o notă pozitivă, te invit să citeşti ce ai scris ieri despre tine şi viaţa ta, iar apoi să citeşti ce ai scris în prima zi a jurnalului, cea din introducere.

Câte dintre indiciile relaţiei dorite ai bifat?

Câte dintre indicii nu mai sunt importante pentru relaţia pe care o doreşti?

Eu nu sunt alături de tine să citesc schimbările din viaţa ta, dar, oricât de mic ar fi, apreciază progresul tău în aceste 28 de zile!

Cea mai importantă sămânţă pe care o poţi planta pentru relaţia ta: DĂ MAI DEPARTE! şi ceilalţi au nevoie să înveţe ceea ce ai învăţat tu pentru a avea propriile relaţii perfecte!

Recomandări pentru o nouă călătorie:

□ Continuă să repeți mantra Ho'oponopono: TE IUBESC. ÎMI PARE RĂU. IARTĂ-MĂ, TE ROG. MULȚUMESC.

□ Scrie minimum 10 motive de recunoștință pentru partenerul tău și / sau 10 motive de recunoștință pentru persoane cu care ai interacționat astăzi sau în trecut.

□ Descrie relația așa cum îți dorești să fie, în fiecare zi a vieții tale.

□ Continuă să practici EFT pentru a-ți oferi o curățenie emoțională zilnică.

□ Oferă-ți timp și contemplă cu bucurie faptele tale bune și ale celorlalți, conștientizând efectul în lanț generat de acțiunile tale.

□ Continuă să ajuți alte persoane să aibă o viață mai bună, pentru că te-au cunoscut.

□ Gândește-te zilnic la ceea ce te motivează și stabilește destinația spre care te îndrepți.

Provocarea zilei:

După ce ai citit ceea ce ai scris ieri despre viața ta și ceea ce ai scris la începutul acestei călătorii, notează în jurnal conștientizările.

Recomandarea zilei:

Filmele ***Qu'est-ce qu'on a fait au bon Dieu (2014)*** și ***Qu'est-ce qu'on a encore fait au bon Dieu (2019)*** sunt două comedii despre acceptarea necunoscutului și descoperirea iubirii adevărate. Oferă o abordare pentru a trece peste diferențe spre iubire.

Doresc să îți las la îndemână toate recomandările de film și carte pentru a-ți fi ușor să le găsești:

Ziua 1 - Decide ce îți dorești - Filmul Fireproof - Furtuna de foc (2008)

Ziua 2 - De ce fugi? - Filmul The Secret - Secretul (2006)

Ziua 3 - Spre ce te îndrepți? - Cartea Women who love too much - Femei care iubesc prea mult, de Robin Norwood

Ziua 4 - Recunoștința - Filmul War room - Război în cuplu (2015)

Ziua 5 - De unde vin conflictele? - Filmul The shift - Schimbarea (2009)

Ziua 6 - Ce este asta? - Filmul The Lake House - Casa de lângă lac (2006)

Ziua 7 - Ești divină - seria de cărți Conversations with God - Conversații cu Dumnezeu, de Neale Donald Walsch

Ziua 8 - Agricultura mentală - Cartea The Karma of Love - Karma iubirii, de Geshe Michael Roach

Ziua 9 - Dă mai departe - Filmul Pay it forward - Dă mai departe! (2000)

Ziua 10 - Ce facem cu emoțiile? - Cartea Emoții sub lupă, de Nicoleta Nistor

Ziua 11 - Scurtătura spre fericire - Cartea The Alchemist - Alchimistul, de Paulo Coelho

Ziua 12 - Scrie scenariului vieții tale - Filmul Groundhog Day - Ziua cârtiței (1993)

Ziua 13 - De vorbă cu fetele - Filmul Bad Moms - Mame bune și nebune (2016)

Ziua 14 - Time out - Cartea Eat, Pray, Love - Mănâncă, roagă-te, iubește, de Elizabeth Gilbert

Ziua 15 - Admiră și iubește - Video Validation - https://youtu.be/j-DxDnK6tMA

Ziua 16 - Oglindă, oglinjoară - mă iubesc! - Filmul Shallow Hal -

Ușuraticul (2001)

Ziua 17 - Alimentația emoțională și relația ta - Cartea Constant Craving - Mi-e poftă! Ce mă fac?, de Doreen Virtue

Ziua 18 - Corpul tău este mișcare - Filmul The Game Changers – Cei care au revoluționat jocul (2018)

Ziua 19 - Privește în interior - Filmul A Thousand words - O mie de cuvinte (2012)

Ziua 20 - Apreciază prin cuvinte - Cartea The 5 Love Languages - Cele 5 limbaje ale iubirii, de Gary Chapman

Ziua 21 - Timpul în doi - Filmul The time traveler's wife - Soția călătorului în timp (2009)

Ziua 22 - Daruri - Cartea His Needs, Her Needs - Nevoile lui, Nevoile ei, de Willard F. Harley

Ziua 23 - Servicii - Filmul A walk to remember - O iubire de neuitat (2002)

Ziua 24 - De mână - Filmul The 40-Year-Old Virgin - Virgin la 40 de ani (2005)

Ziua 25 - Dor de tine - Filmul Up - Deasupra tuturor (2009)

Ziua 26 - Reflexia din exterior - Filmul The Seven Essene Mirrors - Cele 7 oglinzi eseniene – Gregg Braden

Ziua 27 - "Vrei?" sau "Poți?" - Filmul The Croods - Familia Crood (2013)

Ziua 28 - Femeia își va respecta bărbatul - Cartea Men Are from Mars, Women Are from Venus - Bărbații sunt de pe Marte, Femeile sunt de pe Venus, de John Gray

Bonus - Evaluarea călătoriei tale - Filmele Qu'est-ce qu'on a fait au bon Dieu (2014) și Qu'est-ce qu'on a encore fait au bon Dieu (2019)

Cuprins

www.ingramcontent.com/pod-product-compliance
Lightning Source LLC
LaVergne TN
LVHW011003200726
843509LV00011B/971